美国"新左派"史学研究

ON THE "NEW LEFT"
HISTORIOGRAPHY
OF AMERICA

徐良 著

中国社会科学出版社

图书在版编目（CIP）数据

美国"新左派"史学研究／徐良著.—北京：中国社会科学

出版社，2014.11

ISBN 978 – 7 – 5161 – 4783 – 2

Ⅰ.①美… Ⅱ.①徐… Ⅲ.①新左派 – 史学 – 研究 – 美国

Ⅳ.①K097.12

中国版本图书馆 CIP 数据核字（2014）第 211243 号

出 版 人	赵剑英
责任编辑	宫京蕾
特约编辑	乔继堂
责任校对	韩天炜
责任印制	何 艳

出 版	中国社会科学出版社
社 址	北京鼓楼西大街甲 158 号 （邮编 100720）
网 址	http：//www. csspw. cn
	中文域名：中国社科网 010 – 64070619
发 行 部	010 – 84083685
门 市 部	010 – 84029450
经 销	新华书店及其他书店

印刷装订	北京市兴怀印刷厂
版 次	2014 年 11 月第 1 版
印 次	2014 年 11 月第 1 次印刷

开 本	710×1000 1/16
印 张	14.25
插 页	2
字 数	209 千字
定 价	45.00 元

凡购买中国社会科学出版社图书，如有质量问题请与本社联系调换

电话：010 – 64009791

目　　录

前　言

　　美国"新左派"史学是 20 世纪 60 年代前后在美国史坛发展起来的一个新的史学流派。它的出现，可以说是在史学方面对这一时期美国社会动荡不宁和阶级斗争尖锐化的反映。作为进入 20 世纪后美国史坛前后相继出现的三大史学流派之一，①"新左派"史学从登上美国史坛的第一天起，就以其鲜明的个性和激进的史学观点吸引了人们的注意力。但从根本上看，别说和 20 世纪下半期以来势如潮水的社会科学史学诸派相比，就是与其前辈两个史学流派，即进步主义史学派和新保守主义史学派相比，"新左派"史学作为 20 世纪美国史学大家庭的重要一员，始终没有受到人们足够的重视。在美国史学界，有人认为他们的史学思想打开了一扇真正了解美国社会的窗口，而更多的人则认为他们只不过是比尔德"经济学派"的"学舌鹦鹉"而已，毫无创新意义可言。② 在国内，虽然从 20 世纪 70 年代末 80 年代初开

---

　　① 学界一般认为，进入 20 世纪的美国史学大体上经历了三次大的变革：以特纳和比尔德等人为代表的进步主义史学派，他们构成了 20 世纪美国史学家中的第一代；以霍夫斯达特和路易斯·哈兹等人为代表的新保守主义史学派，他们构成了第二代；而本书所要讨论的"新左派"史学则属于第三代，他们是 20 世纪 60 年代前后美国激进主义史学的典型代表。参见罗荣渠《当前美国历史学的状况和动向》，《世界历史》1982 年第 5 期，第 69—74 页。

　　② 格罗布和贝拉斯在他们主编的《美国历史的解释：范式和视角》一书的前言中曾经指出："与老进步主义史学家一样，新左派史学家们试图把历史学与政治激进主义融合起来，因此可以称他们为新进步主义者。"参见 Gerald N. Grob & George Athan Billias, eds., *Interpretations of American History*：*Patterns and Perspectives*（Volume I：To 1877），6th edition, New York：The Free Press, 1992, Introduction, p. 19。

始陆续出现了一些介绍美国"新左派"运动和史学的文章，但多属于译介性质，且多着眼于其整个史学内容的某个方面，真正全面系统地对"新左派"史学进行专题探讨与研究的论著寥若晨星，屈指可数。就笔者视野所及而言，迄今为止，除台湾地区辅仁大学历史研究所的林立树先生曾于70年代出版了其硕士论文《新左派对美国历史之解释》外，内地在这方面的专题研究可谓鲜见，迄今没有一本这方面的专著足可以说明问题了。这不能不说是我国美国史研究中的一件憾事。

"新左派"史学的代表人物多是一些生气勃勃的青年学者，他们从马克思、赫伯特·马尔库塞、赖特·米尔斯和查尔斯·比尔德等人那里借用了关于阶级冲突、"社会异化"等一系列理论，对美国社会的方方面面展开了猛烈的攻击，对美国历史重新作出了新的考察和解释。他们不同意其前辈史家（主要是"新保守主义史学家"）把美国建国以来的历史谱写成一曲没有阶级压迫和利益冲突的"和谐"乐章，为美国历史歌功颂德的做法，而是从激进主义的立场出发，探寻美国历史冲突、压迫、侵略、扩张的根源所在。他们对美国社会的各种弊病了如指掌，以富有探索的精神和进行社会改革的勇气大胆立论，对美国社会的痼疾大加鞭挞，对美国传统社会构成了一次强烈的冲击。可以说，"新左派"史学既是20世纪60年代前后美国激进政治运动在史学领域的自然产儿，又是引导这一运动不断前进的理论教科书不可或缺的一部分。[①] 或者换句话说，从某种意义上看，我们或许更可以把它看作当时的时代和社会背景下，那些为社会变革而奔走呼号的社会力量进行政治和社会动员的一种舆论表达方式。即使更直白一点地把它看作某种激进政治话语的间接陈述或代言形式也未尝不可。时至今日，尽管作为一个学

[①] "新左派"相关史家的理论对"新左派"青年运动无疑具有相当的影响力，如庄锡昌教授就曾指出，作为"新左派"主要代表人物的威廉·阿普曼·威廉斯，在50年代后期就对美国的社会制度率先提出了大胆而尖锐的批评，其理论见解对美国"新左派"思潮的出现，产生了很大的影响。他的外交理论，日后也成了美国国内反战运动的重要理论依据。参见庄锡昌《二十世纪的美国文化》，浙江人民出版社1996年版，第191—192页。

派，它的影响已大不如前，但其代表人物对美国社会诸多问题的批判仍发人深省，对认识今天的美国社会仍具有强烈的现实意义。特别是他们对美国社会历史中始终存在的贫富不均、种族歧视、矛盾冲突不断等不和谐社会现象的关注与批判，仍值得那些心系社会进步的人们重视和尊敬；他们对建国以来美国外交的扩张主义和帝国主义本质的忧虑与抨击，以及这种扩张主义外交政策将给美国长远利益带来的悲剧性前景及其将给世界带来剧烈动荡和不安的深刻影响的断言，在民族主义泛滥、各种恐怖主义肆虐当今全球的国际大背景下，更值得每一位关心和关注美国社会和国际形势发展的人士给以足够的注意。

一　"新左派"与"新左派"史学：概念

根据《当代西方思潮词典》和《美国研究词典》，"新左派"是指20世纪50—60年代英、美等西方主要资本主义国家青年学生造反运动中的激进派。其成员主要是在校大学生和青年知识分子，他们自认为在批判现存社会方面比"老左派"（工人阶级及其政党）更激进，因而自称为"新左派"，主张摆脱"老左派"的"教条"，憧憬一个新的"富有人性的社会"。其理论来源主要是乌托邦社会主义、青年黑格尔主义、无政府主义和西方马克思主义。他们认为资本主义文明缺乏"精神"和"道德"价值，因而号召破坏所有的现代文明的成就，彻底摒弃一切传统文化观念，既否定资本主义，也不相信共产主义，不相信工人阶级的力量和历史作用，把青年学生当作历史的主体，试图把人从一切非人性的压抑下解放出来，建立一个富有普遍爱的和消除发达工业社会弊病的"理想社会"。[①]

学界通常认为"新左派"这一称呼最早出现于20世纪50年代后

---

① 王森洋、张华金主编：《当代西方思潮词典》，华东师范大学出版社1995年版，第485页；刘绪贻、李世洞主编：《美国研究词典》，中国社会科学出版社2002年版，第980—981页。

期的英国,①"新左派"运动也首先从英国萌发,并逐渐向外扩及各主要资本主义国家。"新左派"及其运动的出现,其直接诱因是1956年发生的两件震惊世界的大事,即苏军入侵匈牙利和英法联军入侵苏伊士运河。由此,一批年轻的社会主义理论的信仰者,对西方资本主义民主制和苏联的社会主义产生了双重幻灭,并进而聚集在一起寻找新的理论出路,宣扬所谓"更实际的新社会主义思想"。为了区别于各国共产党、社会民主党和托派等所谓传统的"老左派",他们自称为"新左派"。②此外,战后的西欧资本主义国家开始呈现出迥异于战前的新形势:社会普遍富裕,社会福利政策得到巩固和发展,工人阶级的生活条件大幅度改善,消费主义膨胀,阶级意识淡化。这一切向传统左派所持守的传统社会主义理论和实践提出了挑战,③加重了"新左派"对"老左派"的憎恶与反感。

就美国而言,"新左派"社会思潮同样起源于20世纪50年代后期,到60年代时达其全盛,在青年中,尤其是青年知识分子中影响

---

① 庄锡昌:《二十世纪的美国文化》,浙江人民出版社1996年版,第191页。另参见 Irwin Unger, with the Assistance of Debi Unger, *The Movement: A History of the American New Left*, 1959—1972, New York: Dodd, Mead & Company, 1974, p. 18. 和 Edward J. Bacciocco, Jr., *The New Left in America: Reform to Revolution*, *1956 to 1970*, California: Stanford University, Hoover Institution Press, 1974, p. 8. 小巴西奥科认为,英国"新左派"现象的出现是国内外一些因素共同促成的结果:(1)国外因素主要有:赫鲁晓夫在苏共二十大上对斯大林进行的让人吃惊的攻击,英法控制苏伊士运河的失败以及匈牙利工人、学生和知识分子自发的反对共产主义专制的起义;(2)国内因素主要是,作为英国社会主义者政治核心的工党热衷于如何更好地参与议会选举,而这种选举在很大程度上不是致力于消除私有财产和为社区服务,而是着眼于个人发展、物质消费和减税。这对于那些热衷于激进社会变革的青年改革者来说是毫无价值的。另外也有人认为"新左派"这个名称起源于法国的塞纳河畔,是一个名叫克劳德·布尔代的法国人发明的。1956年,他在巴黎办杂志,正好有一批英国马克思主义知识分子到访,准备建立一个能够影响整个欧洲的左翼组织:国际社会主义协会。克劳德·布尔代的政治观点与这些人不谋而合:既痛恨苏联的专制,又反对西方的社会民主制;既信奉马克思主义,又与西欧共产党保持着距离。会面之初,克劳德·布尔代就称他们是"新左派",此后,这个名称就一路沿用下来。参见 Lin Chun, *The British New Left*, Edinburgh UP, 1993, xviii(转引自赵国新《新左派》,《外国文学》2004年第3期,第62—66页)。

② 庄锡昌:《二十世纪的美国文化》,浙江人民出版社1996年版,第191页。

③ 赵国新:《新左派》,《外国文学》2004年第3期,第62—66页。

很大。在其推动下所出现的美国"新左派"青年政治运动，可以说是当时整个西方资本主义世界"新左派"运动洪流中的一支重要力量。青年学生和知识分子在国内波澜壮阔的民权运动和反越战运动等的推动下，接受卡斯特罗主义、格瓦拉主义和马尔库塞等"现代乌托邦革命理论"的影响，对美国传统社会制度进行了猛烈的抨击。"新左派"史学便是这一运动在史学领域的自然反映，"是 20 世纪 60 年代激进主义的短暂的高潮的产物"。①

　　如果按苏联历史学家杰缅季也夫的观点，② 美国"新左派"史学其实并不是一个严格意义上的史学"派别"或"学派"，而只能算得上是一个史学"流派"。这些激进主义史学家们没有明确、统一的组织形式，研究课题也多不相同，具体史学观点也时有分歧，只是在历史研究的方法论原则和总体史观上似乎有所一致。这就造成了"新左派"史学的"反面特性"——由于"新左派"史学家内部的分歧很大，很激烈，也很普遍，最好用他们否定什么、不喜欢什么来给"新左派"史学或"新左派"史学家下定义。③ 这就给研究者在实际研究工作中带来了一个棘手的问题：如何确定"新左派"史学家的身份？

---

　　① ［美］伊格尔斯主编：《历史研究国际手册——当代史学研究与理论》，陈海宏等译，华夏出版社 1989 年版，第 205 页。

　　② 在杰缅季也夫看来，"流派"、"派别"和"学派"是史学过程和个别学者创作的连接环节。由共同方法论原则（如实证主义或新实证主义）联合在一起的一批没有组织形式的历史学家叫作"流派"；"派别"则指不仅方法论原则互相接近，而且对这些原则的解释和著作的课题范围都互相接近的一批学者；共同的教学方式，有时还以一家大学或一位重要学者为中心的聚合，则是划分"学派"的标准。参见［苏］加尔金主编《欧美近代现代史学史》（上、下卷），董进泉译，安徽教育出版社 1986 年版，"序言"第 6 页。

　　③ 黄颂康：《关于美国"新左派史学"和"一致性理论"的讨论》，《世界史动态与资料》1978 年第 9 期，第 5—15 页。Irwin Unger，"The 'New Left' and American History：Some Recent Trends in United States Historiography"，*The American Historical Review*，Vol. 72，No. 4，July 1967，pp. 1237—1263. 在昂格尔看来，20 世纪 60 年代出现的"新左派"史学是对战后美国传统历史学界的一种反动。年轻的"新左派"激进分子对后比尔德派历史学家（主要指"新保守主义"史学家）的那种（为美国历史和传统歌功颂德的）口气、主张和权势愤愤不平，对战后的历史界没有给"新左派"提供一个"有用的过去"表示不满。他们知道自己反对的是什么（即战后的新保守主义史学），但不知道该在什么问题上达成共识。

迄今为止，国内史学界尚无人给出明确的回答，就连美国著名的"新左派"史学评论家昂格尔教授在这一问题上也表现得有些无可奈何，他说："对于新左派来说，究竟什么是'有把握的明证'是很难说的。他们没有党证，也不总是承认自己是新左派。我在选择新左派史学家时，是根据个人所知、本人自己承认、内部有人证明和一种从历史来推测的办法相结合起来。这种办法我知道一定会有错误，有些被我列入新左派的人可能会拒绝这一称号，另一方面，也会有人因为没有被列入而感到不高兴。虽然如此，我认为即使有不确切之处，也不致影响我的各种论断。"①

有鉴于此，本人认为，从一般意义上说，那些受西方马克思主义观点的影响或对马克思主义感兴趣，支持"新左派"青年运动，于20世纪60年代前后以激进的史学理念开始活跃于美国史坛，对以"新保守主义史学"为代表的传统史学抱以激烈批评态度的史学家，似可以宽泛地划归美国"新左派"史学家之列。在本书的具体研究中，在对相关"新左派"史学家的选择上，除坚持以上原则外，我们主要还是根据前辈史家们的传统观点，遵循他们的相关重要论著的认定标准来加以考量。

二　国内外美国"新左派"史学研究概况

国外对"新左派"史学的研究，自其出现于美国史坛之日起便已开始了。其中，又以美国本土学者的研究居多。在这些对"新左派"史学的研究中，一个再明显不过的趋向就是贬大大多于褒，轻蔑远多于尊重。在那些对"新左派"史学抱以批判态度的学者看来，这一派别的史学家们的研究方法过于简单，观点过于激进。他们在从事史学研究时，往往是由自己所处的时代背景和社会环境出发，抱着先入为主的观念到档案馆去寻找那些能够支持自己观点的材料的。在他们眼中，由于论据不足或不够严谨，"新左派"学者的史学著作是没有什

---

① Irwin Unger, "The 'New Left' and American History: Some Recent Trends in United States Historiography", *The American Historical Review*, Vol. 72, No. 4, July 1967, pp. 1237—1263.

么太大的学术价值可言的。① 值得指出的是，由于"新左派"史学在美国外交史方面的成就远远大于其在其他方面的成就，所以美国学者在对"新左派"史学的研究中，多关注于其整体史学内容中的外交史学部分。其中，"新左派"史家关于"冷战"问题的研究更是他们关注和批判的焦点。②

　　如果说美国学术界对"新左派"史学真正提出过中肯而客观的评价的话，那么欧文·昂格尔（Irwin Unger）和劳伦斯·魏西（Laurence Veysey）可以说为其主要代表。前者在其 1967 年发表于《美国历史评论》上的那篇题为《"新左派"与美国历史：当前美国史学动向》（The "New Left" and American History：Some Recent Trends in United States Historiography）的著名的文章中，不仅详细考察了"新左派"史学的兴起，而且全面、客观地评价了在美国史坛初出茅庐的"新左

---

　　① 对"新左派"史学持强烈批评态度的学者中，理查德·W. 利奥波德（Richard W. Leopold）、罗伯特·费雷尔（Robert H. Ferell）、赫伯特·费斯（Hebert Feis）、汉斯·摩根索（Hans J. Morgenthau）和罗伯特·麦得克斯（Robert J. Maddox）等人的观点最为引人注目，具体参见本书第五章第一节"衰落的原因"。

　　② 总体来看，美国国内对"新左派"史学的研究状况主要体现在以下著作或论文中：Irwin Unger, ed. , *Beyond Liberalism：The New Left Views American History*（Waltham, Wassachusetts：Xerox College Pubilshing, 1971）；Gerald W. Grob and George A. Billias, *Interpretations of American History：Patterns and Perspective*s（New York：The Free Press, 1972）；John A. Garraty, *Interpreting American History：Conversations with Historian*s（Vol. 2, New York：Macmillan Co. , 1970）；Robert Allen Skotheim, ed. , *The Historian and the Climate of Opinio*n（Addison—Wesley Publishing Company Inc. , 1969）；Ernst Breisach, *Historiography：Ancient , Medieval & Modern*（Second Edition）（The University of Chicago Press）；Joseph M. Siracusa, *New Left Diplomatic History and Historians：The American Revisionists*（ Natuional University Publications, Kennikat Press Inc. , 1973）；Robert James Maddox's *The New Left and the Origins of the Cold War*（Princeton University Press, 1973）；Irwin Unger, "The ' New Left' and American History：Some Recent Trends in United States Historiography", in *The American Historical Review*, LXXII（July 1967）, pp. 1237—1263；David Donald, "Radical Historians on the Move", in *New York Times Book Review*, July 19, 1970, 1 ff；Daniel M. Smith's , "The New Left and the Cold War", Review of Empire and Revolution：A Radical Interpretation of Contemporary World History, by David Horowitz, in *the Denver Quarterly*, Ⅳ（Winter, 1970）, 78—88；James R. Green, "American Radical Historians on their Heritage", in *Past and Present*, No. 69（Nov. , 1975）, 122—130；Richard A. Melanson, "The Social and Political Thought of William Appleman Williams", *The Western Political Quarterly*, Vol. 31, No. 3（Sep. , 1978）, 392—409.

派"史学的优点和存在的缺陷。他在指出"新左派"史学家们在历史研究中存在着诸如政治色彩太浓、缺乏论战道德等不足之处的同时，亦认为他们"将参与建立一种完整的左派观点来解释美国历史……即使没有别的理由，仅仅从他们对学术界起推动作用这一点，他们老一辈的同行也不能不重视他们。而为了历史这门学问的健康发展，也必须听取他们的意见"。此外，在其所主编的《超越自由主义：新左派眼中的美国历史》（*Beyond Liberalism：The New Left Views American History*）一书中，昂格尔对书中的每一位"新左派"学者的作品都进行了精当的点评，透露出自己对他们的赞赏之情。①

加利福尼亚大学圣塔克鲁兹分校历史学教授劳伦斯·魏西（Laurence Veysey）在 20 世纪 70 年代对美国历史研究的新方向发表评论时，更是对"新左派"史学给予了高度重视，认为左派史学家们（即"新左派"史学家）为把美国史学从它先前的过分自我庆幸和褊狭的模式中解脱出来做了很大贡献，他们至少在三个重要方面做到了这一点。首先，他们与那些更直接代表各少数民族和不同性别的发言人一道，把注意力集中于美国社会中所存留的鸿沟和差异。这样，在 20 世纪 60 年代，他们第一次恢复了历史应阐述全体民众这个目标。因此，他们帮助反驳了 10 年前提出的幼稚的关于美国的整体观点，这种观点根本无视少数民族而对历史进行概括。其次，左派人士在外交史领域发动了一场攻势，特别是对于冷战，有力地把讨论转向更多地理解几个大国领导人的动机的性质，并且对在实际外交决策领域中发挥作用的美国独特的理想主义提出了异议。最后，导源于赖特·米尔斯的左派的治学态度成功地证明对于政治和经济权力这一课题的研究是有道理的，这个研究出自于一个更为客观的立场，超脱于政客、社团领袖和官僚主义的官员的自身的思想模式之外。这些成就绝不是

① Irwin Unger, "The 'New Left' and American History: Some Recent Trends in United States Historiography", *The American Historical Review*, Vol. 72, No. 4, July 1967, pp. 1237—1263. （昂格尔的这篇文章后由牛其新译成中文，发表于《世界历史译丛》1980 年第 1 期上，成为国内了解美国"新左派"史学的一个重要材料。）Irwin Unger, ed., *Beyond Liberalism：The New Left Views American History*, Waltham, Mass.: Xerox College Publishing, 1971.

微不足道的，只是由于存在一些缺点而被抵消了几分。①

　　除美国学界外，苏联和东欧一些国家的学者也对美国"新左派"史学给予了一定的关注。其中，最主要的就是苏联历史学家杰缅季也夫。在经苏联高等和中等专业教育部批准为大学历史系学生教科书的《欧美近代现代史学史》一书中，杰缅季也夫指出，美国激进派史学（即"新左派"史学）的理论和方法论立场反映了"新左翼"意识形态的积极方面和消极方面。"青年激进派"批判了为美国资本主义辩护的观点，反对"无冲突的历史"。他们的活动并不仅仅是过眼云烟，他们的许多民主思想已经成为当代越来越多的研究人员的财富。② 除了杰缅季也夫外，东德席勒大学历史系助教吕迪格尔·霍恩也曾于1977年在《历史科学杂志》第7期上发表了《美国"史学新左派"论冷战》的文章，对美国"新左派"史学的哲学理论和历史理论进行评说。他认为，美国"史学新左派"的哲学理论是通过其小资产阶级急进思想表达出来的，它要在"西方帝国主义和教条的马克思主义"之间，在"处于冷战状态的美国和苏联"之间创立第三种力量——"新左派"，并企图把马克思主义学说"非教条主义化"，而"人道主义化"。就"新左派"史学的历史理论而言，吕迪格尔·霍恩认为其基础是由"部分马克思主义的、左派激进的、社会改良主义的、资产阶级自由主义的和保守的思想成分混合组成的"。③

　　在国内，随着"文革"的结束，关于"新左派"的评介文章开始进入学界视野，并逐渐散见于各类期刊和著作中，但主要是以下三种情况。

　　第一，研究"新左派"青年政治运动本身的居多，主要是把它当作20世纪60年代美国"反正统文化运动"的一支重要力量来研究（另一支重要

　　① Georg G. Iggers & Harold T. Parker, eds., *International Handbook of Historical Studies*: *Contemporary Research and Theory*, Greenwood Press Inc., 1979, pp. 159—160. 该书后来由陈海宏等翻译成中文，此处所引内容参见伊格尔斯主编《历史研究国际手册——当代史学研究与理论》，陈海宏等译，华夏出版社1989年版，第205—206页。

　　② ［苏］加尔金主编：《欧美近代现代史学史》（下卷），董进泉译，安徽教育出版社1986年版，第214—216页。

　　③ 李国麟：《德刊谈美国"史学新左派"》，《世界史动态与资料》1978年第1期，第38—42页。

力量是"嬉皮士"运动),① 专门探讨和论述其史学思想和史学方法的很少。这方面的代表著作和文章如:复旦大学陈学明教授所著的《新左派》(台北扬智文化事业公司 1996 年版),武汉大学的钟文范发表在《世界历史》1983 年第 3 期上的《美国新左派运动诸问题初探》,温洋在《美国研究》1988 年第 3 期上发表的《美国 60 年代的"新左派"运动》,以及赵林发表在《美国研究》1996 年第 2 期上的《新左派运动述评》等。

　　第二,由于政治和意识形态的原因,国内关于"新左派"运动及其史学的研究主要集中在 20 世纪 80 年代中期以前(当时虽然国内学者也认识到"新左派"并不是完全信奉马克思主义的政治同盟军;但由于他们借助于部分马克思主义的理论对美国国家和社会及外交政策展开了激烈的批评,所以他们还是对"新左派"给予了一定的关注),进入 90 年代以后,由于意识形态因素在国家关系中的地位的下降,不消说对"新左派"史学的研究,就是对"新左派"运动本身的研究也少之又少,几乎看不到这方面的专题研究,多是在各种关于美国 20 世纪下半叶的历史著作中,把它作为当时美国史学不可分割的组成部分加以简单描述的。尽管进入 21 世纪以后,对西方"新左派"(包括美国"新左派")运动及其文化的研究有抬头的趋势,先后出现了相关论著和文章,如沈汉和黄凤祝合作编著的《反叛的一代——20 世纪 60 年代西方学生运动》(甘肃人民出版社 2002 年版)和赵国新发表于《外国文学》2004 年第 3 期上的《新左派》等,② 但对"新左

---

　　① 学界一般认为,主张政治行动主义的"新左派"与以沉迷于毒品、摇滚乐及群居村等方式逃避社会的、被人们称为"花之子"(Flower Children,一译"花癫派")的嬉皮士,是构成 20 世纪 60 年代美国"反正统文化运动"的两支重要力量。因他们反叛社会的方式不同,所以又常常分别被人们称为反正统文化的"硬"派和"软"派。参见庄锡昌《二十世纪的美国文化》,浙江人民出版社 1996 年版,第 207 页;刘绪贻、杨生茂主编《美国通史》第 6 卷,人民出版社 2002 年版,第 339 页。

　　② 前者在对 20 世纪 60 年代遍及西方主要发达资本主义国家的学生运动的兴衰及其若干特征进行详细考察的基础上认为,60 年代西方学生运动在一些国家和被称为"老左派"的欧洲共产党人在思想及政治上的冲突,促使人们去思考如何从理论上和战略上对待资本主义社会的问题,并进一步指出,这一时期的西方学生运动客观上成为一个特殊的历史坐标,它处于"二战"结束后西方社会左翼力量活动的巅峰。尽管它很快衰落了,但其后所出现的新社会运动无论在其锋芒和规模上都无法与 60 年代学生运动相比。在今后一段时期,势必会有更多的学者和读者去关注 60 年代的学生运动。后者则以英国的情形为例,阐述了 20 世纪 50—60 年代西方"新左派"所经历的沉浮与沧桑。

派"史学的研究仍属鲜见。

　　第三，就国内涉及"新左派"史学的情况来看，多数文章属于译介性质，并主要是选取了其史学内容的一部分（主要是"威斯康星"学派的外交史学）或部分代表人物的史学成果加以研究。就笔者所能见到的材料而言，迄今为止，国内关于美国"新左派"史学的评介文章最早的就是李国麟发表于《世界史动态与资料》1978 年第 1 期上的《德刊谈美国"史学新左派"》、黄颂康发表于《世界史动态与资料》1978 年第 9 期上的《关于美国"新左派史学"和"一致论理论"的讨论》和黄绍湘发表于《世界史研究动态》1980 年第 2 期上的《评美国"新左派"史学》三篇文章。它们主要是对当时国外（包括美国、苏联和东德）一些学者对美国"新左派"史学的研究成果进行简单的点评。进入 80 年代后，国内学术界开始出现了少数国外关于美国"新左派"史学的重要研究文章的译作，前述由牛其新翻译并发表于《世界历史译丛》1980 年第 1 期上的欧文·昂格尔的《"新左派"与美国历史：当前美国史学动向》及其翻译并发表于《世界历史译丛》1980 年第 1 期上的爱德华·萨维斯的《六十年代的美国史学》，以及李君锦翻译并发表于《国外社会科学》1984 年第 4 期上的前苏联学者 B. 索格林的《现代美国"激进"史学论二十世纪美国内外政策》等三篇文章即是典型代表。此外，由韩兴华翻译并发表于《史学集刊》1984 年第 3 期上的罗·雷·拉兹所撰写的《美国新左派运动的特征及其影响》一文，虽然其内容主要是关于"新左派"运动本身的研究，但其中亦有对"新左派"史学的相关论述。它们的出现可以说推动了国内史学界对美国"新左派"史学的研究。

　　以笔者陋见，国内史学界真正称得上对美国"新左派"史学的专题研究乃始于南开大学的杨生茂教授。他曾于《世界历史》1980 年第 1—2 期上连载了他关于"新左派"史学主要代表人物威廉·阿普曼·威廉斯的重要论文——《试论威廉·阿普曼·威廉斯的美国外交史学》（后收入中国美国史研究会编的《美国史论文集》，生活·读书·新知三联书店 1980 年版）。在这篇文章中，杨生茂教授以威廉·阿普曼·威廉斯的史学成就为切入点，对"新左派"史学的兴衰进行了相当详细的考察，并给出了国内史学界对美国"新左派"史学的最初评价（尽管其评价可能只是就"新左派"史学的某个方面而言的）。他认为，威廉斯等人对美国资本主义制度的批判是不彻底的，由于其对美国帝国主义侵略本性和资本主义剥削实质认识不清，因而在实现他的"开放国内门户"方面找不到应该依靠的社会力量。总体来看，杨生茂教授当时较多地关注的是威廉斯等人史学思想中的缺陷和不足，而对其积极方面（特别是其对美国外交史学，甚至是对整个美国史学的促进方面）则关注不够。这可能也与当时国内的政治及学术氛围有一定的关系吧。

在此之后，国内史学界虽然又有一些对美国"新左派"史学个别史家的研究文章陆续出现，如袁喜清在《世界史研究动态》1988 年第 10 期上发表的《美国新左派史学的前驱威·阿·威廉斯》，以及吕庆广在《世界史研究动态》1989 年第 6 期上发表的《美国奴隶制史学家尤金·吉诺维斯》等，但真正全面系统考察美国"新左派"史学的文章仍少之又少，专题论著更是难觅。① 这无疑是国内美国史研

---

①　值得指出的是，迄今为止，虽然对美国"新左派"史学进行相对直接的专题评介或研究的文章较少，但进入 20 世纪 80 年代以后，国内史学界所出现的诸多有关西方史学史方面的论著在相关内容中对美国"新左派"史学亦有一定的介绍和研究。在某种意义上，它们也是本书研究的起点和参考。现择其要者罗列如下。张广智：《西方史学史》，复旦大学出版社 2002 年版；张广智、张广勇：《现代西方史学》，复旦大学出版社 1996 年版；中国留美历史学会编：《当代欧美史学评析》，人民出版社 1990 年版；罗荣渠：《当前美国历史学的状况和动向》（《世界历史》1982 年第 5 期）；张友伦：《丰纳教授谈美国现代史学》（《山东大学学报》1982 年第 5 期）；余志森、王晴佳：《略论当代美国史学研究之演变》（《世界史研究动态》1986 年第 1、2 期）；余志森：《流派林立：美国史学的重要特点》（《世界史研究动态》1987 年第 4 期）；张广智：《实用·多元·国际化——略论现代美国史学的特点》（《江汉论坛》1991 年第 6 期）；张广智：《现代美国史学在中国》（《美国研究》1993 年第 4 期）；王建华：《美国史学发展趋势评说》（《世界史研究动态》1991 年第 6 期）；张广勇：《当代美国史学理论的基本特征》（《史林》1992 年第 3 期）；张广勇：《论美国史学理论取向》（《史林》1996 年第 4 期）等。另外，需要补充的是，在美国"新左派"史学的研究方面，台湾学者亦有相关研究成果出现，除前述辅仁大学历史研究所的林立树先生于 20 世纪 70 年代撰写的硕士论文《新左派对美国历史的解释》外，尚有淡江大学美国研究所的孙同勋教授于 1971 年发表于《美国研究》（台）杂志上的《二十世纪的美国史学》一文，以及其硕士生卢令北于 20 世纪 90 年代所撰写的硕士论文《威廉斯学派及其对美国外交史之解释》等。

究中的一个薄弱环节，还有待更多的学者加入这一研究行列中来。

三　存在问题与现实研究价值

通过以上回顾，我们深切地感受到一点，那就是与国外学界（特别是美国）的美国"新左派"史学研究相比，我们国内学者迄今为止对其关注依然远远不够，更谈不上更深入的研究了，美国"新左派"史学在国内似乎被大家遗忘在史学的某个角落里，不愿触及。究其原因，不外乎以下三个。

其一，国内外多数学者均认为，作为20世纪60年代美国特有的时代背景的产物，"新左派"史学已经伴随着"新左派"青年政治运动在20世纪70年代的销声匿迹而慢慢失去了其赖以存在与发展壮大的社会土壤和前进动力，甚至有学者认为"新左派"史学已经退出了历史舞台。这种学术上的判断无疑影响了国内许多学者对这一学派的研究兴趣。

其二，如前所述，美国史学"新左派"并非铁板一块，他们没有明确而统一的组织形式，内部观点纷争，研究内容各异，在具体的历史研究中，往往表现出非常强烈的相异性，有时甚至还相互攻讦。这就给研究者在实际研究工作中首先带来了一个棘手的问题：如何确定"新左派"史学家的身份？正如昂格尔所指出的，人们有时往往很难判断某一位学者是不是"新左派"史学家，"新左派的成员没有党证，他们也不总是承认他们是新左派"。在选择"新左派"历史学家时，只能根据个人所知、他们本人自己承认、内部有人证明和从历史来推测等相结合的办法。① 代表人物身份的这种模糊性及研究兴趣和观念的相异性、复杂性，无疑给学者们在总体上对这一学派进行综合深入的分析研究增加了难度。

其三，改革开放以来，我国的世界史研究焕发出勃勃生机，而美国史更成为其中的"显学"，不仅研究者日众，而且研究的领域和方

---

① Irwin Unger, "The 'New Left' and American History: Some Recent Trends in United States Historiography", *The American Historical Review*, Vol. 72, No. 4, July 1967, pp. 1237—1263.

向也不断扩展,涉及美国政治、经济、军事及社会等方方面面的问题吸引了大批研究者的目光。在这种情况下,早已被人们认定是"明日黄花"的美国"新左派"史学理所当然地消失在研究者的视野里。

美国"新左派"史学真的退出历史舞台了吗?是不是真的没有了进一步研究的价值了呢?我们以为情况并非如此。众所周知,美国"新左派"史学具有很强的现代理念,"新左派"史家们以变革美国社会、促进美国社会进步为旨志,对美国内政(包括贫富差距、种族歧视和战争问题等)与外交均提出了猛烈的批评。这些批评对 20 世纪下半叶的美国来说无疑起到了振聋发聩的作用,给人们留下了许多思考的空间。可以说,他们成功地扩展了社会中对美国社会的批评,提高了人们的反思与自省的能力,极大地改变了成千上万美国人的观点。正如昂格尔所指出的那样,"60 年代激进主义最直观的遗产就是改变了 60 年代以后成熟起来的许多成年人的生活方式和文化观"。①这无疑推动了美国社会的不断进步。

改革开放以来,我国经济持续高速发展,整个社会处于从传统农业社会急剧向现代工业社会快速转型的过程中,导致国内出现了大量的社会冲突及各种疑难问题;同时,中国国力的增强,在国际上不断引起西方大国的关注与警惕,"中国威胁论"层出不穷,各种外交问题严重影响着中国的和平崛起大业。如何有效应对这些问题,关乎民族的复兴大业和国家的长治久安。从某种意义上看,我国目前出现的诸多社会冲突、矛盾乃至一些外交问题都是当年美国在国家与社会发展,以及崛起为世界性大国的过程中碰到过的类似问题。美国"新左派"史学对美国建国以来的内政及外交从批判的角度进行了全面的分析评价,并指出了诸多问题的解决之道。在我国当前大力构建和谐社会、促进民族复兴的大背景下,对美国"新左派"史学的研究,无疑可以为我国现阶段诸多问题的解决提供有益的启示,具有重要的现实研究价值。

---

① Irwin Unger, with the assistance of Debi Unger, *The Movement: A History of the American New Left*, 1959—1972, New York: Dodd, Mead & Company, 1974, p. 208.

第一章

"新左派"史学的产生及其特征

宏观而论，流派的林立及其更替变迁是当代美国史学的一大特色。在美国史学的成长过程中，每一时期的历史解释都受到当时社会状况和时代精神的深刻影响。正如美国著名老左派史学家菲力普·丰纳（Philip S. Foner）教授所言，"从古到今的史学都不是在真空中产生的，而是社会现实的反映。因此对任何一个史学流派的分析和评价都必须同研究当时的历史现实结合起来"。① 不同时代的美国学者在诠释历史之时，往往是以独特的时代环境为其史学思维苗壮成长的肥沃土壤，并以此为基础展开论述。可以说，任何一种社会思潮的流行或史学流派的出现，都是与其时代背景或时代精神密不可分的，美国"新左派"史学的产生亦如此。美国"新左派"史学是在20世纪50—60年代美国所处的独特的国际、国内社会环境下发展起来的一个新的史学流派，从登上美国史坛的那一天起，它就以其鲜明的个性和激进的史学观点引人注目。作为一个激进的史学流派，"新左派"史学是60年代美国"新左派"青年政治运动在史学领域里的必然反映，它的形成和出现是国际、国内各方面因素互动的结果。

第一节　20世纪中期的美国社会变迁

"二战"以后，美国进入了一个特殊的历史时期。反法西斯战争的

---

① 张友伦：《丰纳教授谈美国现代史学》，《山东大学学报》1982年第5期。

胜利奠定了美国在世界政治、经济上的超级大国的地位，但是由于当时美苏在战后世界重建等问题上存在严重分歧，两国处于“冷战”之中，“恐共”、“反共”思想开始弥漫美国社会。特别是在“麦卡锡主义”（McCarthyism）的影响之下，自由主义思想逐渐衰退，美国人开始重新强调民主传统的重要性及美国政治体制的连续性与一致性。① 与此同时，美国国内经济在技术进步的刺激和推动之下日趋发展，社会彰显繁荣，由此带来了满足与和谐。这样，美国社会思想逐渐脱离 20—30 年代的改革精神，而渐趋保守，强调美国社会的丰裕与和谐。社会上的一些人受环境感染，不再热衷于改革，开始转而寻找并歌颂美国生活方式的基本信念，以彼德·维利克（Peter Viereck，1916—，美国著名诗人和历史学家）和卢塞尔·柯克（Russel Kirk）等为代表的一批知识分子纷纷撰文歌颂美国的传统思想和美国社会发展的一致性。②

---

① Hillingsworth J. Rogers, "Commentary on 'Consensus and Continuity' in Post War Historical Interpretation", in Robert Allen Skotheim, ed., *The Historian and the Climate of Opinion*, Massachusetts, 1969, p. 96.

② 彼德·维利克和卢塞尔·柯克被认为是“二战”后初期，完成对“新保守主义”最后进行明确的界定并系统阐明其信条工作的两位著名学者。前者先于1940年发表了《但是，我是一个保守主义者》（"But—I'm a Conservative!", *Atlantic Monthly*, 165, April 1940）一文，在美国率先使用了“新保守主义”一词，极力为一种“道德的、改良主义的保守主义”进行辩护；后又于1949年发表了其重要著作《再受重视的保守主义：对反叛的反叛》（*Conservatism Revisited: The Revolt against Revolt*, New York: Basic Books Inc., Publishers, 1949）。该书的书名大胆地使用了“保守主义”一词，这是战后第一部这样的书，被认为是“比战后初期其他任何一部书都更能促使新保守主义者成为知识界中具有自觉意识的力量”的书，从而使“保守主义”一词得以流行起来，并“给战后保守主义的冲击力贴上了一个‘保守主义’的标记”。维利克另有 *Shame and Golory of the Intellectuals* (Boston: Little, Brown & Co., 1953) 和 *The Unadjusted Man: A New Hero for the Americans* (Boston: The Beacon Press, 1956) 等著作。作为一位年轻的历史学者，卢塞尔·柯克于1953年发表了其重要著作：《保守主义的头脑》（*The Conservative Mind: From Burke to Santayana*, Chicago: Chicago University Press, 1953），为保守主义大声疾呼，力图恢复美国保守主义传统，极大地促进了保守的知识运动。有学者认为，柯克的这部巨著详述了美国保守主义的历史，是战后年代保守派对左派许多批判的一个综合，“对一个自我意识的、镇定自若的保守运动起到了决定性的催化作用”。1957年，柯克为了联合保守主义思想运动分散的力量，并加强其在知识界中的影响，创办了《现代保守评论》（*Modern Age: Conservative Review*）季刊。该刊主要面向传统主义或新保守主义，很快成为知识界保守主义者的主要论坛。柯克另有《保守主义者纲要》（*A Program for Conservatives*, Chicago: Chicago University Press, 1954）等作品。（参见钟文范《战后初期美国的保守主义思想运动》，《美国研究》1996 年第 1 期。）

　　然而，到了60年代前后，美国所处的国际和国内环境发生了很大的变化，这些巨变主要表现在以下方面。

　　首先，就整个世界范围来看，60年代是一个不安定的动荡时期，是一个反对帝国主义、资本主义、新老殖民主义和反对霸权的革命运动高涨的时期。亚非拉第三世界反殖民主义的民族解放运动和社会主义革命运动适值最后一次高潮，它反过来冲击着以美国为首的发达资本主义国家。与此同时，60年代又是社会主义阵营和各国共产党之间分歧和冲突公开化的时期，这使得社会主义和马克思主义的一些观念和话语在各国青年中引起了激烈的讨论和广泛的传播，也促进了相关资本主义社会批判理论的播化。以英国、法国和联邦德国为代表的西方发达资本主义国家内的青年学生，开始掀起了声势浩大的左翼青年运动，对美国青年产生了深刻的影响。

　　其次，在美国国内，肯尼迪总统上台执政以后，清醒地认识到美国力量的局限性，国际范围内老一套的"冷战"已经过时①，从而"明确地放弃了强行树立美国统治下的和平的任何意图，明确地禁止今后在外交上使用敌对口吻"。② 特别是在对苏外交上，他提出了著名"多元化世界"的观点。作为回应，当时的苏联领导人赫鲁晓夫也提出了"和解"与"共处"的观念③，从而使两国的"冷战"关系在这一时期趋向缓和，美国国内的反共意识开始弱化。这样，在1954年麦卡锡主义倒台后的社会环境里，美国国内的"反赤"宣传进一步淡化，对冷战的过时的信仰进一步失去了它的能量④，人们可以重新自由地发表自己的不同言论。在国内方面，他努力打破美国社会在50

----

　　① ［美］J.布卢姆等：《美国的历程》（下册，第二分册），戴瑞辉等译，商务印书馆1988年版，第590页。

　　② ［美］贝茨：《1933—1973年美国史》（下册），南京大学历史系英美对外关系研究室译，人民出版社1984年版，第280页。1963年6月10日，肯尼迪在华盛顿市的美利坚大学发表了题为《我们需要什么样的和平？》的演说，指出他和他的政府将为"促使一个多样化的世界相安无事"而努力。

　　③ 同上书，第281页。

　　④ Irwin Unger, with the Assistance of Debi Unger, *The Movement: A History of the American New Left, 1959—1972*, New York: Dodd, Mead & Company, 1974, p.18.

年代形成的思想上和政治上的陈旧意识，以坦荡直率的胸怀和豁达、理性的信念向人们指出，大多数美国人在前一个十年中引以自满的观念和制度并非尽善尽美，因为"美国的生活方式已经弊病丛生；整个国家对青年和老年一代漠不关心，对穷人和少数民族冷酷无情，城市和学校处于一派混乱之中，自然环境被肆意破坏，整个民族的言行动机越来越平庸卑鄙、唯利是图"。① 他的"新边疆"改革计划，正是以承认美国社会的某些弊端为前提的，它鼓励自由改革，影响青年人重视国内外的各种问题，在客观上形成了一种有利于社会批判的气氛。② 可以说，正是在肯尼迪富于活力的形象和理想精神的鼓舞下，美国青年人的社会责任感再度被唤醒了，他们开始关注社会，一度沉寂的大学校园再度活跃起来。正如一位美国学者所指出的，肯尼迪"表述了对国家平等目标的新的意识形态信仰，因而鼓励了学生的政治行动主义，结束了美国'沉默的50年代'的政治休眠"③，"从而激励了学生的政治活动在'默默无声的50年代'政治的一潭死水中激起层层波澜"。④

正是在这些因素的影响下，20世纪40—50年代美国社会的那种一味歌颂美国民主自由传统的态度到了60年代，开始引起一部分知识分子和青年的不满，他们发现在自称为"丰裕社会"的美国，仍然存在很多尚未解决的社会症结。而这主要包括四方面的问题。

一　种族问题

美国在建国之初的《独立宣言》中就开宗明义地宣告："人人生

① ［美］J. 布卢姆等：《美国的历程》（下册，第二分册），戴瑞辉等译，商务印书馆1988年版，第590页。
② 刘绪贻、杨生茂主编：《战后美国史：1945—1986》，人民出版社1989年版，第299页。
③ ［美］西摩·马丁·李普塞特：《政治人：政治的社会基础》，张绍宗译，上海人民出版社1997年版，第482页。
④ ［美］西摩·马丁·李普塞特：《一致与冲突》，张华青等译，上海人民出版社1995年版，第109页。

而平等，造物主赋予他们若干不可让与的权利，其中包括生存权、自由权和追求幸福的权利。"[①] 但长期以来，广大黑人无论在社会、政治方面，还是经济方面都处于弱势地位，黑人在美国民主制度内追求种族平等的努力，一直遭到白人种族主义者的顽强抗拒。[②] 在19世纪美国内战结束、黑奴获得解放之后，黑人并没有获得成为完全平等公民的预期效果。事实上，美国黑人的公民权利仍受到种族歧视法规及各州惯例的层层约束和限制。第二次世界大战后的十年中，美国经济获得了很大的发展，但是黑人的处境却没有多少改善，有些方面还不及战时。[③] 虽然1954年最高法院就"布朗诉教育局案"作出裁决，宣告"公立学校中的种族隔离违反宪法"，"从而废止了各州实行种族隔离的权力，把美国黑人引入政治进程"[④]，使黑人争取种族权利的斗争在法律上取得了越来越大的进展[⑤]，但是南部种族隔离制度的残余和北部事实上的种族歧视的存在，仍然使黑人的经济社会地位难以彻底改观。一份1959年关于收入的普查资料表明，白人收入的中间值为4377美元，黑人收入的中间值为2254美元，白人收入几乎是黑人收入的两倍。在教育方面，白人平均获得10.9年教育，而黑人

---

① ［美］戴安娜·拉维奇编：《美国读本——感动过一个国家的文字》（上、下），林本椿等译，生活·读书·新知三联书店1995年版，第49页。

② "新左派"史学家伯恩斯坦曾经指出："甚至在詹姆斯顿殖民地建立之前，黑人就遭到了殖民主义者的反感。他们不喜欢黑人的语言、文化和肤色。"参见 Barton J. Bernstein，"Book Review of *White Over Black*：*American Attitudes Toward the Negro*，*1550—1812*，*By Winthrop D. Jordon*"，*The Journal of Negro History*，Vol. 53，No. 4，Oct. 1968，pp. 356—357.

③ 刘绪贻、杨生茂主编：《美国通史》第6卷，人民出版社2002年版，第159页。

④ ［美］戴安娜·拉维奇编：《美国读本——感动过一个国家的文字》（上、下），林本椿等译，生活·读书·新知三联书店1995年版，第711—712页。

⑤ 如：瑟古德·马歇尔登上了法律业的顶峰，先后成了美国的副总检察长和最高法院法官；罗伯特·C. 韦弗成了新设立的住房和城市发展部部长，第一个黑人内阁成员；在克利夫兰，白人选民同黑人联合使卡尔·斯托克斯成了美国大城市的第一个黑人市长等。参见［美］纳尔逊·曼弗雷德·布莱克《美国社会生活与思想史》（下），许季鸿等译，商务印书馆1997年版，第447页。

只有8.2年。① 随着时间的推移，黑人的经济收入状况逐渐有所改变，但改变得较为缓慢，黑人在一些关键部门中占的比例仍然很小。1960年时，黑人在专业与技术集团中只占4%，在职员集团中占5%。即使到了1970年，按当时的统计，黑人男子中，也只有22%是专业人员、技术人员和职员，而白人男子中则有43%；黑人妇女中36%是专业人员、技术人员和职员，而白人妇女中则有64%；黑人男子中18%是非熟练劳工，而白人男子中只有6%；黑人妇女中18%是家庭仆役，而白人妇女中只有3%。②

与黑人在经济方面所遭受的不平等待遇相比，20世纪50—60年代，从蒙哥马利城到伯明翰城所发生的一系列针对黑人的严重的种族隔离事件，更时时向人们昭示着这样一种严酷的现实，即种族歧视的问题并没有随着美国社会的繁荣富裕而消失，黑人在政治、社会及经济上都未受到公平对待，他们一向受种族主义的严重迫害，处于社会的最底层。③

正如在“向华盛顿进军”的运动中，著名的黑人民权运动领袖马丁·路德·金于1963年8月28日在华盛顿林肯纪念堂前的群众集会上，发表他那篇激动人心的《我有一个梦想》的讲演时所说的，一百年以前，林肯就已经签署了《解放黑人奴隶宣言》，这一重要的法令犹如灯塔把辉煌的希望之光带给千百万饱受屈辱、处于水深火热之中的黑人。“然而，一百年以后的今天，我们不能不面对这一悲剧性的事实，即黑人仍未获得自由。一百年后的今天，黑人的生命仍惨遭种族隔离桎梏和种族枷锁的束缚。一百年后的今天，黑人仍生活在物质

① 沈汉、黄凤祝编著：《反叛的一代——20世纪60年代西方学生运动》，甘肃人民出版社2002年版，第51页。

② ［美］丹尼尔·贝尔：《后工业社会的来临——对社会预测的一项探索》，高铦等译，商务印书馆1984年版，第163页。

③ 在美国的种族歧视及黑人斗争方面，刘绪贻先生曾撰写过一些相当有分量的文章，如《战后10年美国黑人运动的起伏》、《从合法斗争到非暴力群众直接行动——40年代后期到60年代初的美国黑人运动》和《从蒙哥马利到伯明翰——50年代中期到60年代前期的美国黑人运动》等。参见刘绪贻《20世纪30年代以来美国史论丛》，中国社会科学出版社2001年版。

繁荣的汪洋大海所包围的贫穷的孤岛上。一百年后的今天，黑人仍蜷缩在美国社会的偏僻角落，感到自己是自己国家的流放者。"①

毋庸置疑，第二次世界大战以降，黑人争取民权的斗争颇具成效，获得了一定的发展。但所有那些给人以希望的进展都没能真正减轻陷于困苦深渊之中的广大黑人群众的痛苦和辛酸。"正像我们在通常情况中看到的，革命的力量和动力不是来自深刻的失望，而是来自萌发的希望和部分得到满足的期望。"② 正是那些50年代以来黑人运动取得的某些进展，到60年代时，更加激发了他们争取自身权利的斗争。他们纷纷组织各种民权团体，在各地举行示威游行，并逐渐由早期的非暴力方式向暴力方式演变。战后黑人暴力革命的风起云涌，突出了美国国内黑人屈居二等公民地位这种情况所体现出来的民主神话与民主现实之间明显的差距，并促使为数众多的白人和自由主义组织参加到战后的民权运动中去。③ 而这种争取民权的运动也为美国60年代一连串的社会抗议运动开启了宏大序幕。

二 越南战争问题

伴随着国内黑人运动的激化，这一时期的美国在外交上面临着越南战争的困扰。"越战"成为美国60年代外交工作的主题。"二战"以后，出于其"冷战"战略思维的考虑，美国把东南亚看作它对外政策的重点关注区，与社会主义阵营在这一地带展开了激烈的争夺。肯尼迪上台时，东南亚的热点是老挝而非越南。但上台以后，他认为越南是美国面临的"最糟糕的问题"④，美国在南越扶植的吴庭艳政府

---

① ［美］戴安娜·拉维奇编：《美国读本——感动过一个国家的文字》（上、下），林本椿等译，生活·读书·新知三联书店1995年版，第770页。

② ［美］贝茨：《1933—1973年美国史》（下册），南京大学历史系英美对外关系研究室译，人民出版社1984年版，第296页。

③ ［美］戴安娜·拉维奇编：《美国读本——感动过一个国家的文字》（上、下），林本椿等译，生活·读书·新知三联书店1995年版，第769—774页。

④ ［美］沃尔特·罗斯托：《权力的扩散》，纽约麦克米伦公司1972年版，第265页。转引自刘绪贻、杨生茂主编《战后美国史：1945—1986》，人民出版社1989年版，第255页。

的统治正在动摇。此时的美国政府把越南的战略地位看得比老挝更为重要，担心丢失越南将像杜鲁门政府"丢失中国"一样引起严重的政治后果，会对美国在东南亚的势力造成雪崩式的打击。在这种情况下，美国由最初肯尼迪政府时期采取军事援助政策，实行有限卷入方针①；到后来约翰逊政府决定扩大侵越战争，直接出兵轰炸北越，并派地面部队正式投入越南战争②，一步步陷入了战争的泥潭而无法自拔。

美国政府在越南和东南亚的战争政策，在美国的学生组织和社会各界人士中激起了猛烈的反战运动。"在战争开始以后的 10 年中，整整一代人被置于战争的掌握之中"，"越战和征兵成为青年生活中最刺痛他们的事件"。③国内大学生和反战的鸽派人士，不愿长期受战争所累，纷纷撰文反对越战，认为"越战不是一场国际侵略的战争，而是越南人自己的战争，美国人没有权利干涉别人的内政，所以美军参加战争是错误的"④，"越战不仅本身就是一个极大的错误，而且是不道德和邪恶的"，"是对孤立无助的农民进行的一场不可原谅的恐怖主义战争"。⑤1965 年春，反战运动在美国各地如火如荼地展开，大学的学生和教师在这运动中充当了急先锋。他们打着"结束越战"、"停止屠杀"、"我不愿到越南作战"、"从越南撤军"、"有什么民主？

---

① 从 1955 年到 1961 年，美国对南越的军事援助平均每年达到 2 亿美元。其后，美国的军事顾问也从 1961 年 12 月的 3205 人，增加到 1962 年底的 9000 人。分别见 J. 布卢姆等《美国的历程》（下册，第二分册），戴瑞辉等译，商务印书馆 1988 年版，第 590 页；刘绪贻、杨生茂主编《战后美国史：1945—1986》，人民出版社 1989 年版，第 255 页。

② 1965 年 7 月，约翰逊总统作出决定：加强对北越的空袭，动用 B—52 轰炸机对南越爱国力量进行饱和轰炸，并立即增派 5 万美军赴越，年底以前将侵越美军再增加 5 万人。到 1967 年底，侵越美军已近 50 万人。参见刘绪贻、杨生茂主编《战后美国史：1945—1986》，人民出版社 1989 年版，第 287—288 页。

③ ［美］兰登·琼斯：《美国坎坷的一代——生育高潮后的美国社会》，贾蔼美等译，社会科学文献出版社 1989 年版，第 81—83 页。

④ Julius W. Pratt, *A History of United States Foreign Policy*, New Jersey: Prentice—Hall Inc., 1972, p. 502.

⑤ ［美］纳尔逊·曼弗雷德·布莱克：《美国社会生活与思想史》（下），许季鸿等译，商务印书馆 1997 年版，第 511 页。

这场战争正在使世界变得虚伪"等标语,对美国政府的战争政策及美国资本主义制度本身进行了无情的鞭挞和批判。正如"争取民主社会学生组织"的主席保罗·波特在他的一次反战演说中所指出的,"我们必须指出这个制度。我们必须提到它,描述它,分析它。因为只有当这个制度被改变,并且把它置于那些有希望阻止今天在越南发动战争,明天在南方杀人,以及随时随地对所有人民施加无数数不清的更狡猾的暴行的那些力量的控制之下才有可能"。① 越南战争给数以百万计的人留下了无形无尽的伤痕,"征兵造成的损害就是使人们愤世嫉俗而逃避服役,破坏了教育,玷污了民族精神","越战使美国结束了它的纯真,使那些曾是年轻的理想主义者对社会失去了信任"。② 作为美国 60 年代政治、外交上的一大难题,越战促使青年学者和大学生关心国事,批评政府的政策,抨击资本主义制度,极大地动摇了50 年代美国社会"自由、和谐"思潮的基础。

三 贫穷问题

20 世纪 50 年代是美国经济突飞猛进和志得意满的年代(A Era of Complacency)。相对稳定的社会环境和战后第三次科技革命的发展促进了美国经济的快速发展,使美国的国民生产总值从 1950 年的 3181 亿美元,上升到 1960 年的 4392 亿美元(经 1954 年美元计算),增长 38%。每人每年平均实际消费,从"二战"结束时的 1350 美元,上升到 1960 年的 1824 美元(以 1960 年价格计算),增长 35%。到 1956 年,81% 的美国家庭有了电视机,96% 的家庭有了电冰箱,67% 的家庭有了真空吸尘器,89% 的家庭有了洗衣机。③ 因此,有人开始声称:"眼光远大的专家可能会下此结论,如果长久如此繁荣下去,有关经济的问题可能

---

① [美] 柯克帕特里克·塞尔:《争取民主社会学生组织》,纽约,1974 年,第 188 页。转引自沈汉、黄凤祝编著《反叛的一代——20 世纪 60 年代西方学生运动》,甘肃人民出版社 2002 年版,第 45 页。

② [美] 兰登·琼斯:《美国坎坷的一代——生育高潮后的美国社会》,贾蔼美等译,社会科学文献出版社 1989 年版,第 89—90 页。

③ 刘绪贻、杨生茂主编:《战后美国史:1945—1986》,人民出版社 1989 年版,第128—129 页。

从此消失，经济学家也将会陷入英雄无用武之地的窘境。"①

这种情绪未免过于乐观了，在战后有着"丰裕社会"之称的美国，贫困并没有消失，一些知识分子开始对这一问题予以关注。著名的经济学家约翰·加尔布雷斯（John Kenneth Galbraith，1908—2006）在其于1958年出版的《丰裕社会》（*The Affluent Society*）一书中，就既谈到了美国社会中私人的富裕，也谈到了公众的凄惨，宣称贫穷依然存在于美国社会之中。他指出，"二战"后的美国虽然已经成为物质产品极为丰富的"丰裕社会"，但这种社会仍存在着严重的缺点：它过分强调物质至上，把物质产品的增加等同于幸福；其在收入分配方面也存在着严重的不平等现象。从某种意义上看，加尔布雷斯写作这本书的重点并不是要称赞美国社会如何丰裕，而是强调"丰裕"中所存在的各种严重问题。由于美国经济的高度发达和贫困问题的相对性，加尔布雷斯在这本书中所提及的所谓"丰裕社会"的贫困问题，在50年代并没有引起人们的多少注意。

到了60年代，这一问题更加突出，逐渐进入了越来越多人的思维视野。继加尔布雷斯之后，迈克尔·哈林顿（Michael Harrington）对这一问题给予了更多的关注。在他于1962年出版的《另一个美国：美国的贫困》（*The Other America: Poverty in the United States*）一书中，哈林顿全面而详尽地披露了战后繁荣时期美国贫民的生活状况，在美国社会激起了广泛回响，使美国大众开始正视在"丰裕"的美国社会中依然存在的贫困现象。在这本书中，哈林顿通过自己的亲身体会和实际考察，详细地向人们描绘了一个与"富足的美国"相对应的"另一个美国"。他指出，在60年代的美国境内，有一个丰裕的社会。千百万美国人过着世界上最高水平的生活。但与此同时，在美国境内也还存在着一个不发达的国家，存在着贫困文化体系。这个美国的居民并不像亚洲的农民或非洲部落的人民那样过着极度贫困的生活，然

---

① ［美］约翰·加尔布雷斯：《群体贫穷之探讨》（*The Nature of Mass Poverty*），孙成煜译，台北今日世界出版社1985年版，第15页。转引自华立《美国新左派学者在新左派运动中所扮演的角色之探讨》，硕士学位论文，中国文化大学（台湾）美国研究所，1990年。

而苦难的性质是相同的。历史与他们无关，进步没有他们的份，他们过着停滞、瘫痪、痛苦的生活而无力自拔。[①]

在哈林顿所描述的这"另一个美国"里，生活着各种各样被侮辱和被损害的穷人，他们中既有处于社会底层、流落街头的流浪汉，又有因技术变革而被社会日益抛弃的各种流动工人；既有"最早被解雇，最后被雇佣的"黑人以及同样遭到种族歧视的移民的后裔，又有属于次贫困文化体系的放荡不羁的文人和过着醉生梦死生活的"垮掉派"。对这些总数达到4000万—5000万的穷人来说，"他们过去是穷人，现在也仍然是穷人"。他们在身体方面和精神方面都受到了摧残，他们生存在对人类体面来说是必要的水平以下。[②] 从哈林顿的描述中，我们看到的是一个陌生的美国。它的国土是无形的，但却时刻能让人感受到它的存在。

总体来看，在20世纪下半叶的美国，大量贫困人口存在的重要原因之一，就是科技革命和现代化生产的影响，使"富裕社会"中的一部分人不能适应社会发展对劳动力提出的更高的文化、教育和技术要求，他们不仅被排除出产业大军的队伍，而且被排除在产业后备军的行列之外。他们失去的不仅是就业的机会，而且是就业的能力和资格。它是美国社会矛盾进一步深化的重要表现，也是美国国家垄断资本主义在发展过程中所面临的新问题。面对这种情况，政府的种种福利政策虽然为短期失业者、退休老人、残疾人以及只有女性家长而又要抚养儿童的家庭，提供了保险和救济，但是对于身体健康而又失去就业能力，几乎濒于永久失业的穷人，除了救济之外，却没有一项长期的解决办法。"丰裕社会"中贫困问题的存在，凸显出美国制度的缺陷和社会的不公正[③]，这成了60年代社会不满的一个重要根源。

---

① ［美］迈克尔·哈林顿：《另一个美国：美国的贫困》，卜君等译，世界知识出版社1963年版，第1、186页。

② 同上书，第1—2、99—100页。

③ 60年代初，美国青年学生积极投入"挽救卡里尔·切斯曼运动"，就是基于对美国社会贫富不公现象的认识。他们认为，切斯曼作为一个出身下层的青少年，由于没有获得适当的教育机会和发展空间，无法实现常人的追求。他只是为了使父母免吃救济而行窃才逐步走上了犯罪的道路，其死刑应予缓期。1960年5月2日，切斯曼最终被判处死刑，这使许多美国青年学生深感法律仅仅帮助富人，而对像切斯曼这样的穷人的生命，却冷漠无情。

四　大学教育制度问题

在教育制度方面，美国战后快速发展的科技推动了大工业的迅猛发展，社会对各种专门技术人才的需求增加，使"知识产业"在60年代急剧膨胀，大学教育的功能发生了变化。此时的学校不再是拓展人自身精神快乐的美妙的"伊甸园"，而是变成了发展知识产业的前哨和培养产业后备军的基地，成为"军事—工业联合体的一部分"。学生们发现，随着美国工业的发展和对外扩张，大学变得越来越非人性化。他们几百个人坐在课堂上，只有在课堂上才能见到相关研究项目的一些教授。学校课程安排和人才培养都以企业家的需要和好恶为标准，学校逐渐成为官僚化、非人格化的机构。他们常常把这样的大学称作"工厂"，他们则成为这些"工厂"里的"产品"。① "学生们发现他们自己受到了一个巨大体制的压迫，这个体制以一种不能忍受的方式操纵着他们的生活。"② 他们对于国家和大公司对高等院校控制的加强和学术研究自由天地的缩小，感到不满，对于自己沦入知识产业雇佣大军的地位，则感到厌恶。

由于自新政以后，教育制度多鼓励学生自由发言，学校逐渐成为各种学说的庇护所。这种自由教育和知识工厂携手共进的结果，在培养了大量社会所需人才的同时，也孕育了不满社会的青年知识分子。在麦卡锡主义彻底倒台后的社会环境里，他们开始不断批评、驳斥美国的各种制度，认为当代教育所安排的课程，只是为了适应资本家的需要，而从未考虑到学生的心理，学校已经成为一种宣传民主资本主义及国家主义的官僚机构，它所涉及的理论和课程与人生的需要脱节。于是，他们一改50年代"沉默一代"的缄默，开始"以愤怒的

---

① Joseph Newman, *Communism and the New Left*: *What They're Up to Now*, Washington: U. S. News & World Report, 1969, p. 29.

② [美] 纳尔逊·曼弗雷德·布莱克：《美国社会生活与思想史》（下），许季鸿等译，商务印书馆1997年版，第497页。

姿态猛击离他们最近的那一部分美国社会体制——学校本身"。①

对大学结构的第一次攻击于1964年发生在加州大学伯克利分校。关于大学所有物能否用于政治集会的争论,很快升级为所谓的"言论自由运动",大规模的游行使学校陷入瘫痪。开始时学生只是要求更多的自由(特别是在生活区),以及在大学的管理中有更大的发言权。后来,抗议扩大到对大学和政府的关系进行攻击(这种关系大多与战争有关)。这逐渐演化为对意识形态的攻击。他们把大学斥责为"那些控制国家垄断资本主义制度的人的工具","为工厂用来训练技术员的训练场、研究中心和教化年轻人的工具",是"保护这个制度的意识形态的中心"。② 从此以后,20世纪60年代的美国大学校园不再有平静的学术生活,而是处处燃起了"伯克利事件"的烈焰,到处是"哥伦比亚大学苦恼的春天"。正如1960年,奥克兰的杰西卡·米特福德在《民族》周刊的报道中所说,"当前这新的一代大学生几乎完全去掉了整个50年代的冷漠、顺从的标签"。她预言,在未来的十年中他们将献身于"塑造世界的未来"。③

我们看到,20世纪50年代的许多美国作家和政治评论家宣称美国激进主义已经结束了。"老左派因斯大林的冷酷无情而受人质疑,只有一小部分固执的共产主义者还坚持苏联是一个正义和自由的社会。校园里没有激进组织,绝大多数学生对政治没有兴趣。学生的激情都倾泻在建立兄弟会上。一些教授反对学生的冷漠无情,担心当这些后来被称为'沉默的一代'的无精打采的年轻人掌权以后,美国会变成什么样子。"④ 然而,事实否定了这些人的担心。在上述社会背景下,60年代的青年一代有感于外交和军事的失利、内政的缺失,不再相信美国现存

---

① [美]纳尔逊·曼弗雷德·布莱克:《美国社会生活与思想史》(下),许季鸿等译,商务印书馆1997年版,第497页。

② Joseph Newman, *Communism and the New Left: What They're Up to Now*, Washington: U. S. News & World Report, 1969, p. 29.

③ [美]威廉·曼彻斯特:《光荣与梦想:1932—1972年美国实录》(第三册),广州外国语学院美英问题研究室翻译组合译,商务印书馆1979年版,第1193页。

④ Stephen Goode, *Affluent Revolutionaries: A Portrait of the New Left*, New York, 1974, p. 29.

的价值与体制，开始怀疑美国的既有成就。他们不再继续沉默，而是开始行动了。"他们找到了许多发泄激情的方式，一些人变成了嬉皮士，回避现代社会和它的喧嚣与污染，回到了自然之中；一些人致力于精神快乐，在瑜伽术和东方的宗教中找到了生活的意义，而大多数年轻人则转向了政治的左派事业，以表达他们的反叛。""他们把激情和活力倾注于改革和建立一个更平等、更公正的社会之中。这些人构成了我们称之为'新左派'的激进运动。他们在革命和激进主义里发现了他们其他的同代人在'退出'或宗教里发现的那种意义。"①

　　20世纪60年代，是美国历史上一个燃遍抗议烽火的时代。黑人的抗暴斗争、学生的反文化运动与群众性的反战风潮一起，汇合成为一股激荡的洪流，对美国社会进行了猛烈的冲击。一群热情而激进的社会成员开始聚集在一起，成立各种团体，希望通过自己的努力达到他们改变美国社会的目的。一部分历史学家则开始尝试由历史来说明一切，认为过去的历史解释把美国描绘成一个自由平等的国家并不正确，美国社会所存在的上述诸多问题便是最好的明证。他们要从历史的"沉积岩"中找寻出这些问题的根源，因此在解释美国历史的方式和态度上与以前截然不同，一股社会批判的思潮开始在美国历史学界勃然兴起。可以说，美国"新左派"史学的出现，正是在史学方面对60年代美国社会动荡不宁和阶级斗争尖锐的自然反映和必然产物。由此，我们也可以看到美国史学研究的发展与客观环境之间所存在着的密切关系：一般来说，当客观环境改变时，社会思潮也会随之而变，历史研究亦随之出现新的方向。

第二节　美国史学的流变

　　作为一个立国较晚的国家，美国史学发展的时间不长，不像中国或欧洲诸国那样具有源远流长的传统。在世界史学驳杂宏阔的史学大家庭中，它只能算是一个晚辈。若从19世纪80年代美国历史学会成

---

① Stephen Goode, *Affluent Revolutionaries*: *A Portrait of the New Left*, New York, 1974, "Introduction", ix.

立算起,专业化的美国史学迄今不过百年有余;若从 1608 年约翰·
史密斯的《弗吉尼亚殖民以来大事纪实》算起,整个美国史学的历史
也仅有 400 多年。① 尽管如此,美国史学却不乏其独特之处,发展阶
段分明和流派林立、更迭便是其最大特色之一。

一 20 世纪前之美国史学

追溯历史,20 世纪以前的美国史学经历了几个不同的发展阶段,
出现了几代不同的历史学家。

美国史学当滥觞于殖民地时期。② 17 世纪初,在当时的北美殖民
地开始出现了一些个人回忆录和早期的编年史,作者多是神职人员或
地方官。他们带着强烈的基督教信仰和创建新世界的激情,围绕着
"对逆境的征服和最终的胜利"这样一个主题③,以一种史诗般的手
法描述了美洲殖民地开拓的历程。威廉斯·布拉福德(William Brad-
ford)的《朴利茅斯殖民史,1606—1646》(*Plymouth Plantation*,
1606—1646)(写于 1630—1650 年,出版于 1855 年)、科顿·马瑟
(Cotton Mather)的《美国风物志》(*Magnalia Christi Americana*)
(1702)、约翰·温斯罗普(John Winthrop,1588—1649)的《新英
格兰史》和约翰·史密斯(Jonh Smith,1580—1631)的《弗吉尼
亚、新英格兰及森麦群岛殖民史》(*The Generall Historie of Virginia*,

---

① 《弗吉尼亚殖民以来大事纪实》(*A True Relation of Such Occurrences and Accidents of Note as hath Happened in Virginia Since the First Planting of that Colony*,*Which is Now Resident in the South Part thereof*,*till the Last Return from thence*)一书,由约翰·史密斯船长 1608 年 5 月底写于弗吉尼亚,后由尼尔森船长(Captain Nelson)带回英国,并于 1608 年 8 月在伦敦出版。这只是一本匆匆写成的只有 30、40 页的小册子,内容主要包括史密斯个人的冒险活动、他指挥进行的探险行动,以及他与印第安人的交往情况等。参见:John Franklin Jameson, *The History of Historical Writing in America*,Boston and New York:Houghton, Mifflin and Company,1891,p. 7.

② 张广智:《西方史学史》,复旦大学出版社 2002 年版,第 197 页;[苏]德门齐也夫等:《近现代美国史学概论》,黄巨兴等译,生活·读书·新知三联书店 1962 年版,第 3 页。

③ William H. Goetzmann, "Time's American Adventures:American Historians and Their Writing Since 1776", in Jefferson B. Kellogg & Robert H. Walker, eds. , *Sources for American Studies*,Westport, Conn. :Greenwood Press,1983,pp. 142—184.

New England and the Summer Isles)（1624）等①，可视为这一时期的代表作品。就总体史观来看，这些人多将历史的撰述视为实现上帝的旨意的方式，因此其对历史的解释难以超出神学的范畴，具有很强的宗教色彩，其著述还不足以称为史学，只是包含了某种历史的萌芽。他们构成了美国史坛上的第一代历史学家——"清教徒史家"。

独立战争的胜利使美国史学进入了一个新的发展阶段，一群殖民地社会上层阶级的人士开始取代以往神职人员的地位，成为历史的主要撰写者，使美国史学有了进一步的改进。② 他们摒弃了基督教的影响，开始尝试以较世俗化和理性化的观点来解释美国及外国的历史，以取代以前在神学史观支配下所造成的谬误。19 世纪初，在华盛顿·欧文（Washington Irving）③ 的有感于美国缺乏历史而远赴欧洲的带动下，包括乔治·蒂克纳尔（George Ticknor）、爱德华·埃弗雷特（Edward Everett）和乔治·班克罗夫特（George Bancroft，1800—1891）在内的一批人于 1818 年离开美国，远赴欧洲（特别是德国）求学。西奥多·帕克（Theodore Parker）、威廉姆·普列斯科特（William Hicking Prescott）和弗朗西斯·帕克曼（Francis Parkman）等人也随之而至。④ 他们在欧洲的经历，使他们崇尚资产阶级的民主自由精神，宣扬爱国主义思想，催生了美国的浪漫主义史学。约翰·摩

---

① William H. Goetzmann, "Time's American Adventures: American Historians and Their Writing Since 1776", in Jefferson B. Kellogg & Robert H. Walker, eds., *Sources for American Studies*, Westport, Conn.: Greenwood Press, 1983, pp. 142—184. 部分书名中文译名参见郭圣铭《西方史学史概要》，上海人民出版社 1983 年版，第 178 页。

② William H. Goetzmann, "Time's American Adventures: American Historians and Their Writing Since 1776", in Jefferson B. Kellogg & Robert H. Walker, eds., *Sources for American Studies*, Westport, Conn.: Greenwood Press, 1983, pp. 142—184. 部分书名中文译名参见郭圣铭《西方史学史概要》，上海人民出版社 1983 年版，第 178 页。郭圣铭先生认为，"美国史学的发展，是独立战争胜利以后的事。在那次革命战争中诞生了美国，也诞生了美国的史学"。参见郭圣铭《西方史学史概要》，上海人民出版社 1983 年版，第 178 页。

③ 华盛顿·欧文（Washington Irving），美国早期著名作家。

④ William H. Goetzmann, "Time's American Adventures: American Historians and Their Writing Since 1776", in Jefferson B. Kellogg & Robert H. Walker, eds., *Sources for American Studies*, Westport, Conn.: Greenwood Press, 1983, pp. 142—184.

特莱（John Lothrop Motley）、普列斯科特、帕克曼和班克罗夫特成为其主要代表人物。著名政治家本杰明·富兰克林的《宾夕法尼亚州宪和政治史要》、托马斯·杰斐逊的《弗吉尼亚州札记》、大法官约翰·马歇尔的《乔治·华盛顿传》，以及托马斯·哈钦森（Thomas Hutchinson）的《马萨诸塞湾殖民地史（1764—1828）》（*History of the Colony of Massachusetts Bay，1764—1828*）、威廉姆·戈登（Wiliiam Gordon）的《美国独立运动的兴起、进展和成就》（*The History of the Rise，Progress and Establishment of the Independence of the United States of America*）（1788）、大卫·拉姆塞（David Ramsay）的《美国革命史》（*The History of the American Revolution*）（1789）和摩西·沃伦（Mercy Otis Warren）三卷本的《美国革命史》（*History of the American Revolu-tion*）等①，构成了这一时期美国史学的概貌，而班克罗夫特十二卷本的名著《美国史，1834—1883》（*History of the United States from the Discovery of the American Continent，1834—1883*）则代表了它的最高成就。由于这些人多出自贵族家庭，是当时的政治领袖、种植园主、商人、律师或医生等，所以被人们称为"贵族史学家"。尽管他们的作品开始摆脱了宗教神学的影响，但仍然具有较重的文学色彩。这决定了他们还不是专业史学，尚没有走出业余史家的樊篱。

至 19 世纪下半叶，美国史学迎来了其发展历程中的一个重要时期。在西方史学普遍职业化浪潮的推动下，美国史学奋起直追，进入了迈向专业化的新阶段。此时，除了历史课程在大学和研究所中广为设立外，在德国"习明纳尔"研讨班上经受训练、学成归国的美国学者在内战前后开始陆续回国。一批具有科学探索精神的学者在赫伯特·B. 亚当斯（Herbert Baxter Adams，1850—1901）的带领下，在约翰·霍普金斯等大学按德国模式开办了美国自己的"习明纳尔"史学研讨班。他们把欧洲（特别是兰克学派）先进的史学思想和治史方

---

① William H. Goetzmann， "Time's American Adventures: American Historians and Their Writing Since 1776"，in Jefferson B. Kellogg & Robert H. Walker，eds.，*Sources for American Studies*，Westport，Conn.：Greenwood Press，1983，pp. 142—184.

法移入美国，不仅使美国的历史教育和工作组织安排发生了很大变化①，也为美国史学界培养了大批训练有素的专业人才，极大地促进了美国史学的发展。"习明纳尔"也成了诸如弗雷德里克·特纳（Frederick Johnson Turner）和伍德罗·威尔逊（Woodrow Wilson）这样的杰出史家的摇篮。② 1884 年，在约翰·霍普金斯大学校长丹尼尔·吉尔曼的建议下，赫伯特·B. 亚当斯在纽约领导建立了"美国历史学会"（American Historical Association，AHA）；1895 年，美国几所大学的教师联合创办了美国第一份科学的历史杂志——《美国历史评论》（*American Historical Review*，*AHR*）③，使美国史学在专业化的道路上迈开了坚实的步伐，取代业余史学家的"职业史学家"赫然出现在美国史坛上。

　　受兰克史学的影响，此时的美国史家非常重视史料的收集与整理，注重历史研究的科学性和客观性。他们要求自己采取超然的态度，站在过去的人和历史运动之外④，力图完整地把历史史实呈现出来，有其历史的进步性。但与此同时，其过度忠于史料、试图复原历史原貌的"高贵的梦想"却常常使历史研究陷于琐碎和呆板，容易与现实脱节。因此，从 20 世纪初开始，便不断有历史学家对他们的史学态度和治史方法提出批评，美国史学进入了注重主体性、实用性和

---

　　① 1857 年，美国有 12 名大学历史教师，而在 1895 年接近或达到 100 名，其中近一半教师在德国大学学习过。参见 J. F. Jameson，"The American Historical Review，1895—1920"，*The American Historical Review*，Vol. 26，No. 1，October 1920，pp. 1—17.

　　② William H. Goetzmann，"Time's American Adventures：American Historians and Their Writing Since 1776"，in Jefferson B. Kellogg & Robert H. Walker，eds.，*Sources for American Studies*，Westport，Conn.：Greenwood Press，1983，pp. 142—184.

　　③ 作为"第一份科学的美国历史杂志"，《美国历史评论》（*AHR*）并不是由美国历史学会（AHA）创办的，也不是它的机关刊物，而是由美国几所大学的历史教师发起组织出版的。但由于业务发展的需要，它最终成为了美国历史学会的"旗舰"和美国主流的核心历史刊物。它与美国历史学会（AHA）一起极大地促进了美国史学的发展，成为美国史学科学化、职业化的标志。见程群《〈美国历史评论〉：第一份科学的美国历史杂志》，《史学月刊》2004 年第 4 期，第 70—79 页。

　　④ William H. Goetzmann，"Time's American Adventures：American Historians and Their Writing Since 1776"，in Jefferson B. Kellogg & Robert H. Walker，eds.，*Sources for American Studies*，Westport，Conn.：Greenwood Press，1983，pp. 142—184.

广泛性的现代阶段。

二 20世纪的美国史学

如果说20世纪以前美国史学发展的特点是阶段分明的话，那么20世纪的美国史学则凸显出一种流派林立并交替、更迭的特色。

19—20世纪之交，美国社会发生了从自由资本主义向垄断资本主义过渡的重大转折，美国在取得经济大国优势的基础上，积极谋求政治大国的地位。所有的一切使美国人沉浸在歌颂历史进步的乐观情绪之中。但新世纪到来的表面繁荣，掩盖不住其背后隐藏的诸如环境恶化、劳资冲突加剧及严重的种族斗争等深刻的社会危机。① 美国各阶层纷纷呼吁社会变革，试图解决这些问题，从而在20世纪初的美国社会掀起了一场强调不断进步的全国性的巨大改革运动，即"进步运动"。②

此时的一批历史学家以历史研究为改革的工具，在推动"进步运动"的同时，对此前所谓的"客观史学"和"科学史学"展开了猛烈的抨击。他们认为史学家在进行历史研究时，不可能做到完全的客观，因为他们在选择史料与处理过去的事件时，不可避免地要受到个人与时代因素的影响。资料本身是死的，永远不可能自行显示"事实"，它们的意义都是历史学家加上去的。他们由时代变革的需要出发，更指出历史研究的目的不是满足重现过去的"好奇"，不能为了过去而去研究过去。历史研究的功用是使我们透过对过去状况及其后的演变过程之解释，以了解我们所处的现状。只有透过分析现在之所以为现在，我们才能发现我们所处现状中的缺陷。③ 这一派历史学家通常被人们称为"进步史学家"（Progressive Historians）或"新史学家"（New Historians）。他们对历史的解释构成了20世纪最初30年美国史学的主流。

进步史学的主要代表人物首推哥伦比亚大学的教授詹姆斯·哈

---

① 参见李勇《鲁滨逊新史学派研究》，安徽人民出版社2004年版，第27页。
② 即"公元1900—1917年间在美国发生的一项经济、社会和政治的改革运动"。参见《大美百科全书》第22卷，外文出版社光复书局1994年版，第444页。
③ 孙同勋：《二十世纪的美国史学》，《美国研究》（台）1971年第3期。

维·鲁滨逊（James Harvey Robinson，1863—1936）。他于 1912 年出版了其代表作《新史学》（*The New History*：*Essays Illustrating the Modern Historical Outlook*）一书，首倡历史研究应该摆脱以往的窠臼，扩大研究范围，注重历史的实用功能，以造福社会。他告诉我们："历史可以满足我们的幻想，可以满足我们急切的或闲散的好奇心，也可以检验我们的记忆力，用布林勃劳克的话来说，那就是它能提供一种'可信的无知'。但是历史还有一件应做而尚未做到的事情，那就是它可以帮助我们了解我们自己、我们的同类以及人类的种种问题和前景。这是历史最主要的功用，但一般人们所最忽略的恰恰就是历史所产生的这种最大效用。"①

除了鲁滨逊以外，这一时期的史学家以特纳（Frederick Turner，1861—1932）、帕灵顿（*Vernon L. Parrington*，1871—1929）和比尔德（Charles Austin Beard，1874—1948）最为有名，他们形成了当时美国史学界"三巨擘"和进步学派的领袖。② 他们基本上都以冲突对立史观来分析历史进程中的矛盾和斗争。

特纳是现代美国史学的开创者之一，他最早把冲突理论引入对美国历史的解释之中。1893 年，在芝加哥举行的美国历史学会的年会上，他以一篇著名的论文《边疆在美国历史上的重要性》，在美国史坛上名声大噪。1906 年，他又发表了《新西部之兴起》一文，影响日盛，并迅速形成了一个声名显赫的"边疆学派"。在这篇论文里，他认为在美国西部存在着一条不断向西移动的边疆，美国历史在很大程度上就是一部不断向西部拓殖的历史。由于移民时间先后不同，以及地理和人文环境的差异，美国境内就逐渐形成了不同地区间的差别。而西部边疆上的居民绝大部分都是贫穷的下级阶层，他们在政

---

① ［美］詹姆斯·哈维·鲁滨逊：《新史学》，齐思和等译，商务印书馆 1964 年版，第 15 页。

② 张广智：《西方史学史》，复旦大学出版社 2002 年版，第 267 页。由于比尔德等人注重从经济方面分析美国社会，所以又有人把他们称为"经济学派"，并认为他们的政治方向同自由资产阶级改良主义集团的立场接近。参见［苏］加尔金主编《欧美近代现代史学史》（上、下），董进泉译，安徽教育出版社 1986 年版，第 87 页。

治、经济和社会各方面都受到东部资本家或富有阶级的压迫和剥削，因此东西之间的冲突就难以避免。特纳正是以这种地域间的冲突向人们阐释了西部边疆消失之前的整个美国历史的。

帕灵顿则把这种冲突观念应用于思想文化领域。在其于 1927 年出版的《美国思想的主流》（*Main Currents in American Thought*）一书中，他把美国思想文化史视为特权和自由两种力量斗争的历史，即神权政治和宗教独立运动、旧世界暴政与新世界自由、联邦制与共和制及工业资本主义与劳工之间矛盾斗争和利益冲突的历史。[1] 他认为美国历史中不断的冲突导因于杰斐逊派的自由主义者与汉密尔顿派的保守主义者之间持续的对立。[2]

比尔德把经济因素导入政治史的研究之中，改变了此前美国史学以政治为中心的历史传统。他把社会矛盾冲突，尤其是经济利益的矛盾冲突作为美国社会进步和历史发展的动力，建立了以利益冲突解释美国历史的新的历史理论。[3] 1913 年，他出版了《美国宪法的经济解释》（*An Economic Interpretation of the Constutiton of the United States*）一书，从经济利益的角度对参加当时制宪会议的 55 位代表的背景进行了详细分析后认为，参加制宪会议的代表多为资产阶级，广大的平民则被排除在外。参加会议的代表多希望借助新宪法的制定，来获取更多的经济利益。由此，比尔德得出结论认为，整部联邦宪法并没有保护全体美国人的利益，而是将少数的个人利益建构在国家和多数人民的利益之上。[4]

以对立冲突观点来解释美国历史的"进步史学"在 20 世纪初出现以后，雄居美国史坛几十载，对美国史学的发展起到了巨大的推动作用。但到了 30—40 年代，随着国际、国内环境的变化，它逐渐成

---

① 张广智：《西方史学史》，复旦大学出版社 2002 年版，第 267 页。

② Robert Allen Skotheim, ed., *The Historian and the Climate of Opinion*, Addison—Wesley Publishing Company Inc., 1969, p. 33.

③ 张广智：《西方史学史》，复旦大学出版社 2002 年版，第 267 页。

④ Charles A. Beard, *An Economic Interpretation of the Constutiton of the United States*, New York: The Free Press, 1986, pp. 324—325.

了批评的对象，并于 50 年代为另一个史学派别——"新保守派史学"所代替。

　　20 世纪 30—40 年代，德、意、日法西斯势力的崛起和大肆侵略，使美国的社会思潮开始由进步转趋保守。第二次世界大战后，美国成为世界强国，在全球推行"冷战"政策，国内出现了反共、反进步、反激进主义的麦卡锡主义。适应此种需要的保守主义思潮更是汹涌澎湃。在政府的大力支持和鼓励下①，美国史学界出现了一个适应当时政治形势需要的保守学派，即"新保守主义学派"，又称"和谐史学派"（Consensus School）。② 他们纷纷重新肯定美国自由民主传统的永恒价值，强调美国过去历史中"一致与延续"的重要。从路易斯·哈兹（Louis Hartz）、丹尼尔·布尔斯廷（Daniel Boorstin）和这一时期其他学者的作品里，人们能够明显地体会到一种浓厚的延续观念。它强调美国社会的整体性、制度的稳定性和国家的延续性。正如约翰·海厄姆（John Higham）在他那篇重要的论文里所指出的，"当前学术界正在进行一次大规模的平整工作，以掩饰美国的社会动乱"。③ 当时的美国史学界对美国历史的看法十分保守，他们看到的是一个平静温和的过去，"许多解释在相当大的程度上已经恢复了亚历克西斯·德·托克维尔（Alexis de Tocqueville）的精神。他的《论美国的民主》一书在近年来已摆脱了 20 世纪初期特有的那种被人忽视的状态而重新出现了。恰似托克维尔在 100 多年前所做的那样，今天的历史

---

　　①　1950 年 12 月，杜鲁门总统在亲自给美国历史学会发出的一封贺信中，希望美国史学家追随政府反对共产主义和老左派史学，并且强调在这方面，"美国史学家的著作有着重大的意义"。他还说："美国史学家可以促进自由国家的事业，同时可以帮助政府巩固和阐述我们国家为了维护世界和平和自由而实行的政策。"如果去掉"和平"、"自由"之类的动听词句，他实际上是要求美国的新保守主义史学家公开支持"冷战"和反共反进步运动的政策。参见张友伦《丰纳教授谈美国现代史学》，《山东大学学报》1982 年第 5 期，第 8—13 页。

　　②　该学派产生于 20 世纪 40—50 年代，以宣扬美国文化传统的连续性及美国社会在文化心理上的和谐一致性为显著特点。其主要代表人物为丹尼尔·J. 布尔斯廷、理查德·霍夫斯塔特、路易斯·哈兹和大卫·波特等。详见张涛《美国战后"和谐"思潮研究》，人民出版社 2002 年版。

　　③　[美] 约翰·海厄姆：《对"美国利益一致论"的崇拜——使我们的历史单一化》，《世界历史译丛》1980 年第 1 期。（原载美国《评论》杂志 1959 年 2 月第 27 卷。）

学家正在展示出一片人间乐园,外表上是大胆冒险,骨子里却是稳健保守,而且首先是明显地单一的"。①

在以路易斯·哈兹、理查德·霍夫斯塔特(Richard Hofstadter)、大卫·波特(David Potter)和丹尼尔·布尔斯廷等人为代表的"新保守派史学家"(Neo-Conservative Historians)那里,美国历史的特点就是连续性、满足和"利益一致"。他们以全面批判"进步学派"的观点为己任,用"和谐一致"的观点取代进步学派的阶级斗争、经济集团斗争的观点。② 在他们看来,美国历史上要么没有存在过斗争,要么斗争并不是由于真正的不公正,而是由于某种想象的不公正所造成的,正所谓"不是某一历史学家自己的幻觉,便是支持他的一些人的幻觉"。③ 他们认为,美国的历史并没有经过突然的、愤怒的、紊乱的大动荡,相反几乎是静止的。如果说美国人彼此之间也有不同意见,这些意见也并不是不可调和的或者是涉及财产和政治民主这些根本问题的。在他们的描绘中,美国历史是单一的、静止的,基本制度是稳定的,社会结构是牢固的,而且在极大的程度上,美国人具有一种统一的文化和共同的"美国经验"。

在"新保守派史学家"中,路易斯·哈兹的《美国的自由主义传统》(1955)和布尔斯廷的《美国政治的特性》(1953)这两本书可以说勾勒了一个对美国反进步解释的纲要。他们两人不仅仅修正了美国历史的一些细节,而且改变了整个布局。前者在书中宣布:美国除了自由主义以外没有别的传统,后者则干脆否认美国有任何思想体系。在布尔斯廷看来,美国之所以没有产生系统的、非凡的政治思想和理论,是"因为美国并不存在着像欧洲那样深刻的对抗性矛盾"。④

① [美]约翰·海厄姆:《对"美国利益一致论"的崇拜——使我们的历史单一化》,《世界历史译丛》1980年第1期。(原载美国《评论》杂志1959年2月第27卷。)

② 余志森:《流派林立:美国史学的重要特点》,《世界史研究动态》1987年第4期。

③ [美]约翰·海厄姆:《对"美国利益一致论"的崇拜——使我们的历史单一化》,《世界历史译丛》1980年第1期。(原载美国《评论》杂志1959年2月第27卷。)

④ John Higham, *History*: *Professional Scholarship in America*, Baltimore: The John Hopkins University Press, 1983, p. 223. 另参见黄颂康《关于美国"新左派史学"和"一致性理论"的讨论》,《世界史动态与资料》1978年第9期。

在他三卷本的《美国人》（*The Americans*）一书中，布尔斯廷进一步阐发了他的"和谐理论"。他认为，美国历史的特殊性就在于社会各阶层的协调一致，从来不存在各阶级之间的纷争。广泛的发财机会使下层人物可以一夜之间成为富翁，这种由下而上的流动性使美国社会的各阶层能够协调一致。美国的对外政策也不是帝国主义政策，而是扩展民主制度，顺应"天命"的政策。美国从大西洋沿岸到太平洋的扩张，以及其后对菲律宾、波多黎各、夏威夷等地的占领和兼并，都是根据上帝的旨意推广民主制度并使世界文明化的措施，同帝国主义的侵略政策没有共同之处。帝国主义是属于欧洲英、法、德、比等国的，在美国的历史词典中找不到这个词。① 这样，"布尔斯廷以使人难以置信的精湛技巧，转动他自己智慧的圆规，绘出了一幅新的美国历史图"。②

"新保守派史学"的另一重要代表人物霍夫斯塔特的作品也构成了"新保守主义"史学的重要部分。他指出整个美国史恰与现代工业资本主义的崛起与流行相吻合，任何像美国那样已经创造物质繁荣的社会，都必有其潜在的一致性。他认为，美国人有时对当前问题发生激烈争论，但是他们却都接受了一套共同的基本观念，使他们在选举之后仍能共同合作。所以他得出的结论就是：在暂时与地方性的冲突之下，美国文化具有一贯与普遍的传统。这一传统就是资本主义的内容，包括私有财产权、经济个人主义和自由竞争原则等。据此，霍夫斯塔特认为美国历史上的几次政治运动有着基本的一贯性。此外，他还以"社会地位变动"理论来分析解释进步运动领导者的动机，认为 1870 年以后由于工业的发展，美国社会发生了一次社会地位的大变动。一些金融资本大亨崛起，取代了原来的绅士、世袭的中小商人及成名的自由职业者在政治社会上的支配地位。被取代的一群人于是就领导政治改革运动，企图

---

① 张友伦：《丰纳教授谈美国现代史学》，《山东大学学报》1982 年第 5 期。详见布尔斯廷《美国人——殖民地历程》，时殷弘、陈秀华等译；《美国人——建国的历程》，谢延光、林勇军等译；《美国人——民主的历程》，谢延光译，上海译文出版社 1997 年版。

② ［美］约翰·海厄姆：《对"美国利益一致论"的崇拜——使我们的历史单一化》，《世界历史译丛》1980 年第 1 期。（原载美国《评论》杂志 1959 年 2 月第 27 卷。）

限制或打倒新兴资本大亨，以恢复其原有的社会领导地位。通过这些分析，他最终得出的结论就是：农民运动与进步运动不是自由或激进的改革，而是保守甚至反动的改革运动。① 从而推翻了 20 世纪前期比尔德等进步主义史学家对美国进步运动的肯定。

此外，除了以上这些带有明显保守色彩的纯粹的"利益一致论"者外，在当时的美国史学界还存在着一些反对其前辈史学家的"二元冲突"观点，而代之以"多元论"观点的人，他们被称为"批判自由主义史学家"（Critical Liberal Historians）。② 他们当中很多人对社会矛盾还是很重视的，但他们所指的矛盾比他们的前一代"进步主义"史学家所指的矛盾在范围上要广得多，除了以各种形式出现的贫富之间的传统对立之外，在他们对矛盾的理解里又加上了诸如天主教与基督教、禁酒与反禁酒、农村与城市、白人与黑人、老年人与青年人、执政党与在野党之间的对立。"这些都是真实的矛盾，但是它们只限于心理方面和社会方面，因而容易被归咎于思想上的病态幻觉。"③ 这种对矛盾进行"泛化"和"中庸化"的理解与分析方法实际上消融了进步主义者对美国社会真正意义上的矛盾的批判，会在感情上减少对过去各种历史运动的指责。正如昂格尔所尖锐指出的那样："这种做法不但暗示所有不满的人都不过是些无病呻吟的人，而且谁是英雄谁是坏人也难以分辨了。"④ 正是在这个意义上，布雷塞赫（Ernst Breisach）在他的《历史编纂学：古代、中世纪与现代史学》一书中评价说："许多人用社会多方面的冲突观来代替阶级冲突的论点，这种以'多元论'来解释历史的方法实际上是保守主义的变种。"⑤

---

① Richard Hofstadter, *The Progressive Movement*, New Jersey, 1963, p. 11.

② Ernst Breisach, *Historiography: Ancient, Medieval & Modern* (Second Edition), Chicago & London: The University of Chicago Press, 1994, p. 386.

③ Irwin Unger, "The 'New Left' and American History: Some Recent Trends in United States Historiography", *The American Historical Review*, Vol. 72, No. 4, July 1967, pp. 1237—1263.

④ Ibid.

⑤ Ernst Breisach, *Historiography: Ancient, Medieval & Modern* (Second Edition), Chicago & London: The University of Chicago Press, 1994, p. 386.

　　由上观之，尽管在战后"后比尔德派"时期的美国史学界出现了
各种不同于"比尔德模式"的史学思维和史学分析方法，但有一点是
肯定的，那就是他们都强调美国历史的和谐一致性、连续性与稳定
性，认为美国本身具有个人主义、自由、平等的精神。至 20 世纪 60
年代初，"新保守派史学"所强调的美国历史的"和谐一致"、"没有
阶级对立和冲突"，以及美国政治制度完美无缺等观点，随着大规模
的民权运动和反战运动等的逐渐展开而开始土崩瓦解了。① 一批怀有
激进主义情怀的史学家们（尤其是青年史学家们），由发现美国社会
仍存在的大量尚未解决的问题而开始怀疑上述历史解释的正确性，并
进而质疑，"如此不完美的国家，怎么会有这么完美的过去呢?"② 他
们开始积极地重新考察和解读美国过去的历史，从而构成了本书将要
探讨的"新左派"史学的阵营。

　　正如新保守派史学之崛起是以批评其先驱进步史学为开端，"新
左派"史学也是以批评其前辈新保守史学起家的。在"新左派"史
学家们看来，新保守派史学至少有三点是难以让人接受的：第一，新
保守派一味盲目歌颂美国的历程，其史学研究只会为"美国名流社
会"服务，助长贵族阶级对社会的支配；第二，新保守派史学家把持
了东部名牌大学，唯我独尊，以"学阀"的态度和力量排斥和打击异
己观点；第三，新保守派史学家没有为他们提供一个"有用的过
去"。③ 在他们看来，新保守派史学只注意过去的和谐与持续，抹
杀了激进观念，对当时的"新左派"运动毫无帮助。为此，他们需要建
立一个激进的史学传统，遂在对新保守史学派展开猛烈批判的基础
上，致力于重建美国历史解释，逐渐提出了自己的史学理论，并日渐
取代前者而成为 20 世纪下半期支配美国史坛的一支重要力量。

----

　　① Barton J. Bernstein ed. , *Toward a New Past*: *Dissenting Essays in American History*, New
York: Random House, Inc. , 1969, "Introduction", ix.

　　② Irwin Unger, ed. , *Beyond Liberalism*: *The New Left Views American History*, Waltham,
Wassachusetts: Xerox College Pubilshing, 1971, p. xiv.

　　③ Irwin Unger, "The 'New Left' and American History: Some Recent Trends in United
States Historiography", *The American Historical Review*, Vol. 72, No. 4, July 1967, pp. 1237—
1263.

第三节 "新左派"史学的特征

继新保守派史学之后登上美国历史舞台的"新左派"史学,是美国史学界 60 年代突起的一支狂飙。在中产阶级破败、冷战气氛使人窒息、核危险让人闻风丧胆的大背景下,他们越来越不满于新保守派史学关于美国历史"和谐一致"的解释。在分析和解释美国历史时,他们采取了与前者明显不同的史学态度和方法,表达了其特立独行的批判史学思想。正如约瑟夫·西拉库萨所指出的,"新左派史学家把其学术当作改革的工具,从这个意义上说,把他们的史学称为'抗议史学'(a historiography of protest)是恰当的"。① 具体来说,新左派"抗议史学"的理论特征主要表现在以下三个方面。

一 激进主义

在批判新保守派史学的过程中,"新左派"史学确立了自己的史学目的,那就是要建立"一种新的、激进主义的历史学,特别是一种新的、激进主义的美国史学"。② 在年轻的左派看来,历史对他们这一派人最明显的用途就是使激进主义美国化。所以,在美国历史中寻找激进主义传统就成了"新左派"史学立足的根本。

在历史上,美国右翼的史学家一直都顽固地坚持说激进主义不是美国本国的产物,是一种非美的舶来品,它不适合美国的国情,美国根本没有自己的激进主义。这引起了"新左派"的强烈不满,他们认为激进主义是贯穿美国历史的一条红线,正是激进主义推动着美国社会不断向前发展。在众多"新左派"史家那里,我们清晰地感受到了他们的激进主义情怀。哈罗德·克卢斯在新左派历史的主要论坛《左

---

① Joseph M. Siracusa, *New Left Diplomatic History and Historians*: *The American Revisionists*, National University Publications, Kennikat Press, 1973, p. 4.

② Irwin Unger, "The 'New Left' and American History: Some Recent Trends in United States Historiography", *The American Historical Review*, Vol. 72, No. 4, July 1967, pp. 1237—1263.

派研究》期刊上曾写道:"我们必须使我们的激进主义纲领美国化,我们的办法是:把我们历史中的本国激进主义延续到现在。"① 诺曼·波拉克(Norman Pollack)认为,在美国本身的确曾有一个有生命力的激进主义传统,这一传统与农民暴动联系在一起,这种暴动在平民党的反抗中达到了最高潮。《左派研究》的编辑詹姆斯·温斯坦(James Weinstein)则把该杂志实际上变成了一个将社会主义说成是美国历史发展主流的工具。他反驳那种盛行的观点,即认为社会主义之所以在美国失败是由于它本身内在的各种缺陷。相反,他坚持认为,美国的社会主义并没有自己倒下,而是被打倒的。社会主义在第一次世界大战期间经历了一段大发展之后,被威尔逊政府在爱国的名义下进行的镇压所粉碎。斯陶顿·林德(Staughton Lynd)则更是在其《美国激进主义思想渊源》中提出18世纪的英国和美国都存在着一股激进主义的思潮,并延续到19世纪60年代,它又同卢梭和马克思的思想相联系。在他看来,激进主义在美国有着"一个长期而光荣的历史"。②

　　作为"新左派"史学的主导思想,激进主义贯穿在各位"新左派"史家的著作和相关论文之中。他们以二元冲突理论代替此前的"一致论"及其变种"多元冲突论",来重新解释美国历史,以激进的观点批评美国的内外政策,试图以此找到美国社会冲突和对抗的根源。在以威廉斯(William Appleman Williams)、拉菲伯(Walter LaFeber)等为代表的"新左派"外交史学家的著作中,美国成为一个完全堕落的国家,从一开始就具有扩张主义色彩。他们认为:"19世纪90年代美国进入帝国主义的冒险事业既不是一件偶然的历史事件,也不是一个新的历史时期的开端。它是至少从19世纪50年代或60年代就开始的一个发展过程的最终结果,它的根源主要是经济的。……美西战争与兼并夏威夷、菲律宾和波多黎各并非是无意之间

---

① 转引自黄绍湘《评美国"新左派"史学》,《世界史研究动态》1980年第2期。

② 参见余志森、王晴佳《略论当代美国史学研究之演变》,《世界史研究动态》1986年第1—2期。

造成的,这些都是企业家们的需要。"① 与此前的新保守派史学家不同,他们开始对美国对外政策中的道义合法性提出了自己的疑问。吉诺维斯(Eugene D. Genovese)是美国"新左派"史学家中内战史的研究者,他抛弃了以菲力普斯为代表的传统官方奴隶制史学的观点②,认为奴隶制是资本主义制度确立以前的一种社会形态,而种植园主哲学是对抗 19 世纪美国资本主义的保守主义,二者的矛盾导致了美国内战的发生。另一个"新左派"的代表人物塞恩斯特罗姆更用怀疑的眼光来考察所谓的美国神话,他把激进派的怀疑论和"后比尔德派"的新技术(数字统计和社会心理学原理)结合起来,写出了他著名的《贫穷与进步》一书,向人们充分证明了 19 世纪晚期美国社会中阶级和阶级斗争的存在以及工业发展对社会对立的加剧。在这些"新左派"代表人物的笔下,美国历史成为一部阶级或经济利益斗争的历史。这样,他们就找到了能够指导他们重建美国新社会的行动方向。

二 现代理念

20 世纪批判历史哲学的代表人物克罗齐(Benedetto Croce,1886—1954)曾提出一个著名的论断:"一切历史都是当代史",他认为人们研究历史和撰写历史总是从现实的兴趣出发,为当前的目的服务的。美国的"新左派"史学家们正是这样做的。在他们的史学观念里,历史研究乃"当代之事",过去的一切都是为了实际的需要而保存至今。为此,他们强烈反对新保守派史学一味只为过去的历史传统歌功颂德,而无视社会现实问题的做法。他们认为其前辈的学说并没有替当时的美国历史提供一个"有用的过去"。③ 所谓"有用的过

---

① Irwin Unger, "The 'New Left' and American History: Some Recent Trends in United States Historiography", *The American Historical Review*, Vol. 72, No. 4, July 1967, pp. 1237—1263.

② 即认为奴隶制是一所学校,使黑人奴隶开始接触现代文明,奴隶制是完美的慈善制度。

③ Irwin Unger, "The 'New Left' and American History: Some Recent Trends in United States Historiography", *The American Historical Review*, Vol. 72, No. 4, July 1967, pp. 1237—1263.

去",就是强调历史指导的功能,将历史作为一种政治武器。所以在"新左派"史学家的心目中,史学的社会功能是第一重要的,历史最大的功用就是替他们寻找美国急进改革的先例。林德曾直言不讳地说,必须从历史中找出可用的激进主义的传统,以便作为建立新的激进社会的指导。① 正如昂格尔所说,"新左派"是有纲领的,是积极行动者。他们并不是某一伟大的著作或某一伟大的预言家的产物,而是那个时代各种社会失调的产物。参加当时对 50 年代各种史学倾向批判的许多年轻学者,都是长期生活和工作在那个激进和反抗的现实环境中的,他们既是历史学家,又是激进主义者,自然就要在过去的历史中去寻找解决他们所面临的社会问题的智慧。无疑,对现实的关怀使他们走上了社会批判和政治改革的道路。"他们所写的美国历史,可以说是一部高度政治化的历史。"②

"新左派"鉴于当时美国社会中的许多缺憾而怀疑"如此一个不完美的国家,何以会有一个和谐的过去呢?"③ 因此,他们在解释美国历史时特别强调它的冲突过程和激进传统。从这里,我们看到"新左派"的史学观点明显是基于一种现代意识立场的,具有明显的当代性,对过去提出了一连串的新的解释。在"新左派"看来,历史作品是不能托诸少数"独坐高楼"的史家去写的,而必须由生活在这个时代的火热生活中的人来撰写。正如他们要把美国国内的各种关系变成非西方世界一样,年轻的"新左派"史学家决心要从历史中找寻到改变美国社会本身的力量。而他们之所以关心美国的激进改革历史正是为了确立自己的合法地位。

对当前时事的重视就意味着对那种纯粹历史(即不包括当前斗争的历史)的轻视。一般"新左派"史学家的研究活动都不是按照历

---

① Irwin Unger, "The 'New Left' and American History: Some Recent Trends in United States Historiography", *The American Historical Review*, Vol. 72, No. 4, July 1967, pp. 1237—1263.

② 李剑鸣:《关于二十世纪美国史学的思考》,《美国研究》1999 年第 1 期,第 17—37 页。

③ Irwin Unger, ed., *Beyond Liberalism: The New Left Views American History*, Waltham, Wassachusetts: Xerox College Pubilshing, 1971, p. xiv.

史学科的那种自然而然的对话形式进行的，而是服从于外部文化界和政治界所关心的问题。在他们的命令之下，历史女神脱去纱裙，穿上戎装，为当代社会问题呼喊，为社会美德而战。① 客观来说，还历史以本来面目，不因现实状况而任加取舍和解释是史学研究立足之根本。我们在此分析的"新左派"史学的现代性倾向在某种程度上既是它的力量源泉和特色所在，也是它致命的一个弱点，一定意义上是有损于"新左派"史学的历史价值的，有时难免不让人对它的一些研究结论提出质疑。在历史研究中，如实、客观、中立虽难以最终达到，但作为史学研究的一个"高贵的梦"和重要目标却不能轻易放弃。

三 下层意识

正是在浓厚的激进主义和现代意识的熏染下，"新左派"史学家们第一次在美国史学史上迸发出一种强烈的下层意识。他们在批驳新保守派史学的过程中，多次指出并批评其张扬的权贵意识和明显的精英色彩。他们说，"新历史学是为一个只包括高等人物和贵族的社会，为'美国名流社会'服务的"②，他们只代表上层社会的利益，而听不到广大社会底层群众的声音。

在"新左派"外交史学家们的慧眼之中，作为金融集团利益代理人的统治者在制定美国外交政策时，考虑的重点首先是上层金融集团的利益，而根本不考虑下层人民的处境。尽管表面上公众舆论对外交政策的制定起主要作用，但他们不可能提出什么替代方案，控制信息扩散是政策决策人操纵权力的主要手段，公众只能对外交政策被动地表示赞成或者反对。他们希望在美国内政和外交政策的制定过程中，能有包括下层民众在内的社会各阶层的声音。"新左派"史学的另一

---

① Irwin Unger, "The 'New Left' and American History: Some Recent Trends in United States Historiography", *The American Historical Review*, Vol. 72, No. 4, July 1967, pp. 1237—1263.

② Irwin Unger, "The 'New Left' and American History: Some Recent Trends in United States Historiography", *The American Historical Review*, Vol. 72, No. 4, July 1967, pp. 1237—1263. 这里的"新历史学"是指新保守主义流派的史学著作。

个代表人物杰西·莱米西（Jesse Lemish）认为，新保守学派关于美国历史"和谐一致"的观点之所以错误，其原因就在于他们只注意到"和谐"的社会上层，而忽略了社会下层。他强烈谴责新保守派史学家只是一味地考察统治阶级，认为他们"或者让一个精英的观点代表大多数人的看法，或者根本忘记了他们并不了解大多数人心里在想什么"①。他呼吁通过分析社会底层来研究美国革命，"自下而上"地重写美国的历史，认为这样所得的结果也许要比从社会顶端研究所得的结论更接近事实。② 而"新左派"奴隶制史学的代表——吉诺维斯（Eugene D. Genovese）正是这样做的，他始终反对把狭隘的政治史作为了解一个国家和民族历史的橱窗。在他看来，以"杰斐逊—杰克逊—罗斯福自由传统"为框架研究美国历史的传统政治史就是精英史，其中没有下层民众的影子和话语权利，是不完整的。他一直坚持从下往上写历史，写人民大众，拒绝写大人物，主张透过历史的表象找到历史的本质和规律。他把透视历史的深层潜流、通过了解下层群众运动的潮汐来认识"美国海洋变化的盛衰"作为自己研究的目的。③ 1974 年，在他那被人们称为"吉诺维斯史诗"的宏大著作——《奔腾吧，约旦河；奔腾吧，奴隶们创造的世界》一书里，吉诺维斯通篇所述都是"奴隶们的世界"，"主人们"只是配角，只是扮演主角的奴隶们创造世界的助手。他用自己的实际行动实践着"新左派"由下往上写历史的信仰。他的众多论著正是这一不懈努力的结果。

作为 20 世纪 50—60 年代期间发展起来的一个新的史学流派，美国"新左派"史学以激进主义为标榜，以改革美国社会为目的，从当时社会的需要出发，从阶级冲突的"二元论"分析入手，对广大下层

---

① Jesse Lemish, "The American Revolution Seen From the Bottom Up", in Barton J. Bernstein ed., *Toward a New Past*: *Dissenting Essays in American History*, New York: Vintage Books Edition, 1969, pp. 3—29.

② 莱米西被认为是美国史学界最早提出"由下而上"研究美国历史的激进派史学家。他的这种主张通常被认为是为变革美国社会的实践服务的。参见张广智、张广勇《现代西方史学》，复旦大学出版社 1996 年版，第 181 页。

③ 吕庆广：《美国奴隶制史学家尤金·吉诺维斯》，《世界史研究动态》1989 年第 6 期。

民众的生活进行广泛的考察，自下而上地对美国社会提出了一系列批评，试图以此找寻到解决美国现实问题的历史良方。正如布雷塞赫所指出的："（在'新左派'史学家看来）那种死气沉沉或改良主义历史必须为革命的历史所代替，以教导社会的每个成员关注过去的错误，认清并消除现在仍然存在的那些有害的制度上的残渣。"① 在它的上述三个方面的史学思想中，激进主义作为其历史解释的主导思想统领其他两个方面，而现代理念和下层意识则像这辆激进主义战车上的两个车轮，推动着"新左派"激进主义史学的不断发展。

当"新左派"史学在美国史坛崛起之时，它的激进观点并不讨人喜欢。约翰·霍普金斯大学的戴维·唐纳德（David Donald）教授在《美国历史评论》执行编辑向他征求关于发表昂格尔那篇关于"新左派"历史学家的稿件的意见时②，明确表达了他对昂格尔文章中所写人物的轻蔑。他写道："看到昂格尔的文章研究认真，非常好，我反对的理由是他讨论的那些著作所涉及的那些历史学家的重要性，还不值得在我们主要的专业性刊物上进行广泛的讨论。"③

尽管"新左派"史学存在着这样或那样的问题，但它以其特有的激情不懈地致力于对美国传统社会政治、经济关系的揭示和解构，不可否认地造成了美国历史研究领域的一些革命性变动，极大地活跃了美国史学界对美国历史的讨论。众多有识之士认识到，如果加以创造性的和灵活性的运用，"新左派"历史将可以告诉人们许多关于复杂历史事件的重要东西。就连上面那位对"新左派"史学抱否定和排斥

---

① Ernist Breisach, *Historiography*: *Ancient*, *Medieval & Modern* (Second Edition), The University of Chicago Press (Chicago & London), p. 391.

② 即昂格尔的《"新左派"与美国历史：当前美国史学动向》（"The 'New Left' and American History：Some Recent Trends in United States Historiography"）一文，后来于1967年7月发表在《美国历史评论》上。参见 Irwin Unger, "The 'New Left' and American History：Some Recent Trends in United States Historiography", *The American Historical Review*, Vol. 72, No. 4, July 1967, pp. 1237—1263.

③ David Donald, "Book Review of *Toward a New Past*：*Dissenting Essays in American History*" (New York：Pantheon Books, 1968), Ed., By Barton J. Bernstein, *The American Historical Review*, Vol. LXXIV, No. 2, December 1968, pp. 531—532.

态度的戴维·唐纳德教授也不得不承认，把"新左派"史学逐出美国
历史学界将使历史学科受到极大的损害，"因为沉闷而志得意满的历
史学界需要这些持不同意见者们对思想和社会问题的关注及其所展现
出来的热情与活力"①。"新左派"史学正是以自己独特的史学思想和
活力四射的治史激情，在20世纪60年代的美国史坛上留下了自己的
清晰印迹，成为这一时期美国史学的主旋律。关于"新左派"史学的
特征，本书将在下面分两章从其史学实践中进行具体的考察。

---

① David Donald, "Book Review of *Toward a New Past*: *Dissenting Essays in American History*" (New York: Pantheon Books, 1968), Ed., By Barton J. Bernstein, *The American Historical Review*, Vol. LXXIV, No. 2, December 1968, pp. 531—532.

第二章

"新左派"史学的理论源泉

　　作为 20 世纪 60 年代美国"新左派"社会运动在史学领域的反映，"新左派"史学与前者在指导理论上有着共同的渊源。在当时的时代背景和社会环境的触动下，史学界中的部分青年学者受知识界中的一批思想家和社会批判学家"众人皆醉我独醒"的精神的感召，接受他们的理论，从历史研究的角度对美国传统史学和社会进行了无情的鞭挞。

　　斯蒂芬·古德（Stephen Goode）曾在其题为《富裕的革命者——新左派肖像》一书中指出，新左派的偶像和英雄（idols and heroes）里，既有革命者（如切·格瓦拉、毛泽东和胡志明等），又有一些亚文化的人物或作家（如阿伦·金斯堡等）。他们抓住了"新左派"的想象力，因为他们敢于在现存社会之外生活和思想。[①] 然而，在我们看来，具体到对大多数美国"新左派"史学家们的影响而言，那些对资本主义社会和现代文明进行激烈抨击的社会批判学家们，才是真正的"偶像和英雄"。这些人在他们的作品里明确地表达了他们对美国社会和现代文明的讨厌，而且还描述了改变社会的方法，详细说明了他们用以代替现存结构的社会类型。[②] 可以说，正是他们既铺垫了美国"新左派"运动的理论基石，又成为了"新左派"史学兴起和发

---

　　① Stephen Goode, *Affluent Revolutionaries: A Portrait of the New Left*, New York, 1974, pp. 9—14.

　　② Ibid. , pp. 18—19.

展的精神源泉。我们以为,赫伯特·马尔库塞(Herbert Marcuse, 1898—1979)、查尔斯·赖特·米尔斯(Charles Wright Mills, 1916—1962)和威廉·阿普曼·威廉斯(William Appleman Williams, 1921—1990)可以称得上是其最突出的代表。正是他们为美国"新左派"史学家们提供了历史研究的全新视角和理论武器。

第一节   赫伯特·马尔库塞与"单面社会"理论

赫伯特·马尔库塞是对50—60年代西方"新左派"影响最大的学者,他被誉为当时西方"新左派"的思想巨擘、"新左派哲学家"、"新左派的英雄"、"学生革命分子的国际偶像"和"新左派之父"①,对包括美国在内的西方各国"新左派"产生了广泛而深远的影响。

马尔库塞是"'弗洛伊德主义的马克思主义'的主要代表人物,也是法兰克福学派的重要成员,'西方马克思主义'的最有影响者"。② 他1898年7月出生于德国柏林的一个犹太资产阶级家庭,参加过第一次世界大战,并曾经于1917—1919年参加过德国社会民主党的左翼。③ 1921—1922年,在柏林的洪堡大学和弗莱堡大学研究哲学与政治经济学,是胡塞尔和海德格尔的学生,并于1922年在海德格尔的指导下写成了博士论文《黑格尔的本体论与历史性理论的基础》,获弗莱堡大学哲学博士学位,从1927年开始担任海德格尔的助手。④

---

① 参见林华立《美国新左派学者在新左派运动中所扮演的角色之探讨》,硕士学位论文,中国文化大学(台湾)美国研究所,1990年。

② 俞吾金、陈学明:《国外马克思主义哲学流派》,复旦大学出版社1990年版,第249页。

③ Sindney Lipshires, *Herbert Marcuse*: *From Marx to Freud and Beyond*, Mass.: Schenkman Pub. Co., 1974, p. 2.

④ 蓝瑛主编:《社会主义政治学说史》(下编),上海人民出版社1992年版,第616页。当马尔库塞在弗莱堡大学时,深受海德格尔和胡塞尔现象学的影响。同时,他也在此时表现了对马克思主义的强烈兴趣。他的思想从一开始就包含了调和马克思主义与存在主义的倾向。参见俞吾金、陈学明《国外马克思主义哲学流派》,复旦大学出版社1990年版,第249—250页。

20世纪30年代初，马尔库塞开始进入霍克海默领导的法兰克福社会研究所工作，1934年随同该所迁往美国，并于1940年起在美国定居。第二次世界大战爆发以后，他曾在美国国务院情报研究所任职，战后任东欧组组长。以后他又重返教坛，从1951年至1967年，先后在哥伦比亚大学、哈佛大学及勃兰第斯大学和加利福尼亚大学圣地亚哥分校从事教学和研究工作，重新开始了他的学术生涯。在此期间，他并没有自囿于学术的小天地，而是积极参与到火热的社会现实中，身兼西方社会青年政治运动相关理论与实践的领导者与批评者。1979年7月29日，在受邀讲学途中，马尔库塞于联邦德国的施塔贝恩克病逝，终年81岁。①

马尔库塞一生的著述颇多，其中《理性与革命》（1941）、《爱欲与文明》（1955）、《苏联的马克思主义》（1958）和《单向度的人》（1964）是其最主要的代表作品，出版后均被译成三种以上的译本，奠定了他在当代西方批判理论界的地位。他毕生致力于思想探索和社会变革运动，其用马克思主义批判哲学和弗洛伊德精神分析学对20世纪西方社会所作的研究，对欧美60年代的"新左派"主义有极大的影响，被誉为威震资本主义世界的"3M"（Marx，Mao，Marcuse）之一。②

20世纪30年代初到50年代中期，马尔库塞与霍克海默等人一起，为法兰克福学派的"社会批判理论"的创建和发展做出了极大的贡献。50—60年代，他以美国社会为蓝本，通过对现代资本主义社会的分析，进一步发展了学派关于"权威国家论"和"文化工业论"的批判思想，提出了自己的"单面社会"的理论，对发达资本主义进行了猛烈的抨击。

马尔库塞认为，由于科学技术已经成了最重要的第一生产力，创造了巨大的物质财富和舒服的生活形式，造就了一个前所未有"富裕

---

① 参见俞吾金、陈学明《国外马克思主义哲学流派》，复旦大学出版社1990年版，第249页。

② ［美］赫伯特·马尔库塞：《现代文明与人的困境——马尔库塞文集》，李小兵等译，上海三联书店1989年版，"译者的话"第1页。

社会",使得工人和资本家几乎过着同样的富裕生活,人们已不再体验到资本主义剥削和异化劳动的痛苦。这种舒服的生活方式销蚀了人们以往以自由的名义提出的种种抗议,从而调和了反对现存制度的各种势力,使传统意义上的阶级对抗和阶级冲突不复存在。"在工业社会最发达的地区,人们同统治制度的协调与和解达到了前所未有的程度。"① 于是,当代发达工业社会变成了一个消除了反对派和反对意见的"单面社会",生活于其中的人则变成了丧失了批判性和否定性、生活在麻木精神状态下的"单向度的人"。

在马尔库塞那里,工业社会的这种单面性体现在各个领域中。在政治方面,发达工业社会的不同党派看上去尽管是相互对立的,但实际上在维护资本主义制度方面却没有什么根本的区别。而随着广大蓝领工人的白领化,非生产性工人逐渐增加,以前作为社会革命力量的无产阶级已经逐步丧失了其革命性和否定性。"维持和改善现存制度那样一种高于一切的利益,在当代社会最发达地区,把先前的敌手联合起来了。"这样,发达工业社会在政治领域就失去了对立面,成了一个单面的社会。在文化生活领域,从以往的情况看,文化总是与社会现实相冲突的,只有少数人由于特权才能享受到文化的恩惠,表现它的理想。而到了发达工业社会,文化与现实的对抗则出现了一种变化:工人和老板享受同样的电视节目,旅游的是同样的游览胜地,打字员已能够和她雇主的女儿打扮得一样漂亮,甚至黑人也有了名牌轿车,并能与他人阅读同样的报纸……②这虽不意味着阶级的消灭,但也能够表明不论哪一类人都能分享着制度的好处。因此,尽管在具体生活方式上还存在着差别,但人们都不再和现状相矛盾了,更谈不上对现状的否定了。发达工业社会的文化连内心自由和精神上的批判能力也未能保留,而彻底地与现实同化了,变成了单向度的文化。

马尔库塞指出,单面社会是一种新型的极权主义社会,甚至可以

---

① [美]赫伯特·马尔库塞:《爱欲与文明》,黄勇、薛民译,上海译文出版社1987年版,第14页。

② [美]赫伯特·马尔库塞:《单向度的人——发达工业社会意识形态研究》,刘继译,上海译文出版社1989年版,第9页。

说带有一种"早期法西斯主义的综合症"①的色彩。它在压倒一切的
效率和日益提高的生活水准的双重基础上，利用技术而不是恐怖去压
服那些离心的社会力量，压制了人们内心中的否定性、批判性和超越
性。他认为发达工业社会的这种单面一致性并不意味着现代社会矛盾
的消失，相反却表明了社会病态的加深。"权利和自由在工业社会的
形成时期和早期阶段曾是十分关键的因素，但现在它们却正在丧失其
传统的理论基础和内容而服从于这个社会的更高阶段。思想、言论和
信仰自由，正如它们曾促进和保护的自由企业一样，本质上是一些批
判性的观念……当一个社会按照自己的组织方式，似乎越来越能满足
个人的需要时，独立思考、意志自由和政治反对权的基本批判功能就
逐渐被剥夺了。"② 在此，他提出了"虚假的需要"的概念。所谓
"虚假的需要"，是指那些为了某些特殊社会利益从外部强加给个人的
需要。人们实现了这些"虚假的需要"，得到的是一种"虚假的满
足"，即把那种不合理的生活当成舒适、幸福的生活。"人们好像是为
了他们的商品而生活。他们把汽车、高清晰度的录像机，两层双向半
层阳台住宅、厨房设备等作为他们的生活中心。"③ 在这种情况下，
已经成为"单向度的人"的社会成员只有一种思维方向，而不再存在
道德的、批判的和否定的思维。

马尔库塞的社会批判理论，严格地说是"一种政治实践哲学，是
关于资本主义社会中人的解放的社会哲学"。④ 从以上分析可以看出，
在马尔库塞眼里，发达工业资本主义的罪恶主要的不是在经济方面，
而是在文化、审美和精神方面。不是野蛮的经济剥削，而是他们与爱
和工作的疏远，产生了困扰工业社会中人的那种单调的绝望。不是经

---

① ［美］赫伯特·马尔库塞：《革命与反革命》（1971），载赫伯特·马尔库塞等《工
业社会和新左派》，任立译，商务印书馆1982年版，第99页。

② ［美］赫伯特·马尔库塞：《单向度的人——发达工业社会意识形态研究》，刘继
译，上海译文出版社1989年版，第3—4页。

③ 参见中国社会科学院哲学研究所现代外国哲学组编《当代美国资产阶级哲学资料》
第4集，商务印书馆1980年版，第267—268页。

④ ［美］赫伯特·马尔库塞：《现代文明与人的困境——马尔库塞文集》，李小兵等
译，上海三联书店1989年版，"译者的话"第2页。

济剥削，而是异化——人和人、男人和女人、人和艺术、人和工作、人和自然、人和他自己——才是资本主义制度对人性犯下的罪行的核心所在。在资本主义制度下的人受害颇深，但他们却常常不知道。受发达工业社会所提供的面包等一切的诱惑，这种社会里被剥削的市民开始喜爱上了他们的监狱，或者根本就没有注意到它是一个监狱。最后，大众还是处于一个邪恶制度的奴役之下。然而，这些都被一个宣传、教育不当和操纵性的制度严重地掩盖了，以至于它模糊了人们的基本需求和本能。①

　　作为法兰克福"社会批判理论"的旗手，马尔库塞在对待传统马克思主义关于革命力量的态度上与学派其他学者有相似之处，即不太重视无产阶级历史地位，甚至怀疑无产阶级是否有能力承担变革资本主义社会的历史任务。在他的一篇文章中，马尔库塞指出，"在大多数工人阶级的身上，我们看到的是不革命的，甚至是反革命的意识占着统治地位"，"工人阶级的绝大部分被资本主义社会所同化了"，"只有未被同化的工人阶级和中产阶级中的少数人才具有政治意识和反抗精神"。② 由此，马尔库塞认为，只有那些与现实较少联系，因而也就较少受到这个社会同化的社会力量，才能成为今天的革命力量。这就是所谓"新左派"。从思想观念上说，"新左派"不是传统意义上的马克思主义者，而是新马克思主义者；从社会阶层上说，"新左派包括了知识分子、民权主义的各个集团、青年中的各个集团，特别是青年中的激进分子，包括那些乍看起来没有一点政治气味的嬉皮士"。③

　　马尔库塞在分析批判发达资本主义社会的同时，也提出了"人道主义的社会主义"和"乌托邦的社会主义"等概念，从不同的角

---

① Irwin Unger, with the Assistance of Debi Unger, *The Movement：A History of the American New Left, 1959—1972*, New York：Dodd, Mead & Company, 1974, p. 23.

② ［美］赫伯特·马尔库塞：《反革命和造反》，载赫伯特·马尔库塞等《工业社会和新左派》，任立译，商务印书馆1982年版，第84—85页。

③ ［美］赫伯特·马尔库塞：《暴力革命与激进的反对派》，载中国社会科学院哲学研究所现代外国哲学组编《当代美国资产阶级哲学资料》第4集，商务印书馆1980年版，第279页。

度阐述了他关于未来社会的思想。在此,他接受了弗洛伊德关于人的本能结构的分析理论,提出了"解放自然","解放人的本能、情感与性欲"的观点。他认为,既然技术的进步和物质的丰裕已使得社会对性欲的压制成了多余的压制,那么,在发达资本主义社会,人们就应该力争把自己从禁欲主义中解放出来,去建立一个以爱洛斯为中心的社会,即彻底解放了人的性本能的社会。人的解放就在于造就一种没有"多余压抑"的社会制度,通过解放人的本能带来人的全面解放。

马尔库塞是一个文雅而平静、认真而博学的社会批判学者。他对于现代工业社会的相关批判理论和思想,通过其著作的发行、传媒的报道以及他在各地所作的大量演说和报告,不断地在各地广泛传播,对50—60年代的美国的"新左派"运动产生了深远的影响,被人们称为"20世纪60年代和70年代初期的先知"。① 正如一位国内学者所言,马尔库塞之所以有着巨大的思想魅力,原因有三:其一,是因为他以及他所属的法兰克福学派,将马克思在19世纪所阐述的一些思想以及20世纪影响颇大的弗洛伊德学说,富有创见地运用于20世纪资本主义现状的考察,成为继马克思之后,资本主义世界中最杰出的思想批判者;其二,是因为他勇于放下"学者"、"文化人"的架子,走出书斋,与时兴的学生运动、艺术潮流、政治运动、异端思想、乖僻行为紧密联系,产生了很大的社会效力;其三,是因为他那犀利、尖刻、深邃的文风和广博宏大的思维方式,使得他的著述包罗政治、经济、哲学、艺术、文化和历史等众多领域,触及许多当代人想到、见到而又没有加以思索的问题。② 他正是凭借着如此巨大而精彩的个人魅力,不仅征服了60年代包括美国在内的各国"新左派"青年,成为他们的精神导师,也为美国的"新左派"史学家们提供了

---

① Dennis Smith, "Book Review of *Marcuse*: *From the New Left to the Next Left*, Ed. By John Bokina and Timothy J. Lukes", *The Journal of American History*, Vol. 82, No. 2, Sep. 1995, pp. 845—846.

② [美]赫伯特·马尔库塞:《现代文明与人的困境——马尔库塞文集》,李小兵等译,上海三联书店1989年版,"译者的话"第2页。

进行批判的历史研究的哲学思维和独特视角。

第二节　赖特·米尔斯对美国社会的批判

如果说上面我们所介绍的马尔库塞是美国"新左派"的精神导师的话，那么50—60年代美国社会学界"社会冲突理论"的著名代表人物查尔斯·赖特·米尔斯，则以其对美国社会的尖锐批判成为它真正的理论奠基者，被认为是"新左派"运动的理论先驱。[1] 正如昂格尔所说，"（在当时的美国）对新兴的新激进主义作出最多阐释的是哥伦比亚的社会学家米尔斯"，"1960年，他写给《新左派评论》的一封信[2]，成了后来奠定美国'新左派'运动思维基石的一个宣言"。[3]

米尔斯是20世纪美国杰出的社会学家，也是20世纪50—60年代美国社会学界一位标新立异、颇具争议性的学者。他毕生致力于社会变革，不断对美国传统社会学及美国社会现状提出挑战，直到1962年去世。他1916年8月出生于美国得克萨斯州瓦科郡（Waco, Texas）一个传统的中产阶级家庭。早年在家乡德州大学获得文学学士学位，1939年进入威斯康星大学学习，于1941年获社会学博士学位，随后在1941—1945年期间到马里兰大学任教。自1946年起，开始执教于哥伦比亚大学，直到1962年3月病逝于纽约。其间，米尔斯曾涉足欧洲和美洲其他国家，短期任教于哥本哈根、伦敦和墨西哥城等城市。作品被译成23种文字。[4]

虽然米尔斯短暂但轰轰烈烈的职业生涯的最好时期是在以经验社

---

① 庄锡昌：《二十世纪的美国文化》，浙江人民出版社1996年版，第192页。

② 即《给新左派的信》（Letter to the New Left），发表于《新左派评论》1960年第9/10期上。参见 C. Wright Mills, "Letter to the New Left" (Excerpts), in Judith Clavir Albert & Stewart Edward Albert, eds., The Sixties Papers: Documents of a Rebellious Decade, New York: Praeger Publishers, 1984, pp. 86—92.

③ Irwin Unger, with the Assistance of Debi Unger, The Movement: A History of the American New Left, 1959—1972, New York: Dodd, Mead & Company, 1974, pp. 19—20.

④ Joseph A. Scimecca, The Sociological Theory of C. Wright Mills, New York: Kennikat Press, 1977, p. 3; http://www.ucpress.edu/books/pages/8760.html.

会分析闻名的哥伦比亚大学度过的[1]，但威斯康星大学却是他真正开始自己学术生涯的地方。当时的威斯康星大学还保持着它自20世纪初以来的农工激进主义的（Farmer-Labor radicalism）传统[2]，对在这里接受其研究生训练的米尔斯产生了广泛的影响。在其导师H.格思（H. H. Gerth）和贝克尔等人的指导下，米尔斯开始熟悉起源于欧洲的各种社会学经典理论，并接受了格思等人批判与激进的社会学思想，从而奠定了他后来所致力于的道德与政治批判社会学的研究方向。

我们看到，米尔斯学术活动最重要的时期是在哥伦比亚大学度过的。在这里，他拒绝接受哥伦比亚大学当时盛行的保守的思维方式，致力于他的批评性介入的"公共社会学"的道德理论的建设。他站在激进的批判立场上，关注社会矛盾与冲突，以对美国资本主义社会的批判性分析开始了他的学术生涯。在此期间，他还接触到由于"二战"爆发而避难于美国的德国法兰克福学派的一些主要代表人物及他们的批判理论，不仅使他早年接受的古典社会学思想更趋完备，而且也拓宽了他批判分析社会学的视野。

作为美国受马克思主义影响的所谓"左派"冲突论者的代表，米尔斯是美国社会学界最有争议的人物之一，被认为是学术界的"暴发户"。[3] 他一生的学术贡献和特点主要体现在他论述战后美国社会的著名的"三部曲"中：《新权力人：美国劳工领袖》（*The New Men of Power：America's Labor Leaders*）（1948）[4]、《白领：美国中产阶级》（*White Collar：The American Middle Class*）（1951）和《权力精英》

---

① ［美］史蒂文·塞德曼：《有争议的知识——后现代时代的社会理论》，刘北成等译，中国人民大学出版社2002年版，第110页。

② Irwin Unger, with the Assistance of Debi Unger, *The Movement：A History of the American New Left*, 1959—1972, New York：Dodd, Mead & Company, 1974, pp. 19—20.

③ 贾春增主编：《外国社会学史》（修订本），中国人民大学出版社2000年版，第256页。

④ C. Wright Mills, with the Assistance of Helen Schneider, *The New Men of Power：America's Labor Leaders.* 有人又把它译为《新的权力人物》或《新的当权者》。

（*The Power Elite*）（1956）。① 在这些作品里，他以撼动战后呆滞沉闷的美国，使之脱离那种傲慢与志得意满的虚假意识为目标，论述了美国社会阶级关系的变化，向人们展示了作为所谓"富裕国家"、"和谐国家"的美国所存在的严重的社会危机，号召人们再次进行"罗斯福新政式"的民主改革。

在他的第一本书《新权力人》中，米尔斯首先对美国劳工领导人进行了攻击，认为他们背叛了工人阶级。在他看来，此时生活于"富裕社会"的普通工人的政治意愿已经退化，政治问题全部交由劳工领袖处理。但与马克思先前的希望相左，工会领袖已对推动大范围的社会变革不感兴趣，他们已变成了一个分配声望与物质利益的系统中的主要权力掮客。作为新劳工精英，他们与国家精英和管理精英共舞，目标是维持一个运行良好的、稳定的社会系统，以确保社会大众的经济安全、社会地位和丰裕的消费品。② 米尔斯认为，在这样的工会领袖领导下的劳工运动，除了想从美国经济繁荣中分一杯羹之外，别无他图。虽然米尔斯并没有放弃其乌托邦理想，即指望劳工领袖与独立的左翼运动结为同盟，但他承认，目前他们正在转变成一个旨在社会和解的新精英集团，根本不能也不愿承担起领导激进社会运动的重任。

笔者以为，米尔斯对美国社会阶级关系更深入的分析研究，主要还见诸他于 1951 年出版的《白领：美国中产阶级》一书中。米尔斯在这里所说的"白领"，主要是指在企业家和工人中间形成的、作为缓冲地带的新中产阶级，包括经理、教师、专业职员、技术员、秘书和会计员等。他们已经成为当时美国，乃至整个资本主义社会人口中的一个重要组成部分。米尔斯认为，白领阶层的形成和出现，是 20世纪以来工业化进程中最重要的变化，"正是在这个白领世界里，我们才能找到 20 世纪生活的主要特征。由于他们在数量上日益表现出来的重要性，白领职业者已推翻了 19 世纪认为社会应当由企业主和

---

① http：//www.cwrightmills.org/Books2.html.

② ［美］史蒂文·塞德曼：《有争议的知识——后现代时代的社会理论》，刘北成等译，中国人民大学出版社 2002 年版，第 112 页。

工资劳动者两部分人组成的预测。由于其生活方式的大众化，他们已改变了美国人的生活气息及其感受"。"美国已经变成了一个雇员的国家。"① 正因如此，米尔斯认为战后美国的特点将决定性地由这个新中产阶级来塑造，所以由此开始了他运用马克思的"异化理论"和韦伯的科层制思想，对美国社会阶级关系变化的研究。

在米尔斯眼中，20 世纪新中产阶级产生之前，在美国大陆上活动的先是自由农场主和独立的商人，接着是工业家和"强盗大亨"。农场主与工业家共同捍卫着独立并对任何制度化的依附心存戒虑。这种民主精神扎根于财产所有权中；经济的自给自足孕育了社会的独立性与民主的政治文化。随着公司资本与官僚制的兴起的国家迅猛扩张，先前的民主精神和文化特征已黯然失色。在技术革新、通过殖民主义形成的世界市场和新交通工具的刺激下，中小型企业让位于巨型企业，这些大企业由被雇用、拿薪水的职业经理管理并有一支由销售、宣传、公关人员、接待员、秘书、会计、律师和技术人员组成的庞大队伍。虽说小企业与赞美经济竞争和自立奋斗的意识形态一道存活了下来，但真正的权力却已转移到经理人员和大企业精英手中。现在已变成一支白领大军的中产阶级，在美国历史上第一次沦落到实际上无权的境地。除了最高级别的经理人与执行官外，白领既不是企业的所有者，也不是机构决策者，他们只是执行官僚制顶端传来的命令。②

我们看到，米尔斯把白领职业者看作一些牺牲品式的英雄，"他们作为小人物，从事的往往是一些并非出于自己本意的活动，他们默默无闻地在某个什么人的办公室或商店里工作着；从来都不许大声说话，和人顶嘴，或站着不干活"。③ 取得白领职业者的工作不仅需要出卖时间和精力，同时还要出卖人格。这些人以周或以月为单位出售

---

① [美] C. 赖特·米尔斯：《白领——美国的中产阶级》，杨小东等译，浙江人民出版社 1987 年版，第 1、83 页。

② [美] 史蒂文·塞德曼：《有争议的知识——后现代时代的社会理论》，刘北成等译，中国人民大学出版社 2002 年版，第 112—113 页。

③ C. 赖特·米尔斯：《白领——美国的中产阶级》，杨小东等译，浙江人民出版社 1987 年版，第 5 页。

自己的微笑和友好的表示，他们必须对自己的愤激和冒犯倾向采取即时性的约束。他们是新型马基雅维利式的小人物，为了受雇于他人并为他人创造利润，他们可以按照这些把他们踩在脚下的人制定的规则来训练自己在风度方面的技能。在许多白领雇员阶层中，诸如懂礼貌、乐于助人、和蔼可亲这样一些品格，原来还只属于个人，现在却成了非个人的谋生手段的组成部分。长此以往，自我的异化在他们身上就与劳动的异化比肩而来。正如米尔斯所言，"如果白领人员不能自主地控制他们的工作，他们就会逐渐习惯于服从别人的命令，而如果他们试图获得行动的自由，他们也只能到别的领域寻找这种机会。如果他们没有从工作中学会这样做，或没有培养自己这样做的能力的话，他们便会逐渐放弃这样尝试，甚至在其他领域里也会失去寻求自我发展的兴趣。如果在他们的工作和游戏、工作和文化之间存在着裂隙，那么他们就会把这种分裂当作他们的常识性的事实加以接受"。①就整体来看，他们的意志是麻木的，他们的精神是贫乏的。他们被分散在权力轮盘的各个边缘之上，成了政治上的哑巴，没有谁会把热情投向他们。他们对自己情况的认识也是错误的，他们并没有认识到自己实际上有多虚弱、多危险。他们整日沉浸在一种虚假的梦想与无法兑现的象征性权威的幻觉之中，得到的只有稍纵即逝的满足和权力感，而不是真实的事物。所以，米尔斯指出，白领美国可能是一个最糟糕的噩梦：由快乐机器人组成的社会不知道他们正在跌进一个人间地狱，"也使亚当·史密斯的老师 A. 弗格森（A. Ferguson）发出了如下惊叹，'我们造就了一个奴隶民族，我们失去了自由的公民'"。②

在研究了以白领为代表的新中产阶级的形成和现状之后，米尔斯发现在当时的美国，与这个新中产阶级抛弃有意义的政治行动，追求自我满足、地位和安全现象同时并存的还有另外一种现象，那就是随着美国变成一个大众社会，政治权力逐渐集中于一个庞大的精英集团。于是他又开始进一步转向权力精英理论的研究，并于 1956 年发

---

① ［美］C. 赖特·米尔斯：《白领——美国的中产阶级》，杨小东等译，浙江人民出版社 1987 年版，第 262 页。

② 同上书，第 260 页。

表了《权力精英》一书。在这本书里，米尔斯认为，与白领中产阶级毫无权力的状况相反，社会上存在着一个支配政治、经济和军事三大力量的权力精英，美国成了一个由权力精英支配的社会。在这里，他所指的权力精英主要指那些掌控着大公司、政治部门和军事部门，能作出重要决定的人。他认为，20世纪以来，美国社会中的政治、经济和军事三大支配力量规模不断增长，权力日益扩大和集中。在这三个集中而庞大领域的每个顶端上，形成了作出经济、政治和军事决定的权力精英的高级圈子。"在经济的顶层，跻身公司富豪之列的，是首席执行官；在政治等级的顶层，是'政治董事会'的成员；在军事机构的顶层，是麇集于参谋长联席会议和高级将领行列及其周围的军人政客……这三个权势部门的主要人物——军事巨头、公司财阀和政治要人——倾向于聚成一团，他们组成了美国的权力精英。"① 他们有着共同的利益，追求着共同的社会纲领，特别是在维持目前财富、声望和权力的不平等分配上利益与共。他们因其拥有的巨大财富、所受的高等教育以及广泛的社会机会等一系列因素，形成了一种共同的身份认定，从而远离蓝领和白领大众。在掌握国家权力的时候，他们互相牵制和联结，使权力在他们之间形成了一种特有的上层循环：公司的高层执行官辞职后摇身一变成为内阁成员，退休将军坐在了大公司董事的席位上。精英循环使精英作为一个政治上的实际统治体更加紧密地连接在一起。②

美国正在演变为一个权力精英对被消费主义假象弄得服服帖帖的非政治社会大众分而治之的社会，权力精英们在人们不知不觉中决定着美国的未来。米尔斯把马克斯·韦伯的科层制理论引入他的分析之中，指出："当代美国社会的上层是日益一体化的权力精英，中间层是一些身不由己、随波逐流的平衡力量……这个社会的底层在政治上既无权又分散。一个大众社会正出现于这个社会的底层。"③ 在这样

① C. Wright Mills, *The Power Elite*, New York：Oxford University Press, 1959, pp. 4—9.

② ［美］史蒂文·塞德曼：《有争议的知识——后现代时代的社会理论》，刘北成等译，中国人民大学出版社2002年版，第114页。

③ C. Wright Mills, *The Power Elite*, New York：Oxford University Press, 1959, p. 324.

一个社会里，权力精英们有权塑造美国社会，并在行使这种权力时只负有极小的责任，这使他们变得非常危险，因为没有谁能保证他们的责任感。当广大蓝领和白领大众被消费主义和国内繁荣的虚假承诺所蛊惑时，选举程序就几乎变成了一个批准精英统治的程序。

　　当然，民主社会的存在是需要一个警醒的、受过教育的、参与政治的大众。当 20 世纪中叶美国新中产阶级异军突起时，马克思主义者曾认为白领工人的急剧膨胀标志着一个新的无产阶级的出现，它将会为暮气沉沉的工会运动注入新的活力。然而，现实证明他们的估计是错误的。米尔斯直言不讳地表达了自己对马克思主义者赋予白领阶层以政治与道德期望的不屑，认为他们的这种期待只是服务于其脱离现实的狭隘的意识形态利益而已。作为一个激进的"左翼"批判社会理论家，米尔斯认为美国将变成一个极权主义国家，消费主义和选举政治维系了自由的假象，美国需要一种既是批判的，又能根据民主革新的实践可能性来关注复杂社会现实的公共知识分子话语。为此，在他于 1959 年发表的《社会学的想象力》（*The Sociological Imagination*）一书中，米尔斯号召社会学家承担起公共知识分子的天职，致力于保卫民主价值观。他明确指出了知识分子应该扮演的政治角色："他要为人民做的事就是把个人的不幸转变成向理性敞开的公共事件和问题。他的目标是帮助每一个人成为自我教育的人……他要为社会做的事就是与各种破坏公共社会、创建群氓社会的势力做斗争。他的目标是帮助建立和加强自我培育的公共社会。"[①] 显然，米尔斯确信知识分子在激发政治意识和政治参与方面具有举足轻重的地位。

　　我们以为，作为战后美国社会学界"冲突理论"的代表人物，米尔斯留下了丰富的学术遗产和宝贵的社会遗产。他以其激进的社会批判思想和坚定不移的斗争精神，改变了许多美国人看待他们自己生活和美国权力结构的方式，像一颗流星一样照亮了处于冷战中的美国社

---

① C. Wright Mills, *The Sociological Imagination*, New York: Oxford University Press, 1959, p. 186.

会。① 在当时的美国学术界，他是一个极其孤独的斗士，许多学者不满意他学术的政治性，有人更把他称为"乌托邦主义者"②，但他富于尖锐论战性的作品中所流露出来的伟大使命感和强烈的政治号召力，却成功感染了处于迷茫困惑之中的一代美国青年，唤醒了他们心中激进的政治热情，推动他们投身于轰轰烈烈的社会变革的运动之中。因此，米尔斯被 60 年代的美国"新左派"奉为他们的重要的意识形态的英雄，"他的《权力精英》一书也似乎成了新一代'新左派'分子的圣经"。③

　　20 世纪 60 年代初，米尔斯在他《给新左派的信》中，不仅指导"新左派"青年认清美国工人阶级已由于社会福利制度和劳工领袖的出卖而失去了革命活力，帮助他们坚定青年知识分子可以成为一支可能的、即时的、激进的变革力量的信念，而且还宣称自己将帮助青年人把他们在道德上的反抗活动集中到某些比较明确的政治目标上来。④1962 年，作为美国"新左派"政治宣言的《休伦港宣言》的发表，米尔斯功不可没。它虽然由汤姆·海登负责起草，但却受到了米尔斯思想的极大影响⑤，其内容充分体现了米尔斯的激进社会思想。此外，米尔斯还积极支持古巴的卡斯特罗革命，在他于 1960 年出版的《听着，美国佬：古巴革命》⑥ 一书中，把它称为"新左派"政治运动的

---

① http：//www. ucpress. edu/books/pages/8760. html.

② 参见 Irving Louis Horowitz, *C. Wright Mills：An American Utopian*, New York：The Free Press, 1983。

③ Arnold Marshall Rose, *The Power Structure：Political Process in American Society*, New York：Oxford University Press, 1967, p. xvii.

④ C. Wright Mills, "Letter to the New Left" (Excerpts), in Judith Clavir Albert & Stewart Edward Albert, eds. , *The Sixties Papers：Documents of a Rebellious Decede*, New York：Praeger Publishers, 1984, pp. 86—92.

⑤ 刘绪贻、杨生茂主编：《战后美国史：1945—1986》，人民出版社 1989 年版，第 311—312 页。关于《休伦港宣言》（中译本），见戴安娜·拉维奇编《美国读本——感动过一个国家的文字》，林本椿等译，生活·读书·新知三联书店 1995 年版，第 745—749 页。

⑥ C. Wright Mills, *Listen, Yankee：The Revolution in Cuba*, New York：Ballantine Books, 1960.

一个范例。可以说，正是在米尔斯的思想和行动中，美国"新左派"找到了他们具体而明确的理论基点和行动纲领，从而掀起了美国 60年代如潮水般激荡的社会批判的大潮。

第三节　威廉·阿·威廉斯与美国
"新左派"史学的兴起

　　如果说上述马尔库塞和米尔斯两人是 20 世纪 60 年代美国"新左派"青年运动的精神导师和理论先驱，并对美国"新左派"史学的产生具有哲学和社会学方面的重要影响的话，那么威廉·阿普曼·威廉斯则是"新左派"史学在本学科方面的真正奠基者。正如昂格尔所指出的，"新左派"史学可以追溯到威廉斯和他在威斯康星大学的学生的作品那里。①

　　作为"首要的激进的美国外交史学家和战后修正派史学的创始人"②，威廉·阿普曼·威廉斯被美国史学界大多数人视为战后对传统史学发起进攻的最执着的持异议者，曾受到"官方史学家"（court historian）的严厉批评及诸如"众议院非美行动委员会"等机构的百般责难。③ 但他的史学思想却深深地影响了战后美国青年史学家，其"富于煽动性的言论激励着整整一代真正的修正主义史学家的学术活动④，被众多追随者奉为"整个美国思想界的一位伟人"。⑤ 他不同意传统史学对美国历史所作的"孤立主义的、根本不存在一个'美国帝

---

　　① Irwin Unger, ed., *Beyond Liberalism: The New Left Views American History*, Waltham, Wassachusetts: Xerox College Pubilshing, 1971, "Introduction", xiv.

　　② Robert W. Tucker, *The Radical Left and American Foreign Policy*, Baltimore: Johns Hopkins University Press, 1971, p. 56.

　　③ Joseph M. Siracusa, *New Left Diplomatic Histories And Historians: The American Revisionists*, Kennikat Press, 1973, p. 23.

　　④ http://www. amazon. co. uk/exec/obidos/ASIN/0393304930/wwwlink—software—21/026—5732616—8075601.

　　⑤ http://prome. snu. ac. kr/~skkim/data/bookintro/files/render. htm.

国'"的歌功颂德式的描述①,以全新的视角对美国历史作出了新的解释,被激进主义分子欢呼为"一位杰出的反帝国主义者"。② 而正是由于他的开创性的著述和因之所受到的诸多传统派史学的非难和打压,60年代的大多数激进"新左派"把他视为"殉道者"(Martyr)。③ 尽管威廉斯本人从来不承认自己是"新左派"史学家④,但他诸多专著和文章中所透析出来的激进的史学观点和史学思想,仍然让史学界把他视为"新左派"史学的先驱者之一。正如约瑟夫·西拉库萨所言:"威廉斯是美国外交史学界的一个典型代表和新修正主义史学倡导者的力量源泉。他的作品无疑对'新左派'具有开创性的影响(seminal influence)。"⑤

威廉斯1921年出生于美国中西部爱荷华州西南小城大西洋市(Atlantic, Iowa)。⑥ 这里以农业为主的经济环境,使他从小就对农民的生存状况有了深入的了解。尽管威廉斯本人并不是出身于农家,但周围农民在一个自由竞争的市场经济中所处的不可靠的、孤立无助的境地及其不满和抱怨,还是给他留下了最深刻印象。威廉斯写道,

---

① http://www. amazon. co. uk/exec/obidos/ASIN/0393304930/wwwlink—software—21/026—5732616—8075601; http://www. amazon. co. uk/exec/obidos/ASIN/0393304930/wwwlink—software—21/026— 6478588— 6702026; http://www. amazon. co. uk/exec/obidos/ASIN/0393304930/wwwlink—software—21/026—6478588—6702026.

② http://prome. snu. ac. kr/~ skkim/data/bookintro/files/render. htm.

③ William A. Williams, "My Life in Madison", in Paul Buhle ed., *History and the New Left*, Philadelphia: Temple University Press, 1990, p. 269.

④ 参见徐国琦《八十年代以来的美国外交史学》,载南开大学历史研究所美国史研究室编《美国历史问题新探——杨生茂教授八十寿辰纪念论文集》,中国社会科学出版社1996年版,第273页。

⑤ Joseph M. Siracusa, *New Left Diplomatic Histories And Historians: The American Revisionists*, Kennikat Press, 1973, p. 23.

⑥ 有学者曾把威廉斯的出生地"Atlantic, Iowa"译为"艾奥瓦州的亚特兰大",值得商榷。参见袁喜清《美国新左派史学的前驱威·阿·威廉斯》,《世界史研究动态》1988年第10期。学术界一般把"Atlanta"译为"亚特兰大",而多把"Atlantic"译为"大西洋城",如"Atlantic city"译为"大西洋城"等。所以此处把"Atlantic, Iowa"译为"爱荷华州大西洋市"似更恰当一些。

"在我打算成为一个历史学家之前很久很久，已经相当多地了解了农民的历史和生活，以及他们与社会其他部分的关系"，"大萧条期间成长于爱荷华的人都会很快了解到商业的波动和农民生活状况之间存在的深刻而直接的关系"。① 很显然，早期的这种生活经历使威廉斯受到了美国农业社区传统的"不干涉主义"观点的影响，埋下了他以后对美国参与海外事务的正当性报以极大怀疑的种子。"与频繁遭受蹂躏、希望内向发展的这部分民众的接触，无疑最终影响了他对美国外交行为和美国社会本质的怀疑。"②

1939 年，威廉斯 18 岁时入坎普军事学校（Kemper Military School）学习，后于 1941 年获准进入位于安纳波利斯的美国海军学院（The United States Naval Academy at Annapolis）。在那里，威廉斯于 1944 年获得了他的理学学士学位（B. S.）。随后，于"二战"期间进入美国太平洋战区服役，开始对战争有了更深一层的认识。1945—1946 年，在随美国太平洋舰队驻扎于得克萨斯州的科波斯·克里斯蒂期间，威廉斯曾参加了那里的民权运动，与黑人一起为改善他们的生活而斗争。1946 年，战争期间留下的脊椎伤痛的复发让他不得不住院疗养。在这段日子里，威廉斯开始思考自己的未来，"他决定做一个历史学家，因为他最想做的就是去了解为什么（to know why）"。③ 1947 年 9 月，从海军退役后，威廉斯随即进入威斯康星大学麦迪逊分校，在弗雷德·哈维·哈林顿的指导下④，攻读历史学，

---

① William A. Williams, *The Roots of Modern American Empire*: *A Study of The Growth and Shaping of Social Consciousness in A Marketplace Society*, New York: Random House, 1969, pp. xx—xxi; Joseph M. Siracusa, *New Left Diplomatic Histories and Historians*: *The American Revisionists*, Kennikat Press, 1973, p. 24.

② Joseph M. Siracusa, *New Left Diplomatic Histories and Historians*: *The American Revisionists*, Kennikat Press, 1973, p. 25.

③ Joseph M. Siracusa, *New Left Diplomatic Histories and Historians*: *The American Revisionists*, Kennikat Press, 1973, p. 26.

④ 弗雷德·哈维·哈林顿，历史学家，1962—1970 年间任威斯康星大学麦迪逊分校校长。在其给一个毕业校友会的一封信中，曾为学校对持异议者的宽容政策进行辩护。参见 http://www.jsonline.com/news/state/sep03/172665.asp。

并分别于 1948 年和 1950 年获得了他的历史学硕士和博士学位。① 此后，他先后在俄勒冈大学、威斯康星大学和俄勒冈州立学院任教，其培养的一大批历史专业的研究生构成了美国 60 年代"新左派"史学团体的基本力量。1959 年，在威廉斯的指导之下，他的一群学生开始出版《左派研究》(*Studies on the Left*) 杂志。这是一个致力于"揭露事实的激进主义"的学术刊物，它不仅仅是"新左派"史学的一个论坛，在其后期还更多地关注一般左派的策略战术和当时的社会经济问题②，极大地推动了"新左派"史学的发展，对战后美国史学界的影响和冲击日益剧增。威廉斯本人也因为对美国历史研究做出了卓越的贡献，而被选为 1981—1982 年美国历史学家组织的主席。

很显然，威廉斯独特的个人经历使他对整个世界的看法与众不同，"每一次新的经历都让他更为了解这个世界的实际状况，并进一步增强了他心中那种必须使之变得更好的责任感"。③ 正因如此，与那些离群索居、隐入山村社区去寻求平静生活的嬉皮士们不同，威廉斯和其他"新左派"激进主义者选择了留在美国社会体制之内，著书立说，振臂高呼，希冀以此唤醒"沉默的一代"，去改变美国的社会现状。

作为一个满怀激进主义的历史学家，威廉斯认为历史的任务不应该只是单纯地陈述往事，而更应该积极地了解现实的需要，以解决时代所面临的问题。他曾经以一种比尔德式的语言说道："历史的一个伟大传统就是能够帮助我们了解自己及我们的这个世界，因此每一个人才能作出相应的、理性的选择，并成为创造历史的重要角色。"④

---

① William A. Williams, "My Life in Madison", in Paul Buhle ed., *History and the New Left*, Philadelphia: Temple University Press, 1990, pp. 255—256; Joseph M. Siracusa, *New Left Diplomatic Histories And Historians: The American Revisionists*, Kennikat Press, 1973, p. 26.

② Irwin Unger, ed., *Beyond Liberalism: The New Left Views American History*, Waltham, Mass.: Xerox College Publishing, 1971, "introduction", xiv.

③ Joseph M. Siracusa, *New Left Diplomatic Histories and Historians: The American Revisionists*, Kennikat Press, 1973, p. 27.

④ William A. Williams, *The Contours of American History*, Chicago: Quadrangle Books, 1961, p. 19.

简言之，历史必须服务于现实的需要。正是在这种历史观的引领之下，威廉斯不满于传统史学对美国历史的虚假颂扬，走上了新的激进主义的历史批判之路。

与加布里埃尔·科尔科等后来的修正主义者以批评美国国内政策为自己的史学研究起点不同，威廉斯的历史解释是从对美国外交政策的批判开始的，美国外交史首先成为他的研究重点，美国资本主义的反动本质则成为其批判的主题。正如威廉斯本人在谈到自己的学术发展时说："那些于第二次世界大战期间和战后在学术上日臻成熟的历史学家们，对关于战争、战后时期及冷战危机等相关问题比较感兴趣……这当然也是我的关注方向。"①

威廉斯一生著述颇丰，《美俄关系：1781—1947》（1952）、《美国外交的悲剧》（1959）、《美国史纲》（1961）、《美国、古巴和卡斯特罗》（1962）以及《大逃避》（1964）等著作是其主要的代表作品。此外，他还在《美国历史评论》、《科学与社会》及《民族》周刊等杂志上发表了大量相关文章，详尽地阐述了自己的外交史学思想。综合观之，威廉斯对美国外交政策的解读主要构建在两个往往为美国传统史学极力否认和反对的基点之上：一是美国外交的扩张主义特色；二是经济因素在美国对外扩张中的决定作用。威廉斯认为，立国以来的美国对外政策就是不断地对外扩张，美国外交事实上是一种"扩张主义"与"帝国主义"的外交，是为满足自身需要而从事海外工作的外交。美国历史上根本不存在所谓的孤立主义，因为"许多美国人早在特纳出生之前很久就按特纳'边疆学说'的中心论题那样去思考和行动了；并且他们在讨论是否有必要扩张以解决美国问题时，已经使用诸如'安全阀'这样的可能是 20 世纪的概念了"。② 在对美

① William A. Williams, *The Roots of Modern American Empire*: *a study of the growth and shaping of social consciousness in a marketplace society*, New York: Random House, 1969, xiii; Joseph M. Siracusa, *New Left Diplomatic Histories and Historians*: *The American Revisionists*, Kennikat Press, 1973, p. 33.

② Joseph M. Siracusa, *New Left Diplomatic Histories and Historians*: *The American Revisionists*, Kennikat Press, 1973, pp. 40—41.

国外交政策发生作用的各种影响因素中，威廉斯认为起决定作用的是国内不同利益集团经济扩张的需求，而看似强大的公众舆论只能对美国的外交政策表示赞成或者反对，根本不能提出什么替代方案。换言之，控制美国社会生活的大的经济集团及其代表人物，在幕后决定和操纵了美国的外交政策和行为。

在处女作《美俄关系：1781—1947》（1952）中，威廉斯尖锐地指出，正是19世纪后半期美国向亚洲的扩张，导致了历史上曾有过很长一段时期友好往来的美俄关系趋于恶化。他认为，1867年美国对阿拉斯加的购买是美俄关系中一个具有分水岭意义的事件①，它标志着两国在历史上曾经有过的友好关系开始结束，从此进入了"一个没有必要的、不幸的冲突的进程中"。② 在探寻到底谁该为此承担责任时，威廉斯发现，"控制美国国内市场且积极寻求新的机会的金融和工业势力"应该负主要的责任。因为"美国经济势力的海外扩张运动最终与俄罗斯在黑龙江流域（the Amur）的行动产生了冲突；尽管两国各自的利益可望达成一种富有成效的妥协，但最终结果却是极端敌对的"。③

1959年，威廉斯出版了他最具影响力的《美国外交的悲剧》（*The Tragedy of American Diplomacy*）一书。④ 在这本书里，威廉斯进一步系统地阐述了他关于美国外交的对外经济扩张主义本质的解读。威廉斯认为，美国自立国之后在国际外交上即颇具地位与影响力。1812年美英之战，美国即表现出其潜在国力，虽然当时遭受不少挫折，但却逼使英国和谈，并获得向密西西比河流域扩张的权力。1823年《门罗宣言》（*Monroe Doctrine*）明确对外宣示"欧洲国家不得干涉美洲事务"，则奠定了美国在整个西半球的领导地位，并使美国能

---

① Joseph M. Siracusa, *New Left Diplomatic Histories and Historians*：*The American Revisionists*, Kennikat Press, 1973, p. 33.

② Ibid.

③ Ibid., p. 34.

④ Ibid., p. 41.

够顺利地继续其外交扩张工作。①

在威廉斯眼里，1898 年的美西战争及其后"门户开放"政策的正式提出，是 19 世纪末 20 世纪初美国走向大规模海外扩张的两件标志性事件。他首先批评了美国政府的古巴政策，认为美国以解放古巴为借口而向西班牙宣战，名义上是为了使古巴能够建立独立的政府，协助其迈向民主政治和经济繁荣的未来，而事实上却干涉了古巴的内政，阻挠了其政治、经济与外交的独立自主。② 美国发动这场战争的目的根本不是为了彻底解放古巴，而是为了占有古巴的市场，以解决国内及其他对外政策中的问题。③ 此外，通过与西班牙的战争，美国还兼并了关岛和菲律宾等地，把自己的势力伸向远东和太平洋地区。威廉斯对美西战争起源和结果的分析，在他的史学中占有非常重要的位置，认为这场战争无疑是约翰·海（John Hay）此后不久对外宣布的"门户开放"照会的序曲。④

对于门户开放政策，威廉斯认为它并不是传统外交均势发展的结果，也不是一项军事策略，而是美国想要以非军事的手段，利用其强大的经济力量，继续其在世界上的经济与政治扩张的产物。这一政策开始提出时似乎针对的只是中国问题，但美国却不断扩展其应用范围，把它逐渐变成了一种处理世界事务的指导性原则，"门户开放的扩张主义哲学已经变成了（美国）对整个世界的看法"。⑤ 正是在这种"门户开放"意识形态的指导下，美国最终参加了两次世界大战并发动了与苏联的冷战。威廉斯认为，"门户开放"政策的实行，不仅引发了其他竞争者的不满，而且还引起了一些小国或落后国家对美国干涉的反感，制造了一系列的外交危机，埋下了美国外交悲剧的种子。

---

① William A. Williams, *The Tragedy of American Diplomacy*, New York: Dell Pub. Co., Inc., 1962, pp. 18—19.

② Ibid., p. 2.

③ Ibid., p. 37.

④ Joseph M. Siracusa, *New Left Diplomatic Histories and Historians: The American Revision-ists*, Kennikat Press, 1973, p. 43.

⑤ Ibid., pp. 44—45.

威廉斯一针见血地指出，美国外交政策是在以下三个互相矛盾的观念指导下形成的：第一，帮助其他国家解决它们的问题的人道主义冲动；第二，在国际范围内鼓励民族自决，坚持认为每个社会都有通过自己认为合适的方式维护自己利益，实现自己目标的权力；第三，许多美国人坚持认为，其他国家的人民只有按照美国的模式，才能解决他们的问题，改善自己的生活。① 这三个观念本身是互相矛盾的，因为学习模仿美国模式，终究要与人道主义及民族自决发生冲突。所以，在威廉斯看来，最后一个观念的偏执，使前两个观念所表现出的民主和人道主义变得毫无意义，充分表现了美国在扩张性外交行为中的武断与傲慢。威廉斯认为，美国基于"门户开放"原则而实行的对外扩张是不成功的、危险的、可悲的，因为"当美国想通过建设一个稳定的、自由贸易的门户开放的世界，来追求越来越多的和平与财富时，它对于长期繁荣的幻想越来越大，而和平的机会却越来越小。把自己的想象强加于世界的外交政策是与历史相冲突的，并注定要失败的"。② 他指出，"美国外交的悲剧并不在于它是邪恶的，而是因为它否定和败坏了美国的思想和理想"③，塑造了美利坚帝国的负面形象。

我们能够清晰地感到，威廉斯对美国扩张主义的"负面形象"深恶痛绝。他曾言辞犀利地指出："我宁愿为建立一个富有人性的社会而自由地死去，也不愿做一个帝国的爪牙。"④ 正是有感于此，威廉斯主张美国把目光转向国内，希望通过对它的外交关系的批评，引起人们对重建美国社会的注意。在他看来，美国在转向外部世界之前，必须先把自己的房间收拾好。美国人必须认识到这样一

① William A. Williams, *The Tragedy of American Diplomacy*, New York：Dell Pub. Co. , Inc. , 1962, p. 9.

② Joseph M. Siracusa, *New Left Diplomatic Histories and Historians：The American Revisionists*, Kennikat Press, 1973, pp. 48—49.

③ William A. Williams, *The Tragedy of American Diplomacy*, New York：Dell Pub. Co. , Inc. , 1962, p. 292.

④ 参见 http：//prome. snu. ac. kr/～skkim/data/bookintro/files/render. htm；http：//prome. snu. ac. kr/～skkim/data/bookintro/files/render. htm。

点：最后的边疆不是在亚洲、非洲或外层空间，而是在国内。他们的任务就是沿着民主社会主义的路线，重建他们的资本主义政治经济，以创造一个自由和自给自足的社会。美国人最后还必须认识到，美国政治和经济的繁荣既不依赖于全球性的门户开放主义的扩张，也不依赖于把自己的信仰和制度强加给别的国家，而是在于在国内和在与世界其他国家人民互相依存的合作中，合理而公正地使用自己的人力资源和物质资源。① 威廉斯希望美国能够放弃"门户开放"政策，改革国内政治经济，重组国家生活，建立一个"均衡"的国内体系，创造一个具有活力的、民主而繁荣的、"世界上第一个真正的民主社会主义"。②

　　作为一名激进主义的历史学家，威廉斯批判性的史学思想在美国史学界激起了广泛的回响：批评者贬之"主观臆断"、"曲解史料"，褒扬者嘉之"观点独特"、"为史学家提供了一个新的思考方向"。③但它对一代美国青年史学家的深远影响是毫无疑问的。正如昂格尔所言："威廉斯对美国外交政策等方面的看法，使他有资格享有'激进派史学家'这一称号……在对美国外交政策的看法方面，年轻的左派找到了他们那种认为美国已完全堕落的看法的最有力的支持。"④ 约瑟夫·西拉库萨指出："威廉斯传递给新修正主义者一个现代主义的

---

① William A. Williams, *The Tragedy of American Diplomacy*, New York: Dell Pub. Co., Inc., 1962, p. 303.

② William A. Williams, *The Contours of American History*, Chicago: Quadrangle Books, 1961, p. 488.

③ 约瑟夫·西拉库萨在其《新左派外交史学及史学家：美国修正主义者》一书的最后一章"New Left Diplomatic Literature, 1960—1970: A Tentative Estimate"中，以 Ernest R. May、Robert H. Ferrell、Richard W. Leopold、Julius W. Pratt、Herbert Feis、Dexter Perkins、Robert E. Osgood 和 Hans J. Morgenthau 等人的观点为例，详细分析了美国史学界对"新左派"外交史学的各种看法，其中就包括对威廉斯史学作品与史学思想的评述。参见 Joseph M. Siracusa, *New Left Diplomatic Histories and Historians: The American Revisionists*, Kennikat Press, 1973, pp. 104—119。

④ Irwin Unger, "The 'New Left' and American History: Some Recent Trends in United States Historiography", *The American Historical Review*, Vol. 72, No. 4, July 1967, pp. 1237—1263.

历史概念，一种紧迫感，并且最重要的是一种失败会在他的警告之后随之而至的预言式的远见卓识。"① 威廉·玛丽娜也曾断言，除了加布里埃尔·科尔科和乔伊斯·科尔科之外，其他修正派（即"新左派"）史学家思想上都受到威廉斯的影响。② 著名的历史学家小施莱辛格（Arthur M. Schlesinger，Jr.）更是坦率地指出："威廉斯是当今美国史学界中能自立学派的一位史学家。"③ 是的，如果一定要给美国"新左派"史学确定一个创立者的话，那威廉斯理应当之无愧。

笔者以为，威廉斯关于美国扩张主义外交的史学思想，与马尔库塞和米尔斯等人对以美国为代表的发达资本主义社会的批判理论一起，从不同的范围和领域构成了 60 年代美国"新左派"兴起的理论基础和舆论先导④，不仅极大地推动了"新左派"政治运动的发展，对美国"新左派"史学的成长和发展壮大也产生了深远的影响。他们

---

① Joseph M. Siracusa, *New Left Diplomatic Histories and Historians*：*The American Revisionists*, Kennikat Press, 1973, p. 49.

② Clyde N. Wilson, ed., *Twentieth-Century American Historians*, Gale Research Company, 1983, p. 454.

③ Arthur M. Schlesinger, Jr., *The Cycles of American History*, Boston：Houghton Mifflin, 1986, p. 129.

④ 关于威廉斯对美国新左派史学的贡献，昂格尔先生一方面认为，他"对新左派并没有作出什么贡献"，从他的《美国史纲》一书中，可以看出他实际上又"回到'利益一致论'上去了！"但是，与此同时，昂格尔又认为，威廉斯对美国外交政策等方面的看法，使他有资格享有"激进派史学家"这一称号。他说："在这方面（对美国外交政策的看法），年轻的左派找到了他们那种认为美国已完全堕落的看法的最有力的支持。"如前所述，威廉斯认为，美国从一开始就是一个扩张主义的国家，劫掠它的弱邻，不管这些邻居是尚未开化的印第安部落，还是在边界上弱小的民族国家和衰老的帝国。这种扩张主义非常像特纳的边疆学说的翻版。美国的每一条边疆都是由一个新的借口，而不是由一系列新的机会形成的。在美国"西部"获得的每块新领土都不是民主政治的体现，而是资本主义的体现，美国的外交政策只不过是推行这种借口向西发展的政策的工具而已。威廉斯在《美国史纲》中的这种观点，在他后来于 1964 年出版的《大逃避》一书中（特别是在这本书的"导论"里）表达得更为清晰直白。正如昂格尔所说："在了解美国国内事务方面，他大概不会给激进派学者提供什么有用的东西，但在美国外交史方面他却着重告诉他们不少东西。《美国史纲》和威廉斯关于美国外交史的其他著作，对于一部分年轻的外交史家产生了极大的影响。"参见 Irwin Unger, "The 'New Left' and American History：Some Recent Trends in United States Historiography", *The American Historical Review*, Vol. 72, No. 4, July 1967, pp. 1237—1263.

为 20 世纪 50 年代以来沉闷的美国史学界注入了新鲜的批判与抗议的力量。① 关于威廉斯的史学观点和史学思想，本书还将在后面相关部分内容里进行更加详细的论述。

---

① 需要补充说明的是，除以上三人对"新左派"史学的产生及其史学思想有重要影响之外，比尔德等人的进步主义史学对"新左派"史学亦产生了一定的影响。一些年轻的"新左派"激进学者自己也明确承认他们接受了他的一些东西，甚至连悲叹比尔德对黑人漠不关心、反对他对美国革命和宪法斗争所作的过于简单的解释的斯陶顿·林德，也明确接受了他的一般的阶级分析方法和他对美国历史中的经济因素的强调。于是，就有人认为"新左派"史学家们只不过是新时期对比尔德学说进行模仿的"学舌鹦鹉"而已，他们的理论与学说并没有什么太多的新意。其实不然。"新左派"史学家们在对美国历史进行重新解释时确实继承了比尔德的某些思想，但他们与比尔德又有所不同：比尔德的进步主义史学思想是 20 世纪初期美国"进步运动"的产物，它的出发点可以说是"以保守的方式解决工业社会中普遍存在的问题，以达到稳定资本主义在社会上的地位"。"新左派"史学家们认为，比尔德和其他进步主义者一样，都是一些中产阶级改革者，他们反对对这个国家的财产关系进行基本的变革，根本不曾关心到大多数贫穷的下层社会。总体来说，与比尔德的史学思想相比，"新左派"史学家们具有更强烈的以人为本的道德关怀色彩，他们更激进地追求整个美国社会向"公平"、"自由"与"平等"的彻底变革。

第三章

美国"新左派"：国家与社会

如前所述，"新左派"史学是在50—60年代美国社会动荡不宁、冲突加剧的社会大背景下出现的一个新的激进的史学流派。它以批判此前占据美国史坛主流的新保守主义史学起家，以"怀疑"和"否定"的意识和理念为主导，以推动美国社会变革为己任，对美国社会的方方面面展开了猛烈的抨击。在"新左派"史学家们的历史研究中，"抗议"和"批判"可以说是其学术上的最大特色，而国内问题和美国外交则成为他们这种"抗议"和"批判"的两大重点。鉴于此，本书下面将分两章来分析"新左派"史学家们的史学观点和史学思想：本章先重点分析他们对美国国家和社会中诸如"内战和奴隶制"、"劳工运动和社会流动"及"罗斯福新政"等一些问题的看法和解读，下一章节则专门论述他们对美国建国以来外交政策及外交行为的分析与批判。

第一节 "内战"和奴隶制问题

作为美国历史上具有重要分水岭意义的重大事件——南北内战涉及诸多具有重大现实意义的问题，如黑人地位问题、奴隶制问题、美国宪法的实质及美国与战争问题等。因此，长期以来，内战一直受到美国历代史学家们的高度关注，他们围绕着它的起因、性质和历史意义等进行了广泛而激烈的争论。到20世纪60年代时，新兴的"新左派"史学家们也加入这一行列中,在新的时代背景下提出了自己在内战起因、意义及奴隶制等问题上与众不同的观点,对内战及奴隶制作出了全新的解读。本章拟在回顾美国史学家在此问题上的争论的基础上,对"新左派"史学家就此问题的史学观点作出分析。

一　美国史学家关于"内战"的百年争论

作为美国历史上引起争论最多的重大事件,内战一直是美国史学界关注和研究的重点,几乎每年都会有大量相关的研究论著和文章出现。同时,许多相关的研究机构和期刊亦纷纷建立,从而不断推动这一领域研究的深入发展。① 从总体上看,20 世纪 60 年代以前,美国学者对内战史的研究按其主要观点不同,大体可以分为以下五个阶段。

第一,地区主义阶段。内战期间及战后的重建时期,美国内战史的研究因受到战争的影响而出现了两个观点相异的学派,即"北派"和"南派"。② 以格里利、德雷帕和詹姆斯·舒勒(James Schouler)③等为代表的一批北方学者坚持内战起因的"南方挑战说",对奴隶制予以强烈的谴责。格里利认为,内战发生前美国存在着两种根本对立的社会制度。北方是按"天赋人权"原则建立起来的民主自由世界,

---

① Gerald N. Grob and George Athan Billias, eds., *Interpretations of American History*: *Patterns and Perspectives* (*Volume I*: *To 1877*), Sixth Edition, New York: The Free Press, A Division of Macmillan, Inc., 1992, p. 376.

② 美国著名史学家托马斯·J. 普莱斯利(Thomas J. Pressly)在其重要著作《美国人对其内战的诠释》(*Americans Interpret Their Civil War*)一书中指出,从内战发生的 1861 年到 19 世纪 80 年代,美国国内有关内战的观点主要有三种,即北方的"南方叛乱说"、南方的"北方入侵说"和内战"无必要说"。我们认为,前两种观点无疑构成了当时美国内战史学的主流。参见 Thomas J. Pressly, *Americans Interpret Their Civil War*, New York: Collier Books, 1962, pp. 27—147。亦可参见 Gerald N. Grob and George Athan Billias, eds., *Interpretations of American History*: *Patterns and Perspectives* (*Volume I*: *To 1877*), Sixth Edition, New York: The Free Press, A Division of Macmillan, Inc., 1992, p. 378。

③ James Schouler (1839—1920),又被人们称为民族主义历史学家,其主要代表作为 1880 年出版的 7 卷本的 *History of the United States of America under the Constitution*, New York: Dodd, Mead & Company Publishers, 1880。

而南方则是少数奴隶主把黑人奴隶当作牛马来奴役的黑暗地狱。南方奴隶主力图把奴隶制扩展到北方自由土地上去而挑起战争,北方是为保卫稳定的联邦国家、为社会光明而战。而舒勒则在其著作中严正地揭露了黑奴制的罪恶,指出黑奴制完全是一种惨无人道的种族压迫制度。他认为:北方是爱自由的、进步的,南方是封建的、落后的、反动的。北方战胜南方,是正义战胜了邪恶。①

与此同时,以塔克尔和盖阿尔等为代表的南方史学家则坚持"北方入侵说"。他们指出北方具有侵略性,处心积虑地要摧毁南方及其社会制度。他们声辩:奴隶制问题引起的道德冲突只是战争爆发的诱因,而根本原因则是北方的违宪和侵略行为,以及利用手中权力获得政治和经济利益的企图。南北双方的生活方式不同,甚至不可调和。引起南方敌意的基本因素之一是北方对南方盛气凌人的态度。林肯和共和党在 1860 年和 1861 年以侵略性的和不正当的行为有意地挑起了冲突,迫使南方为保卫宪法和自己的权利而斗争。因此,南方史学家拒绝把南方定为罪人的"大反叛之战"的说法。

从总体上看,这一时期的内战史家们大都曾以某种方式亲历过内战,他们写作内战史,主要是为了给自己或自己所代表的一方正名。由于受到地区主义和地域仇恨的影响,这一时期的内战史研究多流于情绪化。于是,战时南北双方惨烈的战场厮杀,变成了战后学者们激烈的口诛笔伐。

第二,民族主义阶段。从 19 世纪 90 年代起到 20 世纪初,对于内战后成长起来的新一代历史学家们而言,内战已经成为"历史",于是他们开始抛弃前辈们狭隘的地域偏见,站在相对超脱和客观的立场上,从自由与国家整体发展的角度来重新审视这一历史事件。这

---

① 郭圣铭:《西方史学史概要》,上海人民出版社 1983 年版,第 226—227 页;宋瑞芝等主编:《西方史学史纲》,河南大学出版社 1989 年版,第 204 页。另可参见 Gerald N. Grob and George Athan Billias, eds., *Interpretations of American History: Patterns and Perspectives* (*Volume I: To 1877*), Sixth Edition, New York: The Free Press, A Division of Macmillan, Inc., 1992, p. 377。

样，美国内战史学上出现了以詹姆斯·罗德斯①和爱德华·钱宁②等为代表的民族主义学派。他们重视内战的积极成果，认为内战在总体上使长期阻碍国家发展的地区性争斗得到平息；美国工业化速度加快，并在19世纪和20世纪之交成为世界大国；意义更为重大的是，战争考验了全体美国人的性格和勇气。③

詹姆斯·罗德斯（James F. Rhodes，1848—1927）的《自1850年妥协至1877年南方自治最终重建的美国史》一书成为这种观点的经典代表④，标志着内战史研究的实质性转变。他的主要观点是：（1）奴隶制是内战爆发的根本原因，南方人并非为"州权"，而是为扩张奴隶制而战。（2）奴隶制是不道德的制度，理应受到基督教和科学伦理的谴责。他谴责南方诸州的叛乱，然而他又认为南北战争之所以爆发，是由于南方诸州和北方诸州对美国宪法的解释有所不同。"北方是在光明正大的保卫联邦的旗帜下投入战斗，而南方投入战争则是为了拒不屈

---

① 郭圣铭先生在其编著的《西方史学史概要》一书中，把詹姆斯·罗德斯（James Ford Rhodes，1848—1927）称为与舒勒齐名的"北派"历史学家（参见郭圣铭《西方史学史概要》，上海人民出版社1983年版，第227页），但美国史学界通常把其作为内战史研究中的"民族主义学派"的创立者和其最著名的代表。我们同意美国史学界的一般看法，主要原因是他的作品中已经没有了明显的地区主义和地域仇恨，取而代之的是一种相对客观公正的历史学，这是非常难能可贵的。詹姆斯·罗德斯的主要作品《自1850年妥协以来的美国史》（History of the United States from the Compromise of 1850）给他带来了极高的荣誉，该书被人们称为是"客观公正的"、"科学的"历史学。凭借此书给他带来的巨大荣誉，詹姆斯·罗德斯于1898年当选为美国历史协会主席。其另一部著作《美国内战史：1861—1865》（1917）还获得了普利策奖。参见 http://www.britannica.com/EBchecked/topic/501627/James—Ford—Rhodes。

② 爱德华·钱宁（Edward Channing，1856—1931），美国著名历史学家，其扛鼎之作——6卷本的《美国史》被人们称为"伟大的作品"，并于1926年获得普利策历史学奖。对其作品的评价，可参见 Edward Channing, A History of the United States, edited & abridged by Davis D. Joyce, University Press of America, 1993, "Introduction: Edward Channing and the Great Work", vii—xxiv。

③ Gerald N. Grob and George Athan Billias, eds., Interpretations of American History: Patterns and Perspectives (Volume I: To 1877), Sixth Edition, New York: The Free Press, A Division of Macmillan, Inc., 1992, p. 379.

④ 詹姆斯·罗德斯的代表作《自1850年妥协以来的美国史》（History of the United States from the Compromise of 1850）最早是七卷本，后来他自己又续写了两卷，因此变成了9卷本。

服。"罗德斯虽然同情北方，但在讨论南方及其制度时，地区主义倾向并不明显。他指出：因为技术的进步，奴隶制曾经繁荣过；轧棉机的使用防止了奴隶制的和平废除；英格兰和新英格兰在奴隶制的保存上起了重要作用；必须把奴隶制度和奴隶主加以区分，后者完全无罪；南方的生活方式并非一无是处；内战起于非人为的因素；内战的结果有积极意义，因为在它的废墟上诞生了近代和统一的美国。从某种意义上说，正是他的这种相对客观中立的史学态度，使他的作品成为推动内战史研究实现实质性转变，进入新时期的标志。[①]

继罗德斯之后，爱德华·钱宁（Edward Channing）认为内战冲突的原因是南、北双方对联邦政策不同的态度，奴隶制只是问题之一。他在其《美国史》一书中强调了南北双方社会组织的差异。南方的基础是奴隶制的农业生产，而北方建立在多种多样的雇佣关系上，在农业、机械制造业和商业中实行工资制度。两者不能共存，要么国家分裂，要么其中一个消失。他认为，对于内战的发生而言，南北两种社会经济制度的差异并不是最重要的，如果南部领导人有足够的智慧和远见的话，1850 年南部获得和平分离的可能性是存在的。但是，正如人们所看到的，南部领导人不是去尽力地改善奴隶劳动制度，并把这种制度限制在棉花种植诸州的范围内，而是选择了通过扩大奴隶制范围的方式，与北部自由工资制度对抗。而扩大奴隶制度的范围，不仅与美国北部，而且与那个时代绝大多数文明世界的经济、社会发展及道德情操是格格不入的。正是南部种植园奴隶主们扩大奴隶制的企图最终引起了内战。[②] 在钱宁看来，到内战前，南部其实也受到了工商业发展的影响，但工商业的发展并没有成为推动他们取得更大进展的积极因素，相反，他们继续待在他们的种植园里，整天闭着眼睛，

① Gerald N. Grob and George Athan Billias, eds., *Interpretations of American History: Patterns and Perspectives* (*Volume I: To 1877*), Sixth Edition, New York: The Free Press, A Division of Macmillan, Inc., 1992, pp. 379—380. 另可参见 Robert Cruden, *James Ford Rhodes: The Man, the Historian, and His Work*, Cleveland: The Press of Western Reserve University, 1961, "Introduction", pp. xi—xiii.

② Edward Channing, *A History of the United States*, edited & abridged by Davis D. Joyce, University Press of America, 1993, pp. 292—293.

满足于计算自己的财富。内战的结果是好的,因为它使美国的工业获得了长足发展。①

　　总体来看,此时之所以能够出现较为客观中立的民族主义学派,除了此时内战已经成为过去的"历史事件",对这一时期成长起来的新一代史学家们的影响甚微外,另一个主要原因就是从19世纪90年代开始,民族情感与民族主义开始逐步代替了内战与重建时期的地域仇恨与地区主义,而成为主流的社会情感与思潮。需要指出的是,尽管民族主义学派非常重视内战在工业发展等方面给美国社会所带来的积极影响,但他们并不关心战后黑人根本没有取得与白人一样的平等权利这样一个事实。与大多数白人一样,他们中的许多人认为黑人就是一个劣等的种族,在美国社会中应该处于从属的地位。②

　　第三,进步主义阶段。20世纪初期,正当民族主义内战史学如日中天的时候,进步主义史学逐渐兴起,并开始对前者的观点提出了挑战。众所周知,进步主义史学兴起于19—20世纪之交美国社会改革时期。进步主义史学家们特别关注当时那些由财富和权力的分配不均而导致的社会问题,进而开始用民主与贵族政治、穷人与富人等冲突史观来重新研究美国历史,以期从中找到解决这些问题的方法。

　　对内战进行全新解读的最有影响的进步主义史学家当数比尔德夫妇。他们凭借1927年出版的《美国文明的兴起》一书,为内战史的研究构建起了一个新的框架。在他们看来,美国历史上充满着因经济利益而引起的"持续不断的冲突",内战就是最典型的例证。在内战起因问题上,奴隶制和南方的分离只是一个用来掩盖其他目的的托辞和借口而已,内战其实是一场社会战争。在内战过程中,北部和西部的资本家、工人、农场主排除了南方种植园贵族在全国政府中的权力,其结果是造成了政府中一个新权力的建立,并给阶级关系、财富

---

① Edward Channing, *A History of the United States*, edited & abridged by Davis D. Joyce, University Press of America, 1993, p. 309.

② Gerald N. Grob and George Athan Billias, eds. , *Interpretations of American History: Patterns and Perspectives (Volume I: To 1877)*, Sixth Edition, New York: The Free Press, A Division of Macmillan, Inc. , 1992, p. 381.

的积累与分配以及工业发展进程带来了巨大的改变。因此，他把这场冲突归结为国家的两个部分为重新分配国民财富而进行的斗争，并认为内战的结果本来是可以不通过武装冲突而达到的。①

与民族主义学派重视内战结果不同，进步主义学者态度鲜明地谴责内战的结果。在他们看来，内战以后，美国经济逐步被那些残酷无情的和不道德的资本家们所控制。这些在战后兴起的"强盗大亨"们只关心自身的扩张，而不关心他们在技术进步的推动下，在"更高效地"利用整个国家的资源来满足自己的一己之私的同时，所造成的极大的社会不公和资源的浪费等问题。② 而这些问题正是进步主义学者们大声疾呼要通过改革努力解决的。

第四，修正主义阶段。20世纪30—40年代，受国内反战思潮的影响，美国内战史学界出现了修正主义学派（Revisionist History）。美国人曾抱着"为民主世界的安全而战"的信念，参加了第一次世界大战，但战后巴黎和会上的幕后交易和所签订的不公正、不平等的《凡尔赛和约》所引起的极权主义和专制政体在许多国家的建立，使许多美国人倍感理想的幻灭，学者们开始对战争进行深刻的反思。③ 在此背景下，以艾弗里·克雷文（Avery O. Craven，1885—1980）和詹姆斯·兰德尔（James G. Randall，1881—1953）为代表的一批历史学家们，在内战问题上提出了新的解释框架，创立了内战史学中的"修正主义学派"。

在内战起因问题上，克雷文和兰德尔等人对此前流行的比尔德主义者的观点（即内战是不可调和的经济冲突的结果）和民族主义者的观点（即内战是奴隶制与自由之间不可避免的冲突）都提出了挑战，对那种认为内战是地区之间分歧不可调和的必然结果的观点提出了严厉的批评。他们否认内战是不可避免的，宣称内战是"无益的战争"，

---

① Charles A. Beard and Mary R. Beard, *The Rise of American Civilization*, 2 Volumes, New York：The Macmillan Company, 1927, Volume Ⅱ, pp. 53—54.

② Gerald N. Grob and George Athan Billias, eds., *Interpretations of American History：Patterns and Perspectives（Volume I：To 1877）*, Sixth Edition, New York：The Free Press, A Division of Macmillan, Inc., 1992, p. 382.

③ Ibid., p. 384.

"是迷途的一代人"的事业。在他们看来，奴隶制不具有扩张性，内战并非起因于奴隶制的扩张问题，而是由"情感异常"（emotional abnormality）导致的愚蠢政治和不负责的极端主义引起的。

在第一次世界大战中刚刚过去的短暂的和平年代里，修正主义者对战争所引起的惨烈的人员伤亡深恶痛绝，对战争有着普遍的醒悟，对和平有着新的认识。他们认为，所有的战争统统都是罪恶的，美国内战也是如此。他们强调南北之间虽然存在着某些差异，但其严重程度绝不至引发战争。内战本来是"可以避免的"或"可以抵制的"，内战是由人为因素引起的，而不是由在基本问题上不可调和的冲突引起的。他们相信有和平解决南北敌对冲突的可能性。克雷文早在1926年出版的《土地枯竭：马里兰和弗吉尼亚农业史中的一个因素》一书中，就试图证明奴隶制经济能够改革自身，战争本来是可以避免的。① 克雷文曾指责说："经济、社会和政治方面的分歧在当时及其后并不意味着南北之间有一种只有通过战争才能解决的不可调和的冲突。1861—1865年州际之间的战争并不简单地是因为一方是农业的而另一方是工业的；也不是因为一方剥削自由劳动者而另一方则剥削奴隶；或者因为一个地区的多数人拒绝尊重少数人的宪法权利。"

克雷文坚持认为，地区之间的经济、社会、政治分歧和奴隶制都不是内战发生的原因，内战之所以发生是因为本来正常的地区之间的分歧被人为放大了，以至于最后无法再用理性的办法加以解决。他指出，目光短浅的政治家、大肆渲染的编辑和执着的改革者们肆意地夸大南北之间的差异，引起了人们之间的恐惧与仇恨，最终人们只能选择杀戮或者被杀戮。② 克雷文相信经济利益把各地区分开，但他并不相信仅仅是这些差别就能够导致战争，而是认为战争是由"地区间的情感、人为煽动的敌视和憎恨造成的"，"……冲突是政治家和虚伪的

---

① Eugene D. Genovese, "The Origins of Slavery Expansionism", in Irwin Unger, ed., *Beyond Liberalism*: *The New Left Views American History*, Waltham, Wassachusetts: Xerox College Pubilshing, 1971, p. 66.

② Avery Craven, *The Coming of the Civil War*, New York: Charles Scribner's Sons, 1942, p. 2.

思想怪异的人（煽动起来的）的结果。这些人彼此之间事实上了解甚少，他们都在和自己虚构的恶魔作战"。克雷文区分了两种奴隶制：一种是现实的，另一种是象征性的。前者是经济层面的，而后者则是心理层面的。他认为，正是心理层面的奴隶制引起了麻烦。他说："前者在我们的地区冲突的研究中几乎可以忽略，因为它没有成为所有地区差异的表征；而后者则使 1830—1860 年的历史的每一页都受到了影响。"① 兰德尔则比克雷文走得更远，他甚至连"战争"一词都拒绝使用，而称内战为"有组织的屠杀"或"人类的屠宰场"。他声称内战是毫无必要的，一切问题都可以通过非暴力的方式加以解决。即使内战不发生，联邦仍会继续存在，奴隶制也会被废除。他用病理学的方法解释内战，忽略南北之间的文化、经济、道德或社会的差异，坚持认为"失常"、"错误的领导"或"过度的野心"才是战争的起因，内战是"愚蠢的一代人"人为地煽动和挑起的，内战的责任应该由那个年代里"浮躁鲁莽的一代"来承担。②

　　克雷文指出，当时主要的争论是关于逃亡奴隶和奴隶制向未定领土的扩展问题，但这个问题所涉及的数字实在是太无足轻重了（1860 年的统计表明，803 个逃亡奴隶中，只有两个在堪萨斯地区），并不足以导致战争，整个问题被放大到一个在重要性上超过其自身限度的问题了。③ 阿兰·内文斯（Allen Nevince）的基本观点与克雷文和兰德尔相同，他认为是低劣的"政治权术"以及政客和政治机器的不当操作使和平调解归于失败，原本可以劝说南方改善和逐步废除奴隶制，说服北方在这个过程中多与南方合作而不是吹毛求疵，使双方坐下来耐心谈判，克制感情，达成妥协。但是双方的"歇斯底里"断送了和平解决的契机。

---

① John Rosenberg, "Toward a New Civil War Revisionism", *American Scholar*, Vol. 38, No. 2, Spring 1969, pp. 250—272.

② James G. Randall, "The Blundering Generation", *Mississippi Valley Historical Review*, Vol. 27, No. 1, June 1940, pp. 3—28.

③ John Rosenberg, "Toward a New Civil War Revisionism", *American Scholar*, Vol. 38, No. 2, Spring 1969, pp. 250—272.

在以克雷文和兰德尔等为代表的修正主义者看来,"极端狂热者"和"蛊惑人心的政治家"的致命罪行,就是他们把现实而具体的问题变成了抽象的东西,因此可能变成不真实的东西。"这一时期开始时的一些正常的分歧逐渐变成了主要的分歧。"于是,当人们允许"他们目光短浅的政治家、他们过于狂热的编辑们和他们虚伪的改革者们对现实的、潜在的分歧施加感情因素,并去推想那些生活在这个国家另一地区的人的被扭曲的形象"时,一场"没有必要的战争"产生了。他们把"正常的美国冲突"变成了"文明之间的斗争。"①

从20世纪30年代起,日益发展的修正主义在历史学界和社会上得到了广泛的接受。这部分是因为人们在"一战"后对战争的醒悟和对和平的渴盼,也反映了人们对美国的失望和信心的丧失,这种情绪在大萧条的30年代的知识分子中间是非常普遍的。尽管修正主义者名义上对南北两个地区的激进分子都加以批评,但他们通常还是把他们最尖锐的谴责留给了北部的激进分子们。在他们的笔下,南部通常被描述为对外部攻击的回应,它的激进分子是由北部激进分子催生的。如兰德尔就对废奴主义者加以指责说,"他们清教主义的复仇力量在政治上是冲突的一个主要原因"。

"二战"以后,修正主义观点仍然有所发展。罗伊·尼科尔斯(Roy F. Nichols)在他的《美国民主的破裂》一书中谈及内战原因时,认为糟糕的政治制度和"极端的感情主义"(hyper-emotionalism)使"不负责任的、盲目的地方政治机器的操作者不顾大众的福利而谋私利,漠视不同的观点和态度,最终导致战争的爆发",盲目和罪恶的情绪煽动是罪魁祸首。另一个带有修正主义色彩的学者肯尼思·斯坦普(Kenneth Stampp)也认为"北方和南方煽动者的宣传"是内战发生的最主要的原因之一,认为战争在1861年本可以而且应当得到制止。他尖锐地指出:"民族主义者可以为联邦的保存下来而欢呼,但美国人所得到的——至少对他们那一代人来说,并不是中产阶级理想的胜利,而是中产阶级邪恶的胜利。

---

① John Rosenberg, "Toward a New Civil War Revisionism", *American Scholar*, Vol. 38, No. 2, Spring 1969, pp. 250—272.

内战最惊人的后果是北方低劣的贵族和南方穷孩子的出现……在美国群众中，没有胜利者，只有被征服者。"①

第五，新民族主义（the"new nationalism"）②阶段。20世纪40年代末和50年代，在经历了反法西斯战争并开始面对与世界共产主义政权的冷战，以及黑人民权运动的高涨的国际、国内形势下，以小施莱辛格（Arthur M. Schlesinger, Jr.）、塞缪尔·莫里森（Samuel El. Morision）、奥斯卡·汉德琳（Oscar Handlin）等人为代表的新一派美国史学家站在道德反思的立场上，对修正主义学派的观点痛加批判。正如约翰·罗森博格所指出的，"与极端邪恶的纳粹德国和现在与另一个极端邪恶的制度——斯大林俄国——之间的冷战的经历，使美国人认为，尽管美国存在着一些小的缺陷，但它是所有西方高贵价值观的代表。美国可能是不完美的，但它理所当然地比其他曾出现过的制度都要好"。③

在内战原因问题上，他们虽然承认废奴运动有经济的原因，但认为"道德的冲动"则是其更本质的问题。作为这一时期新民族主义者的代表，小施莱辛格站在20世纪中叶的"道德"高度上，作出了内战必要性的综合性的论述。在其《杰克逊时代》一书中，他坚持认为，内战主要是一场地区之间的战争，而非一场阶级之间的战争；正是对南方奴隶制度的"道德上的厌恶"，最终使北方走向了战争。④在对内战结果的看法上，新民族主义史学家们认为，内战的结果在某种意义上意味着"人类的进步"、"民主信条的胜利"和"民族团结的实现"。⑤在他们看来，尽管战争本身是不好的，但当一些涉及基

① John Rosenberg, "Toward a New Civil War Revisionism", *American Scholar*, Vol. 38, No. 2, Spring 1969, pp. 250—272.

② 托马斯·普莱斯利教授（*Thomas Pressly*）把"二战"后的一批美国历史学家称为"新民族主义者"，小施莱辛格等人是其典型代表。参见 John Rosenberg, "Toward a New Civil War Revisionism", *American Scholar*, Vol. 38, No. 2, Spring 1969, pp. 250—272.

③ John Rosenberg, "Toward a New Civil War Revisionism", *American Scholar*, Vol. 38, No. 2, Spring 1969, pp. 250—272.

④ Arthur M. Schlesinger, Jr., *The Age of Jackson*, Boston: Little, Brown and Company, 1945, pp. 505—506.

⑤ Ralph Barton Perry, *Puritanism and Democracy*, New York: The Vanguard Press, 1944, p. 144. 另可参见 Thomas J. Pressly, *Americans Interpret Their Civil War*, p. 343.

本的伦理道德的问题无法妥协时,战争便是不可避免的。内战涉及伦理道德的问题,它的爆发毕竟比奴役劳动得以保存要好。如果不发动这场战争,那将是更大的罪恶。① 1949 年,小施莱辛格在《党派评论》上发表了一篇颇有影响的文章,对内战修正主义者进行了攻击。他说,历史学家在理解过去时,既需要客观性,也需要同样的道德敏锐性。"由于自己对奴隶制没有道义方面的洞察力,修正主义者不能感受到引起奴隶制危机的强烈感情。"换句话说,"因为修正主义者自己没有感受到奴隶制在道义上的暴行,所以他们悲叹那些感受到道义暴行的人是极端狂热分子,或者把他们的感情漠视为人为的感情和宣传的产物"。

面对修正主义者对废奴运动及废奴主义的抨击,小施莱辛格不屑一顾地指出,"说内战前美国不应该有废奴主义者,就好像说 20 世纪 30 年代不应该有反纳粹主义者或今天不应该有反共产主义者一样"。这里,小施莱辛格并不仅仅是为废奴主义者辩护,他还试图证明废奴主义者所发动的战争是正当的。对修正主义来说,战争是"没有必要的"和"可以抑制的",因为地区冲突并不是根本性的,内战是失去理性的极端分子和"笨拙的一代"的政治家们所煽动的人为结果。但是,对小施莱辛格来说,这场战争却是善良和邪恶之间不可避免的冲突,"因为奴隶制的扩张——像法西斯的扩张一样,是一种使道义选择不可避免的侵略行为"。既然反抗比绥靖更好,战争也仅是道义选择而已。因此,在小施莱辛格看来,内战是"一个'不可抑制的冲突',因此是一场正义的战争"。②

莫里森同样认为,内战涉及伦理道德的问题,它的爆发毕竟比奴隶制得以保存要好,如果不发动这场战争,将是更大的罪恶。他还指出,鉴于人的自私性和"原罪"本质,武装冲突有时是必要的。汉德琳批判了内文斯,指责他根本不了解"对自由制度的渴望与对奴隶制的狂热是截然不同的"。总体来看,新民族主义者用战争的道义需要

① Gerald N. Grob and George Athan Billias, eds., *Interpretations of American History*: *Patterns and Perspectives* (*Volume I*: *To 1877*), p. 386.

② John Rosenberg, "Toward a New Civil War Revisionism", *American Scholar*, Vol. 38, No. 2, Spring 1969, pp. 250—272.

的信念代替了修正主义者对内战必要性的指责；用对废奴主义者对邪恶的有力反对的大加赞扬，代替了修正主义者对他们的非理性的极端主义的批评。因此，与修正主义者不同，新民族主义者相信"在追求正义的过程中，温和并不是美德，为自由而战的激进主义也并不是邪恶"（哲学家威廉·德雷语）。①

　　显然，新民族主义史家们受到了第二次世界大战后新的战争观念的深刻影响。在经历了反希特勒的热战战火的洗礼，又经过反斯大林的冷战的磨砺后，他们开始对美国和战争持一种与30年代明显不同的观点。于是，在他们的笔下，战争被描述成维持美国人民主自由生活方式的重要手段，内战开始被作为走向更完美的民主、更有力的联邦的必要一步来颂扬。莫里森就曾指出："我们必须承认，在美国人看来弥足珍贵的几项事业，如独立、自由、联邦和西部的扩张，都是通过战争取得的。社会历史学家不能忽视战争和暴力在美国社会中所起的重要作用。"②这种对战争的看法，使新民族主义史学家们对进步主义学派和修正主义学派的反战言论极其不满，从而推动他们从新的角度去反思内战。

　　上述五个时期的美国史家，在对待内战起因、性质及奴隶制的问题上的观点各有其特点。从内战结束后的诸地区主义学派的"观点纷争"到20世纪初民族主义学派对奴隶制的反对、对内战的普通颂扬；再从20世纪30—40年代修正主义学派对内战的谴责、对奴隶制危机的淡化到40—50年代批判主义学派对内战性质和结果的重新肯定和对奴隶制的激烈抨击，美国史学在内战史这一领域里表现了与整个美国史学发展历程同样清晰的阶段分明，流派林立、更迭的特点。这些泾渭分明的学术观点无疑都打上了不同时代的深深印迹。

　　到了20世纪60年代，在社会激烈动荡的大背景下，以冲突理论为指导、以变革美国传统社会为旨志的"新左派"史学勃然兴起于美国史坛，作为常常被新保守主义史学家们的"和谐理论"极力回避的内

---

　　① John Rosenberg，"Toward a New Civil War Revisionism"，*American Scholar*，Vol. 38，No. 2，Spring 1969，pp. 250—272.

　　② Samuel Eliot Morison，"Faith of a Historian"，*The American Historical Review*，Vol. 56，No. 2，Jan. 1951，p. 267.

战与奴隶制度问题，理所当然地首先进入了他们反思与批判的视野。在这一问题上，"新左派"史学有两个主要的代表人物，即著名的奴隶制史学家尤金·吉诺维斯（Eugene Dominick Genovese）和约翰·罗森博格（John Rosenberg）。从他们的观点中，我们可以清晰地感受到"新左派"激进史学家们在这一问题上有代表性的重新思索。

二　约翰·罗森博格对内战"合理性"的批判

一般来说，传统的马克思主义左派通常把内战看作美国历史进程中的一个基本阶段，是消灭黑人奴隶制的必需的一步。他们在某种程度上和此前颇为理直气壮的新民族主义者一样为联邦和它的胜利而欢呼，认为联邦的事业是进步的，内战促进了美国国家的发展。[①] 但是，在60年代的国际、国内大背景下，一些"新左派"学者开始对内战有了一种新的不同的评价，并引起了人们的关注。约翰·罗森博格可以说正是他们的代表。

1969年，约翰·罗森博格在《美国学者》（American Scholar）上发表了一篇重要文章，[②] 清晰地表达了他作为一个"新左派"史学家

---

① 美国内战发生以后，马克思、恩格斯和列宁等都认为美国内战具有"极伟大的、世界历史性的、进步的和革命的意义"，"美国反对奴隶制的战争将开创工人阶级取胜的新纪元"。此后，大多数国外马克思主义学者，包括前述美国的许多民族主义学者也都倾向于把美国内战看作"美国的第二次资产阶级革命"，认为北方资产阶级依靠人民群众的革命力量，消灭了南部奴隶制，为资本主义的进一步发展扫清了道路，具有积极的意义。他们的这种观点后来遭到一批美国"新左派"史学家们的批驳。他们认为，对美国社会而言，内战并没有起到应有的推动美国社会进步的作用，美国人民在内战中所付出的巨大代价并没有换来他们真正的想要的东西。本部分将予以关注的约翰·罗森博格，即持此观点。此外，尤金·吉诺维斯也对马克思和恩格斯对内战的相关论述表示了异议，认为他们对内战的分析并不能让人满意。就国内学界对美国内战史的研究而言，一般也倾向于传统马克思主义的观点，认为美国人民（包括美国黑人）是革命的战斗力量及革命动力，推动战争不断向前发展，最终取得胜利，完成了资本主义制度战胜奴隶制度这个社会发展的飞跃。参见刘绪贻《美国内战史》，人民出版社1978年版；杨生茂《林肯与黑人奴隶的解放——一个评价》，《南开大学学报》1978年4期合刊；陈海宏《马克思论美国内战》，《军事历史》1997年第1期；李厚银《林肯与美国内战》，《岱宗学刊》1999年第2期等。

② John Rosenberg, "Toward a New Civil War Revisionism", American Scholar, Vol. 38, No. 2, Spring 1969, pp. 250—272.

在内战问题上与众不同的观点。在文章开篇，他首先指出了内战之所以长期以来在美国史学界受到大家的关注的原因。他借罗伯特·潘恩·沃伦的话指出，"内战是我们仅能'感受'到的历史——它活在我们这个民族的思想里"，"只有有了内战，我们才成为一个国家"。①罗森博格认为，正是在这个根本的意义上，内战并不像查尔斯·比尔德等人所坚持的那样是"第二次美国革命"，它更可以说是第一次美国革命。因为"作为美国国家特性的源泉，有更持久影响力的是我们的内战，而是我们脱离英国的分离战争；塑造美国个性的不是缔造者（founder）华盛顿，而是拯救者（savoir）林肯"。于是，每一代人都感到有必要去重新解读内战。

罗森博格指出，长期以来，在不同时期的史学家们对内战所作的连续不断的解读中，有两个主要的问题，即种族和战争问题。职业历史学家和普通公众看待这两个相伴的主题的方式，与他们对内战的理解和评估方式有着很大的关系。于是，20 世纪两种主要的解释，受到了当代对黑人和美国参加两次世界大战的态度的深刻影响。在他看来，20 世纪 30—40 年代的修正主义者对内战的解释受到了第一次世界大战及其后果的严重影响，他们大多漠视美国黑人问题、对战争有着深刻的反省；而 50 年代前后的新民族主义者们对内战的肯定则明显从美国在第二次世界大战和冷战中，分别对邪恶的法西斯主义和独裁的斯大林苏联的反抗经历中吸取了教训。罗森博格对以上两种对内战的解释和评价都表达了程度不同的不满。在 60 年代越南战争与国内黑人民权运动高涨的情况下，他认为应该对内战有一种新的评价。正如他所指出的，"当我们进入内战后的第二个世纪时，美国黑人迟迟得不到解决的困境和美国民族主义对世界其他地区所施加的破坏性

---

① 参见 Robert Penn Warren, *The Legacy of the Civil War: Meditations on the Centennial*, New York: Random House, 1961, pp. 3—4. 罗伯特·潘恩·沃伦（1905—1989），美国著名诗人、小说家和文学批评家。在其于 1961 年出版的重要著作《内战遗产：百年沉思》中，他深刻地指出："从最深层的意义上看，内战前，我们是没有历史的。……独立战争所缔造的只是一个仅仅停留在文字意义上的国家。……只有有了内战，我们才成为一个国家。内战是我们仅能'感受'到的历史。"

影响，使人们对内战的合理性提出了严重的挑战”。于是，他正式提出在内战问题上应该有一种“新修正主义”（a new revisionism）。

罗森博格所谓的“新修正主义”并不是要对内战进行重新解释，而是要对它进行重新评价。他指出：“相信战争是不合理的那些前修正主义者们想要表明，它（内战）曾是可以避免发生的，因此他们谴责那些没有防止它发生的那一整代人。然而，新修正主义将无意对这场战争进行新的历史解释；他们将公开地对当今美国人看待这场战争的方式表示关注。他们将不会因战争的灾难而谴责1861年的那一代人，因为这场灾难已经超出了他们的能力范围，他们无法阻止它的发生。”“新修正主义将关注当今的态度，而非历史的不可避免性这个老问题。”① 由此可以看出，罗森博格并不想在内战是否可以避免这个老问题上花费太多的口舌，他更多地把自己的注意力放在了从他那个时代的背景出发，对内战是否合理这一问题的考察上。

在罗森博格看来，承认历史人物在许多情况下不能明智地如人们所期待的那样去行动（即避免内战的发生）是一回事——人们可能对他们报以同情，因为他们被毫无希望地拖入了一张民族主义和奴隶制的大网之中，但像新民族主义者那样去颂扬他们的行动则是另一回事。以罗森博格为代表的新修正主义者正是对小施莱辛格等新民族主义者“颂扬他们的行动”的这个“另一回事”提出了严厉的批评，对当时他们颇为流行的观点，即“那场灾难（内战）是非常值得的、情有可原的；内战是一件好事情”② 的观点表示了强烈质疑。在他看来，现在的问题不是与奴隶制存在或南部脱离联邦相比内战原则上是不是一个道义上的不幸，而是实际上已经发生的内战是否应该因它所阻止的或所得到的东西而被合理化的问题。他说：“人们可能和我一样相信内战是不可避免的，但仍然相信它是一个不能用现代的战争目标或它自己的结果证明为正当合理的悲剧。因此，新修正主义将不会

---

① John Rosenberg, "Toward a New Civil War Revisionism", *American Scholar*, Vol. 38, No. 2, Spring 1969, pp. 250—272.

② 参见前述相关论述。

像小施莱辛格那样从它的不可避免性推导出它的合理性来。"①

罗森博格是从奴隶制和联邦这两个争执较大的焦点问题上，对新民族主义者的"内战合理性"观点进行犀利的批驳的。他说，新民族主义者声称，内战废除一个并保存了另一个是合理的；新修正主义则不这么认为。首先，认为仅仅是违背其大多数居民的意愿而保留下来的美国（联邦）并不能证明所有的牺牲都是合理的②；其次，这个国家的黑人地位的有限改善与为此而牺牲的那些生命的代价相比，也并非物有所值。

罗森博格首先就后一个问题，即"是否有足够真实的进步来证明那些为实现它而付出的可怕的牺牲是合理的"进行了详细的阐述。在他看来，那些认为内战是合理的人之所以这样认为，首先是认为它解放了黑人奴隶，在美国消灭了奴隶制度，从而为内战涂上了一层美丽的道义的色彩。他们认为战争在这方面的结果起码已经支持了它的支持者。实际情况是这样的吗？罗森博格对此不敢苟同。他一针见血地指出，北部发动内战的主要目的并非是解放广大的黑人奴隶，从而彻底打碎长期以来套在他们身上的奴隶制的枷锁，而是保留被他们视为"正义"和"进步"事业的化身的联邦。后来在战争进行的过程中之所以宣布对黑人奴隶进行解放，完全是因为赢得战争的需要，对奴隶制的废除在某种意义上只是这场为保留联邦而进行的战争的副产品而已。对于这一点，纽约《论坛》就明确宣称"这场战争实际上是一场保存联邦的战争，而不是为了消灭奴隶制"。林肯反复声明他无意干涉奴隶制，而广受尊敬的马萨诸塞州斯普林菲尔德地区的《共和党人》则更是写道："如果说这个政府还有其他让人尊敬的地方的话，那就是它发誓不干涉这些州的奴隶制。"

罗森博格指出，直到1862年8月，林肯对他的目的的阐述仍是明确而毫不含糊的。在他对贺瑞斯·格雷利（Horace Greeley）关于解

---

①　John Rosenberg，"Toward a New Civil War Revisionism"，*American Scholar*，Vol. 38，No. 2，Spring 1969，pp. 250—272.

②　罗森博格认为，不仅"南部邦联"的大多数民众反对以北部为代表的美国联邦的存在，而且就是积极支持战争的大多数北部废奴主义者的最初目的也只是解放黑人奴隶，而非保留联邦。关于这一点，下面还将详细论述到。

放奴隶的倡议的著名回复中，这位将以"伟大的解放者"而著名的总统写道："我在这场斗争中的最重要的目标就是拯救联邦，而不是去拯救或破坏奴隶制。如果我能够在不解放任何奴隶的情况下拯救联邦，我将这样做；如果我能够通过解放所有的奴隶而拯救联邦，我将这样做；如果我能够通过解放一些奴隶而置另外的一些于不顾的方式拯救联邦，那我也将去那样做。"① 正如那些倾向于战争的废奴主义者所预言的那样，林肯最后的确决定他不得不解放奴隶，或者解放一部分奴隶，以拯救联邦（的确，他给格雷利的信恰好写于他签署第一个解放宣言草案一个月之后），而他所签署的解放黑人奴隶的宣言仅仅应用于南部那些与联邦尚在交战之中的地区，而不应用于那些处于联邦控制之下的地区这一点，也正雄辩地说明了内战在解放黑人奴隶方面的虚假和伪善。② 正因如此，就是在那些强烈支持战争的废奴主义者中，也有人认为北部的事业并不是那么神圣的，他们对许多自己曾经的同伴似乎变得对拯救联邦而不是对解放奴隶更感兴趣这一事实感到极其失望。③

---

① John Rosenberg, "Toward a New Civil War Revisionism", *American Scholar*, Vol. 38, No. 2, Spring 1969, pp. 250—272.

② 刘祚昌教授在他发表于20世纪60年代的《林肯解放奴隶的历史真相》一文中所持的观点，可以说是与罗森博格的这一观点相暗合的。他认为，林肯颁布《解放宣言》是出于当时客观形势的需要，其目的并非是为了广大黑人奴隶本身的利益，而是为了赢得战争，打击南方叛乱者，恢复联邦的统一，归根到底是为了北方资产阶级的利益。通过分析，他认为林肯所颁布的这一《解放宣言》是极端有利于奴隶主阶级，而不利于黑人的，这是"一次不利于解放者的解放"。作者最后通过对黑人在内战中的伟大作用的叙述，指出黑人是依靠自己的力量从奴隶制度下解放的。这又与罗森博格接下来要论述的奴隶能够通过自身斗争改变自己的处境的观点不谋而合。参见刘祚昌《林肯解放奴隶的历史真相》，《史学月刊》1965年第8期。

③ John Rosenberg, "Toward a New Civil War Revisionism", *American Scholar*, Vol. 38, No. 2, Spring 1969, pp. 263—264. 此处，罗森博格以George Bassett和Moncure Conway等废奴主义者为例，有力地说明了当年许多废奴主义者对这场后来只是为了拯救联邦，而不是为了解放黑人奴隶而进行的战争的失望与愤怒。特别是Moncure Conway，当他看到自己的许多同伴不再对解放黑人奴隶，而是对拯救联邦更感兴趣时，他决然地离开美国去了英国，并且对当时在伦敦的"南部同盟"的驻英使节说，如果"南部联盟"解放黑人奴隶的话，废奴主义者将不再支持北方进行这场战争。

在罗森博格看来，人们的这种"极其失望"主要来自于对那种仅仅为了军事需要的目的而给予（黑人奴隶）的自由的质量有着深深的疑虑。这也正是他本人所重点关注和忧虑的。他认为，作为一种"战争的需要"而给予奴隶们的解放，其动机本身的不纯洁性注定了其后的一切将走向错误。战争给北方所留下的是因制止了南方的脱离而带来的"讨厌的道义上的自豪感和成就感"，以及因发动了一场"高尚的讨伐"所获得的道义上的力量，而广大的黑人奴隶们在"没有真心与良知"的解放宣言的鼓动下，付出的巨大代价所换来的只是一种表面的、虚假的自由与平等而已，他们并没有得到真正的解放。罗森博格指出，正如在解放奴隶问题上没有良知一样，在战后重建的立法问题上也很少有良知。大量证据说明，大多数的重建立法者主要关心的是北部的白人，而不是南部的黑人。第一个重建法令主要不是为保护黑人权利和为黑人提供平等而设计的，它的主要目的是把南部诸州置于忠于联邦的人的控制之下。而那些制定第 15 条修正案的人则更关心对北部大多数共和党人的保护（那里绝大多数州仍然拒绝给予黑人投票权），而不是南部黑人的民权。冯·伍德沃德曾指出第 15 条修正案"暴露出的是更多的狡猾"，罗森博格完全同意他的这种看法。

罗森博格上述对内战在解放黑人奴隶方面的指责，并不代表他对这场战争在促进黑人奴隶命运转换方面所具有的道义和作用的完全否定。他说，"我对在没有战争来解放他们的情况下的黑人的命运不抱有任何幻想。如果我是一名黑人的话，我也不会怀疑这场战争的作用和道义。这是可能的。""但问题不在于黑人今天的状况是否比如果没有战争时他们的状况更好（我们姑且可以认为他们的状况比假如没有战争时更好），问题是，我们的社会所乐于给予他们的自由的质量和数量，是否足够证明为每六个获得自由的奴隶而付出的一个人的生命的代价是值得的？每个人必须计算出他自己关于战争的道德等式……"① 在这种深邃的思索之后，罗森博格和身处 20 世纪 60 年代

① John Rosenberg，"Toward a New Civil War Revisionism"，*American Scholar*，Vol. 38，No. 2（Spring 1969），pp. 250—272.

此起彼伏的黑人民权运动浪潮之中的其他睿智的美国人一样，"除了认识到战争本身至少和任何人类的敌人或意识形态的敌人一样是邪恶的外，开始降低仅仅是法律意义上的改革的重要性，这种改革对绝大多数人民的生活只有非常有限的影响"。"在解放奴隶 100 多年之后，以及布朗决议及几个民权法令颁布 10 多年之后，显然还需要多得多的法律上的变革才能构成真正的进步。"为此，罗森博格发出了"现在去证明为了一个可怜的形式主义的、不彻底的解放而付出 60 万人大屠杀的代价是合理的，是多么天真啊！"的强烈慨叹。①

从根本说，罗森博格正是按照他自己心中的"战争道德等式"计算，最终得出了内战在解放黑人奴隶、废除奴隶制方面的不合理性这个结论的。他认为，与战争所造成的巨大代价相比，奴隶获得解放的另一条道路也许要好一些，那就是奴隶起义。在他看来，如果没有内战的发生，黑人奴隶凭借自身的斗争，也会在将来的某一时刻通过自身的斗争实现自己真正自由、平等的梦想。而不是像内战那样，在巨大代价的基础上带给他们的只是"作为他们的压迫者之间互相争吵的结果而支离破碎地得到一些"。在这里，他还批驳了那种认为"黑人个性是温顺而知足常乐的，因而奴隶起义是不可能发生的"谬论。他以海地的奴隶

---

① John Rosenberg，"Toward a New Civil War Revisionism"，*American Scholar*，Vol. 38，No. 2（Spring 1969），p. 266. 长期以来，在美国史学界被广泛引用的内战死亡人数是 62 万名士兵和 5 万平民，这个数字占了当时美国总人口的 2.2%。但近年来，有一些美国史学家开始不断质疑这一伤亡数字，美国纽约州立大学宾厄姆顿大学以擅长计量方法著称的 J. 大卫·海克尔（J. David Hacker）根据刚刚公布不久的 19 世纪人口普查的微观采样数据，认为内战中的死亡人数此前大约被低估了 20%，实际的死亡人数可能是 75.2 万，上限甚至有可能达到 85.1 万。参见 J. David Hacker，"A Census—Based Count of the Civil War Dead"，*Civil War History*，Vol. 57，No. 4，December 2011，pp. 307—348. 此外，哈佛大学的校长德鲁·吉尔平·福斯特（Drew Gilpin Faust）2008 年在其重要著作《苦难的共和国：死亡与美国内战》（*This Republic of Suffering：Death and the American Civil War*）中也认为，由于当时南北双方军队都没有完善的人事档案，也没有一套鉴别和计算伤亡和逃亡人数的程序，因此，长期以来人们对内战死亡人数的认定只是一个粗略的估计。在她看来，内战中士兵的死亡数几乎是独立战争、1812 年英美战争、墨西哥战争、美西战争、第一次世界大战、第二次世界大战和朝鲜战争中美军死亡人数的总和。此外，内战还因战争、疾病与饥饿而造成了大量的平民死亡。参见 Drew Gilpin Faust，*This Republic of Suffering：Death and the American Civil War*，New York：Knopf，2008，pp. 250—265。

起义为例来说明南部的黑人奴隶其实与海地奴隶一样有着强烈的反压迫、反殖民主义的情绪与倾向，认为尽管当时不会有一场奴隶起义，但如果因此就认为"它是不可能发生的"，那显然是愚蠢的。罗森博格甚至还认为，如果没有内战和假设中的奴隶起义，与内战所付出的巨大代价相比，情况也不会差到哪里去。他说："即使一个独立的南部与南非类似，我们仍然有余地提出这样的疑问：美国与南非黑人的状况之间的差距是否已经大到如此地步，以至于牺牲超过 50 万人的生命也是合理的？我们难道如此习惯于有组织的暴力，以至于毫无疑问地自动接受了这样的结论：尽管它只是松动了一下奴隶制的枷锁，内战也是合理的？难道我们能够如此自信地认为从种植园到黑人贫民区的转变对一场野蛮战争所造成的死亡和破坏来说是合理的吗？"[1]

在罗森博格看来，在美国，黑人被允许得到的很少的一些进步几乎全部发生在刚刚过去的 15 年里，而不是发生在内战以来的整个 100 年里。而黑人在这 15 年里所取得的一些有限的进步，可能更多地"是工业发展和我们在两次世界大战期间的经历所带来的"。[2] 面对有人认为内战阻止了奴隶制对未定土地的扩展，或南部的和平脱离可能永久性地阻碍工业和技术的进步，从而证明内战是合理的狡辩，罗森博格指出，1865 年的解放加速了工业和技术进步的进程是可能的，但这与说"如果没有内战，黑人状况的改善是不可能的"是完全不同的两个问题。

在从解放黑人奴隶的虚伪性、黑人获得自由的表面性和有限性等方面论述了内战不具有合理性以后[3]，罗森博格开始转向对新民族主

---

[1]　John Rosenberg，"Toward a New Civil War Revisionism"，*American Scholar*，Vol. 38，No. 2，Spring 1969，pp. 250—272.

[2]　Ibid.，pp. 266，268.

[3]　耶鲁大学南部史专家 C. 伍德沃德（C. Van Woodward）曾在其于 1951 年出版的《新南部的起源》一书中指出，激进重建在南部的革命性建树是短暂的，其影响是微弱的。所谓"新南部"，并不是一个经过革命洗礼的新世界，而只是一个"换汤不换药"的旧天地，政治文化与种族关系依然如故。罗森博格对内战合理性的批判可以看作对此类观点的延续与发展。参见 C. Van Woodward，*Origins of the New South*，1877—1913，Baton Rouge：Louisiana State University Press，1951，1971。

　　义者关于内战合理性辩解的第二个方面的批驳，即它保存了美国联邦，因而是合理的。他认为这个问题更容易对付。

　　罗森博格指出，从清教徒试图在山巅建立他们的城市到现在，美国人就宣称他们的国家在道德上是与欧洲相分离的；在他们关于美国的观念中，评论者都指出了纯洁和美德，以及没有老世界的罪恶和腐败的本质。他借罗伯特·潘·沃伦之口指出："从一开始，美国人就抱有足够的、自以为是的道义自豪感；……从一开始，美国人就有一种把自己的土地视为各个国家中的圣地的倾向，内战带着让人快乐的胜利和美德，把这种倾向转化为和独立宣言一样神圣的东西。"而对希特勒和斯大林专制的反抗，强化了那种在这个罪孽深重的世界上美国是善良而仁慈的观念，这种观念反映在新民族主义的历史学中。①他认为，那些以莱因霍尔德·尼布尔（Reinhold Niebuhr）的伦理学和哲学为其理论基础的自由主义者——小施莱辛格是其典型代表——在对美国历史的看法中，存在着一个很大的矛盾：他们一方面对人类和历史抱着悲观的观点，另一方面又与此不协调地对美国抱以乐观和赞赏的态度。他们往往似乎把历史看成是善良、完美的美国与各种敌人——南部、德国、俄国——的对擂，而它们都是极端邪恶的。②因此，在罗森博格看来，小施莱辛格等顽固的自由主义者对内战的解释是由对这样一种信念的鼓吹形成的，即邪恶的严重现实使冲突成为必要，要不惜一切代价保护联邦。

　　小施莱辛格曾指责克雷文和兰德尔等修正主义者是试图逃避严重的道义需求的"多愁善感者"（sentimentalist），他们相信"邪恶将随着进步而消失，政治因此并不迫使我们必须去作出决定并进行斗争"。但是，在罗森博格看来，小施莱辛格等新民族主义者现在看起来同样是感情用事的（Sentimental），因为他们相信整个战争是道德的，美国不会犯错。罗森博格指出，如果修正主义者因为信仰进步就被认为是"多愁善感者"的话，尼布尔自由主义者当然同样是感情用事的，

---

　　① John Rosenberg, "Toward a New Civil War Revisionism", *American Scholar*, Vol. 38, No. 2, Spring 1969, pp. 250—272.

　　② Ibid., pp. 250—272.

因为他们把他们的信仰给了美国；如果修正主义者对于"内战是可以避免的"表示乐观的话，那么，小施莱辛格和他的志同道合者同样会乐观地相信：美国进步的前进过程将证明这条道路上的所有牺牲都是合理的。罗森博格不能苟同小施莱辛格等人的观点，他说："尽管有人对美国进行赞扬，但美国近来的所作所为却无法使人相信，它的保存下来值得另一代人付出任何代价。……已经非常清楚的是：我们是一个和所有其他国家一样的国家。作为一个大国，我们并不比其他大国在行动中更有道义性。"① 这样，罗森博格就从美国与其他大国一样并不具有天然的道义性的角度，驳斥了新民族主义者用联邦得以保存而替内战寻找合理性的企图。

客观来说，罗森博格对内战所作的新修正主义的重新评价，和历史上所有对内战的不同解释一样，深深地扎根于他所在的那个特殊的时代。20世纪60年代，越南战争所造成的巨大人员伤亡正引起人们对所有战争的正义性的普遍反思；广大黑人民众所遭受的随时可见的贫困与歧视，则让每一位有良知的美国公民自然而然地开始对此前被广为宣传的内战在解放黑人奴隶方面的进步性产生怀疑。与此前的修正主义者和新民族主义者一样，罗森博格对内战的评价也是从一种道德反思的高度进行的，但他的这种道德反思的着眼点又与前两者有所不同。我们以为，以克雷文和兰德尔为代表的30—40年代的修正主义者道德反思的重心是战争本身，认为所有的战争都是邪恶的。他们并没有太多地关注广大黑人奴隶的困境，也不重视内战是否给黑人奴隶带来了什么自由与进步，因此坚持认为一场因黑人奴隶的地位问题而起的战争是"非理性的"和"不必要的"。50年代前后，以小施莱辛格为旗手的新民族主义者对内战进行道德反思的重点，则侧重于内战对奴隶命运的改变及对美国国家发展的促进上。他们非常积极地关注私有奴隶制的道德败坏问题，极力想证明内战在消除这个道德败坏问题上所具有的合理性。而到了60年代，作为"新左派"史学在内

---

① John Rosenberg, "Toward a New Civil War Revisionism", *American Scholar*, Vol. 38, No. 2, Spring 1969, pp. 250—272.

战史领域的代表，罗森博格所主张的"新修正主义"与上述二者在道德反思的侧重点上又有所不同。他不再关注内战是否是可以避免的这个老问题，而是更多地站在人文关怀的高度上对内战的合理性（即内战是否是应该避免的问题）提出了强烈的质疑。

罗森博格的这种人文关怀首先体现在他对内战结束100百年后，美国黑人奴隶们所继续遭受的贫穷与种族歧视等艰难处境的深深忧虑与不安。在罗森博格看来，广大的黑人群众并没有获得发动内战者所承诺的真正的自由与进步，迄今为止也没有人真正关心过他们的痛苦，内战在促进他们的解放与自由方面根本没有什么合理性可言。很显然，作为一个白人，罗森博格把他的人文关怀首先给了那些依然处于困境之中的黑人们。其次，他的人文关怀还重点体现在他对那些死于100年前的那场内战灾难中的60万亡灵的深深悼念之中。正是通过对内战在解放黑人奴隶和保留联邦两个方面所取得的所谓"成果"的驳斥与批判，罗森博格表达出了自己对内战所造成的这种巨大的人员伤亡代价的极大愤怒，进而得出内战根本不具有合理性的结论。①

从罗森博格以上两方面的人文关怀中，我们不仅对美国内战的性质、意义等相关问题有了进一步的新的认识，更可以清晰地感受到他作为"抗议一代"或"持异议一代"的60年代"新左派"青年学者对现存制度压抑的厌恶与反抗、对社会正义与公平的重视与追求。这显然是与他所处的那个时代特点密不可分的。从某种意义上看，罗森博格对内战合理性的批判可以说是对20世纪60年代美国民权运动在史学上的呼应，他无疑是在用自己手中的笔为轰轰烈烈的民权运动摇旗呐喊。

如前所述，在对内战的反思上，罗森博格所主张的新修正主义与以克雷文和兰德尔等为代表的老修正主义截然不同，在第一次世界大

---

① 除罗森博格外，其他一些"新左派"史学家也对内战在解放黑人奴隶方面的保守性提出了批评。在他们看来，内战虽然正式结束了美国黑人的奴隶身份，但解放宣言并未同时承认要将过去的奴隶提升到平等的地位。内战以后，美国黑人仍然处于受压迫、受剥削的悲惨境地。参见［美］拉菲伯《美国人对机会的寻求：1865—1913》，载［美］孔华润（沃沦·I. 科恩）主编《剑桥美国对外关系史》（上），新华出版社2004年版。

战后的特殊环境里，老修正主义者重点从战争所造成的巨大破坏来反对战争本身，他们追究的主要是内战发生的原因。最终，他们把抨击的矛头指向了包括林肯政府在内的那"浮躁鲁莽的一代人"，表达了自己对 19 世纪 60 年代那一代政客及好战者的不满。而罗森博格所主张的新修正主义在反思内战时，则主要是从 20 世纪 60 年代诸多的社会问题出发，深刻反思了当代美国人看待内战的方式和态度以及内战到底给美国社会带来了什么，最终把自己的批判矛头指向了当今的社会现实。① 二者的着眼点与学术旨趣完全不同。

罗森博格本人也清醒地认识到他对内战所作的这种新修正主义的重新评价是源于他那个时代的，他甚至希望将来的某一天能有一种新的评价来代替它。正如他所指出的，如果黑人将来获得了重要的收获，而且这些收获被证明是依赖于 1865 年的解放，那么，战争的代价应该被认为是合理的。他坦率地指出，他本人也愿意看到这样的情况出现，可是，就目前的情况来看，"不幸的是，它（新修正主义）的确看起来是适合于我们这个时代的"。在他看来，如果林肯今天还活着的话，应该也会支持他的这个观点。因为在盖茨堡（Gettysburg）的一次演说中，他（林肯）曾郑重地要求他的听众与他一起下定决心，使"这些死亡者不会白死，这个国家在上帝的指引下能有一个自由的新生，并且使这个民享、民有、民治之政府在地球上永远不会消失"。而现在的情况是，这个政府的确没有在地球上消失，但那个"自由的新生"却从未出现。我们不得不悲哀地得出这样的结论：那些死亡者死得的确是毫无意义的。②

作为 20 世纪 50—60 年代期间发展起来的一个新的史学流派，美国"新左派"史学以改革美国社会为目的，从当时的社会现实需要出发，对广大下层民众的生活进行了广泛的考察，自下而上地对美国社会提出了一系列批评，试图以此找寻到解决美国现实问题的历史良方。正如布雷塞赫所指出的那样，"在'新左派'史学家看来，（新

① John Rosenberg, "Toward a New Civil War Revisionism", American Scholar, Vol. 38, No. 2 (Spring 1969), p. 260.
② Ibid., pp. 250—272.

保守主义史学）那种死气沉沉的或改良主义的历史必须为革命的历史所代替，以教导社会的每个成员关注过去的错误，认清并消除现在仍然存在的那些有害的制度上的残渣"。① 由此，我们可以看出，作为"新左派"史学的代表，罗森博格对内战合理性的反思与批判从一开始就具有强烈的现实考量——表面上看，他质疑的只是发生在 100 年前的那场内战有没有合理性的问题，批判的是 19 世纪 60 年代林肯政府在解放黑人奴隶等方面的虚伪性，但实际上，他手中高高举起的批判的鞭子却生生地落在了 20 世纪 60 年代的美国政府和社会的身上。无疑，他正是通过这种对历史的质疑，深刻批判并否定了那个一直以来被新保守主义史学家们歌颂成"和谐社会"的现实，从而达到自己呼吁社会变革，促进社会进步的目的。俄国诗人普希金曾把古罗马史学家塔西佗的著作称作"惩罚暴君的鞭子"，今天，我们发现，罗森博格在内战问题上所作的"新修正主义"的深刻反思，对 20 世纪 60 年代的美国社会而言，似乎同样是一条无情的鞭子——它高高举起，抽向内战时期的林肯政府，却真切地疼在 20 世纪 60 年代的每一个美国人的心里。

三　尤金·吉诺维斯的奴隶制研究

尤金·吉诺维斯（1930—　　）是美国"新左派"史学颇为引人注目的奴隶制史学家，对内战亦有相当的研究。他自称是马克思主义者，但又对传统马克思主义的理论及其对美国南部奴隶制问题的分析等，表示了强烈的不满，其史学思想明显受到了西方马克思主义思潮的深刻影响。综合考察其不同时期的各种著作，我们可以清晰地感受到其在对内战与南部奴隶制相关方面的认识上，与传统马克思主义左派及其他学派有所不同。这种不同主要表现在他在强调南部奴隶制的扩张主义是美国内战最终爆发的主要原因的同时，又反对那种只进行"自下而上"、过度夸大奴隶的反抗斗争的研究方法，主张从新的角度

---

① Ernst Breisach, *Historiography: Ancient, Medieval & Modern (Second Edition)*, Chicago & London: The University of Chicago Press, 1994, p. 391.

进行道德评价，既要注意"自下而上"地研究奴隶，也要"自上而下"地研究奴隶主。

与约翰·罗森博格一样，吉诺维斯在内战问题上并不否认其发生的不可避免性，并明确强调了内战的发生与美国南部奴隶制的扩张之间有着必然的联系。在他于 1965 年出版的《奴隶制的政治经济：奴隶制南部的经济与社会研究》（*The Political Economy of Slavery：Studies in the Economy and Society of the Slave South*）一书中，吉诺维斯详细论述了南部奴隶制长期以来的扩张主义对内战产生的影响。在他看来，不是好战的北部，而是具有扩张主义倾向的南部，才是最终发动内战的侵略者。

在这部著作中，吉诺维斯以奴隶劳动的低生产率为切入点，从政治、经济及心理因素三个方面重点分析了南部奴隶制扩张的根源及其对内战产生的影响。他认为："经济、政治、意识形态和心理等方面的因素共同推动了奴隶制的向外扩张，而且每一个因素下面都隐藏着奴隶主阶级的迫切需要。如果南部奴隶主统治阶级的每个成员想继续他们的统治的话，每一个因素都需要扩张。"[1]

首先，在经济方面。吉诺维斯认为，当时的南部奴隶制面临着外部强大的经济压力，而这种压力迫切需要奴隶主们为奴隶制度寻求新的扩张，以解决自身所处的困境。与北部资本主义相比，南部的奴隶制度的经济基础无疑是十分脆弱的，这主要表现在生产方式的落后上。吉诺维斯把这种落后性归咎于奴隶劳动生产率的极其低下、资本积累的较低水平、流动资金的严重不足，以及奴隶主们的奢侈消费影响了扩大再生产等方面。他认为，由于种植园组织形式等方面的原因，处于奴隶制度控制下的奴隶劳动力普遍缺乏能够使农业多样化的多才多艺，他们的技术水平因自身的素质和规模而被保持在很低的水平上。而且南部种植园和社会中的劳动力分配也是极其缓慢的，存在着很多问题。这些都导致了南部的种植园生产长期集中于几种主要农

---

① Eugene D. Genovese, "The Origins of Slavery Expansionism", in Irwin Unger, ed., *Beyond Liberalism：The New Left Views American History*, Waltham, Wassachusetts：Xerox College Pubilshing, 1971, p. 66.

作物上，使经济发展趋向单一化，效率极其低下。而市场的缺乏和肥料的短缺等又加重了南部土地的枯竭，使南部奴隶制经济处于明显的危机之中。

吉诺维斯认为，资金和企业的缺乏，以及市场的薄弱，间接地加重了奴隶制经济的这种直接的困境。对奴隶的投入和贵族化的消费倾向有它们的好处，但毫无疑问抑制了新兴工业的发展。南部市场主要由种植园组成，只能支撑有限的工业发展。农村白人和城市下层阶级以及奴隶们间接的有限的购买力，困扰着南部的制造业，把他们置于一个与北方相比非常不利的处境之中。北部有着领先的优势，在自由州有着非常广阔的市场，可以大规模地支持其生产。而南部的工业化是在一个为社会环境和市场所限定的狭窄限度内发展的。奴隶主控制了州的立法机构和警察力量；他们提供特许状，制定赋税，并最终控制了地区内行业的活动。这无疑阻碍了工业化的发展，也阻碍着城市化的进程，并最终破坏了整个南部奴隶制经济发展，使之根本无法与北部的资本主义经济相抗衡。

吉诺维斯指出："克雷文曾坚持一个移动的边境对北方和南方来说带来的是相同的后果，可是正如我们所看到的……当边境西移时，北部面临枯竭的土地时，在老的地区建立了多样化的经济，而南部面临边境移动后的奴隶制的困境时，却不得不与无望的劣势做斗争。"[①] 在这种极其不利的情况下，南部曾试图作一些农业调整。通过缩小奴隶占有制的规模，把多余的奴隶变成现金，把资金投入管理、施肥，以及恢复小地产等方法，克服了奴隶制最严重的后果。但这个过程却危及奴隶占有制在经济和意识形态方面的稳固性，并产生了新的矛盾：多余奴隶的买卖依赖于其他需要奴隶劳动的潜在市场，那里必须有依赖奴隶劳动这种古老的、消耗很大的耕作方法的原始土地。这一问题在南部奴隶制度内部不可能有解决办法，奴隶主们只能从外部找到解决途径——持续稳定的新土地的获得，就可以保证地区间奴隶贸

---

① Eugene D. Genovese, "The Origins of Slavery Expansionism", in Irwin Unger, ed. , *Beyond Liberalism: The New Left Views American History*, Waltham, Wassachusetts: Xerox College Pubilshing, 1971, p. 67.

易的顺利进行，并保证奴隶制度的继续发展。在这种情况下，对外扩张就成为其必然的选择。

在吉诺维斯看来，经济因素只是奴隶制对外扩张的几个根源之一，但它已足够强大到能够推动这一扩张过程的进行。他认为，南部奴隶制是一种以奴隶劳动为基础的前资本主义经济制度，如果不能使之逐渐扩大，种植园制度在自由劳动的社会条件下将会被动摇。"更高级"的形式将依赖于商业关系的引入，而这种商业关系将会慢慢地削弱种植园主的地位。奴隶主认识到，一旦黑人劳动力在开放的市场上与资本相结合，而不是通过种植园奴隶制相结合，它将变为贪婪无情的北部资本主义追求的目标。这样，老的奴隶主阶级将没有立足之地，他们将会被北部资本和企业的超强力量所击溃，或者被他们所吞并。

通过以上分析，吉诺维斯指出，在当时的情况下，外部对奴隶制的威胁日益明显，并已为奴隶主们所觉察。"奴隶主们当然可能不得不接受林肯和北部的胜利，承认他们制度日益迫近的危机，并且准备向一些自由劳动的方式转变，但这种选择将意味着他们作为一个统治阶级的死亡，等于他们在精神和政治上的自杀。"① 显然，那些视奴隶制为自己的生命的种植园主们是不可能作出这样的选择的，他们宁愿冒险战斗。

其次，在政治方面。吉诺维斯认为推动南部种植园主们进行扩张的最明显的一个原因，就是在参议院重新建立均势的需要，或者至少保证在华盛顿有足够的投票力量以保护南部的利益。他指出，从直接的政治意义上看，要求拥有更多的奴隶州议员是南部奴隶制扩张主义重要的根源之一，但从更深层次的意义上看，这还仅仅只是一些更重要的原因的一个表征而已。如果南部不是有一个独特的社会制度要保存，并且有一个独特而强大的统治阶级作为它的领导者的话，它的政

---

① Eugene D. Genovese, "The Origins of Slavery Expansionism", in Irwin Unger, ed., *Beyond Liberalism*: *The New Left Views American History*, Waltham, Wassachusetts: Xerox College Pubilshing, 1971, p. 68.

治和经济权力的衰落将不会引起太大的惊恐。正是这种美国内部权力分配的需要，首先推动了奴隶制的扩张。

在吉诺维斯分析中，奴隶制扩张的另一个政治根源是在那些只有建立缓冲区（buffer area），才能使奴隶制有利可图的地方保护奴隶制的需要。他指出，正如英国投入金钱来保持它在西藏的优势地位，以使自己能够在印度赚钱一样，南部不得不对那些有潜在可能成为奴隶州的地方建立政治控制，以保护既存的奴隶州。毫无疑问，这种需要强烈地刺激着奴隶主们千方百计地去扩张奴隶制度。吉诺维斯举例指出，斯蒂芬·F. 奥斯汀曾写信对他的妹妹说："得克萨斯必须成为一个奴隶州，路易斯安那的利益要求它应该成为奴隶州；得克萨斯大批疯狂的废奴主义者将对这个州的大多数人产生致命而危险的影响。"1853—1855 年，前密西西比州总督约翰·A. 奎特曼试图组织一次对古巴的海盗式远征，主要是因为他害怕那里的废奴运动将对南部构成威胁。当时有人警告说，英国和法国将迫使一个虚弱的西班牙牺牲古巴的奴隶制，因此将把南部作为一个奴隶制国家孤立起来。许多南方人知道容忍把南部孤立起来的危险。他们觊觎古巴，是为了保证对加勒比地区的政治控制，当然也有经济方面的原因。

总体来看，奴隶主们极力扩张奴隶制的政治原因，一方面是出于美国内部权力分配的需要，另一方面则是出于对当时世界潮流对奴隶制反感的恐惧。由于奴隶制度不合时代进步要求的本性，到 1850 年左右，世界普遍的观点已无法再容忍私有奴隶制的存在，英、法等国开始主张废除奴隶制。在南部奴隶主们看来，英国的反对尤其是可怕而让人畏惧的。他们希望能够通过在临近的其他地方大力扩张奴隶制来减少内部剧烈动荡的危险和外部的强大压力，防止世界对南部的孤立。为此，他们不仅要控制加勒比海地区，甚至还企图把亚马孙河谷与密西西比河谷之间的广大地区都塑造成奴隶制的天下。吉诺维斯在这里举例指出，《里士满寻问者》在 1854 年宣称，"亚马孙和密西西比河两大河谷现在被世界上两个对非洲奴隶制最感兴趣的政府——巴西和美国——所拥有……这两个河谷之间的所有国家是一个处于仁慈的上帝的可塑之手之下的地区。它要怎样发展呢？"答案就是"用黑人劳力和白人技能"。① 南部奴隶主们正是在如此强烈的扩张欲望的鼓动下，才有了希望把亚马孙河与密西西比河谷之间的广大中南美洲地区借上帝之手都塑造成奴隶制控制的地区，以保障自己的利益的远大理想。

再次，吉诺维斯认为，推动南部奴隶制扩张的，除了经济与政治因素以外，还有意识形态及心理因素方面的原因。他指出，奴隶主们在南部构成了一个独特的统治阶级，他们表现出一种与北部明显不同的意识形态和心理状态。对他们来说，奴隶是他们权力（power）、荣耀（pride）、声望（prestige）、责任（duty）、义务（responsibility）、特权（privilege）和希望（trust）的根源；奴隶制无疑成了一个打上他们自己烙印的特殊文明的基石，保护奴隶制就是保护被他们视为生命根本的光荣与尊严。"当奴隶主们开始把奴隶制看作一件绝对的好东西，并开始珍视这种文明时，它就可能被看作世界上最好的东西，他们无法接受对它的扩张的限制。同意对它的遏制就意味着同意奴隶制是邪恶的，不管它对野蛮的非洲人的利益来说是多么必要。""如果奴隶制被认为是世界上所知最好的社会制度，那么对它的扩张的反对就是不可忍受的。有关自由土地的争论打击了奴隶主自豪和信仰的根基本身。"② 吉诺维斯认为，奴隶主们从来不会放弃他们权力和道德意识的根基，也不会允许自己向一个与他们在本质和价值观上相悖的阶级转变，因为奴隶制代表了他们生活方式的基石，而生活对他们来说则意味着与支配的权力相伴的光荣与荣耀。所以，当这些南部的"奴隶占有者们奋而起义时，他们知道自己是为了什么：在最完整的意义上，他们就是为了自己的生活而战"。③

在另一篇文章中，吉诺维斯指出，马克思和恩格斯在讨论奴隶制

---

① Eugene D. Genovese, "The Origins of Slavery Expansionism", in Irwin Unger, ed. , *Beyond Liberalism：The New Left Views American History*, Waltham, Wassachusetts: Xerox College Pubilshing, 1971, p. 69.

② Eugene D. Genovese, "The Origins of Slavery Expansionism", in Irwin Unger, ed. , *Beyond Liberalism：The New Left Views American History*, Waltham, Wassachusetts: Xerox College Pubilshing, 1971, p. 70.

③ Ibid. , p. 81.

扩张的起源时，强调了三个东西，即经济压力、联邦中政治权力的平衡和急于对非奴隶拥有者进行控制的迫切需要。这些方面确实都代表着奴隶主统治的一个方面，但最清楚不过的遗漏就是没有给（奴隶主）意识形态方面及其霸权问题以足够的重视。① 所以，这里吉诺维斯本人在分析奴隶制扩张时对奴隶主心理意识方面的重视，可以说是其在对内战解读方面超过前人的一个方面。

从以上吉诺维斯的分析中我们可以看出，南部种植园奴隶主们的奴隶占有心理、支配习惯、种族自豪感等心理因素及其在政治控制和经济发展等方面的需要，都影响着他们去维护现状。正如吉诺维斯所言，这些因素中的每一个都支持和滋养着其扩张主义的主要根源（Taproot）——奴隶主在南部维持霸权的迫切需要。正是出于以上各种因素的考虑，奴隶主们明白奴隶制必须扩张，否则就会灭亡，而这正是最终导致内战的主要原因。

值得我们注意的是，吉诺维斯在把内战原因归咎于南部奴隶制的扩张的同时，并没有对种植园奴隶主们持一种完全的否定态度。他认为包括马克思和恩格斯在内的一些传统马克思主义者并没有系统地考察奴隶主阶级的产生、历史、意识形态或特征，他们对内战前后美国南方社会性质的了解也失之于肤浅。在他看来，南方奴隶制绝不仅仅是一种奴隶制度，由于以它为基础形成了一个强大的不同寻常的社会统治阶级，南部已经形成了自己的社会生活方式，其与文明相应的价值、气质和标准代表了他们的社会制度，正如资本主义的这些东西代表了北部资本主义制度一样。在对南部的分析中，与其他"新左派"学者有所不同的是，吉诺维斯反对那种只着眼于下层奴隶阶级的"自下而上"的历史研究。他认为，下层民众与统治阶级相互依存，都是

① Eugene D. Genovese, "Marxian Interpretation of The Slave South", in Barton J. Bernstein, ed., *Toward A New Past: Dissenting Essays in American History*, New York: Random House Inc., 1969, p. 104. 吉诺维斯对意大利马克思主义理论家葛兰西的"文化统治"理论表示赞同，并将其应用于对奴隶制的研究之中。他明确指出，他是在葛兰西主义的意义上使用"霸权"这个术语的，即"统治阶级通过它的文化地位和它能够把自己的世界观提升为一般公众的意愿的能力，而从被统治者那里获得的表面上自发的忠诚"。参见张广智、张广勇《现代西方史学》，复旦大学出版社1996年版，第182页。

奴隶制南部得以发展的社会力量，主人与奴隶的命运始终密切相关，相辅相成，存在于同一个社会发展阶段。① 因此，必须既"自下而上"地研究下层奴隶阶级，同时也"自上而下"地研究奴隶主阶级，只有这样，才能真实地反映南部历史发展的全貌。

　　与乌尔里希·菲力普斯一样，吉诺维斯在进行他的奴隶制研究时，首先对种植园奴隶主们的生活及其"所创造的世界"给予了更多的注意。上述其对南部奴隶制扩张主义的根源的探讨与分析，基本上可以说正是他这种"自上而下"的研究方法的体现。进入 20 世纪 70 年代以后，以《红与黑：南部和非裔美国人历史的马克思主义探析》（*In Red and Black：Marxian Explorations in Southern and Afro-American History*）（1971）和《奔腾吧，约旦河；奔腾吧，奴隶们创造的世界》（*Roll，Jordan；Roll，the World the Slaves Made*）（1974）的出版为标志，吉诺维斯开始注意从下层奴隶的角度对南部进行"自下而上"的考察。特别是在后一本书中，他认为奴隶本身属于经济基础，要正确地认识南方奴隶社会，就必须要深入了解这些广大的奴隶群众。由此，他开始更多地关注下层黑人奴隶的生活与文化，以及他们的反抗斗争。

　　吉诺维斯认为黑人的宗教构成了他们原始民族觉醒的基础，是"奴隶们手中抵抗奴隶制精神与心理侵蚀的最有力的锐利武器"。② 但与此同时，这种宗教也给黑人带来了一些消极的影响：它宣扬忍让与服从，使奴隶主得以对他们进行心安理得的欺凌；虽然它给那些处于奴隶制统治之下的黑人奴隶们提供了生存下来的精神力量，但也使他们在政治上产生了明显的软弱性，阻止了他们在必要时拿起武器解放自己的斗争。他肯定了黑人奴隶作为一个客观存在的社会阶级为美国做出的巨大贡献，并认为他们建立的独立的黑人民族文化大大丰富了

---

　　① 参见 Eugene D. Genovese，*In Red and Black：Marxian Explorations in Southern and Afro—American History*，The Penguin Press，1971。

　　② Eugene D. Genovese，*Roll，Jordan；Roll，the World the Slaves Made*，New York：Vintage Books，1976，p. 659.

整个美国文化。① 在这本书里，他还承认了内战前南方奴隶主与奴隶
之间存在着激烈的阶级斗争。过去，他曾对美国老左派历史学家赫伯
特·阿普特克所著的《美国黑奴起义》表示不屑一顾，认为书中所描
述的黑人反抗斗争只是一些"神话"而已，但现在，他开始反过来赞
扬阿普特克在此书中"戳破了关于奴隶心满意足的神话"。② 在他后
来的几本著作中，吉诺维斯都特别强调了奴隶的暴动斗争，继其前期
的"自上而下"地研究历史的史学思维之后，充分体现了其作为
"新左派"史学的代表所具有的"自下而上"地看历史的思想。

　　总的来看，吉诺维斯对内战和奴隶制问题的分析与罗森博格有着
某些相似之处，那就是他们的著作中都体现出颇为浓厚的道德评价色
彩。就吉诺维斯来说，他首先不否定南部奴隶制的扩张是内战发生的
根本原因，但同时又特别注意不去极力地丑化南部的种植园奴隶主阶
级，而是从上、下两个方面来力图客观地考察南部社会发展的概貌。
与罗森博格一样，在20世纪60年代黑人民权运动风起云涌的大背景
下，吉诺维斯对内战及奴隶制研究的出发点也是为了促进当时美国社
会的某些变革与进步，具有很明显的时代痕迹，这一点是毫无疑
问的。

第二节　劳工运动和社会流动问题

　　长期以来，以新保守主义学派为代表的美国主流史学家往往把美
国看作一个没有阶级压迫和冲突的"理想社会"，对美国社会极尽美
化、颂扬之能事，认为"美国社会不存在明显的阶级差别，也没有严
重的阶级冲突"。③ 对于他们的这种言论，激进的"新左派"学者无

---

　　① 国内有学者认为，吉诺维斯对黑人奴隶的研究创立了"黑人文化理论"，体现了
"自下而上"的历史研究取向，是激进主义史学的代表。参见张广智、张广勇《现代西方
史学》，复旦大学出版社1996年版，第181—182页。

　　② 参见吕庆广《美国奴隶制史学家尤金·吉诺维斯》，《世界史研究动态》1989年第
6期。

　　③ Daniel Boorstin, "The Genius of American Politics", in Robert Allen Skotheim ed., *The Historian and the Climate of Opinion*, Massachusetts, 1969, p. 75.

法认同。他们认为这些学者只是一味地 "从上往下" 地研究美国历史，置广大的下层民众的生活与斗争于不顾，从而抹杀了他们的阶级意识和价值，根本无法真正了解美国的历史。他们由对当时社会现实的失望与不满而试图于历史中探寻到下层民众的斗争轨迹和传统，从而找到自己变革美国社会的理由与途径。他们对建国以来美国劳工运动和社会变动问题的关注与解读，无疑是对新保守主义史学派关于美国社会 "和谐"、"一致"、"繁荣"、"自由" 观点的一次迎头痛击。本节将以 "新左派" 学者霍华德·津恩（Howard Zinn）、艾伦·索尔根尼克（Allen Solganick）和斯蒂芬·塞恩斯特鲁姆（Stephan Thernstrom）的相关作品为例，对此进行分析。

一 霍华德·津恩和艾伦·索尔根尼克的劳工运动研究

曾任波士顿大学政治学教授的津恩是一位非常有名的激进行动主义者[①]，他对下层民众的困苦处境及美国社会的阶级冲突有相当的研究。在其著名的《美国人民的历史》（*A People's History of the United States*）一书中[②]，他以阶级斗争为纲，以美国下层民众、弱势群体的社会生活为考察对象，深刻揭露和批判了美国社会中存在的阶级压迫和剥削。津恩认为，过去的历史著作大多都过分地强调了国家和国务活动家的历史活动，对人民大众的运动却既不表示关注，也未给予重视。所以，"我们就需要有某种反作用力，以免使我们再次屈从于传统"。[③] 因此，在津恩的笔下，"资本主义是万恶之源，资本家是元

---

① 霍华德·津恩是一位著名的历史学家和作家，曾在乔治亚州的首府亚特兰大任职于斯普尔曼学院，后去了波士顿大学任教。他曾是民权运动和反越战运动中的积极分子。其著述颇丰，其中，最著名的是《美国人民的历史》。其重要著作还包括《你无法在奔驰的列车上保持中立》（*You Can't Be Neutral on a Moving Train*）等。他至今仍活跃在美国史坛和学术界，并不断对美国现今的外交政策提出批评。参见 http：//www. zmag. org/bios/ homepage. cfm? authorID = 97 和 http：//www. progressive. org/june04/zinn0604. html。

② 津恩的这本书最早于 1980 年在美国初版，迄今已再版重印 25 次，·总发行量达 42 万多册，是一本十分畅销的 "新左派" 著作。其中文版于 2000 年 10 月由上海人民出版社正式出版发行。

③ ［美］霍华德·津恩：《美国人民的历史》，许先春等译，上海人民出版社 2000 年版，第 537 页。

凶，政客是帮凶，'英雄总统'多为配角、丑角。主角则是许许多多遭屈辱、被迫害、受剥削的广大群众，以及饱受美国军事侵略和占领的外国老百姓。他们才是讴歌的英雄，同情的对象"。①

津恩认为，有关 19 世纪以来阶级斗争的故事，在美国历史教科书中并不常见，传统的史籍中也没有关于当时所发生的许多反叛事件的记录。"这些斗争常常被主要政治党派之间紧张的冲突给掩盖起来了，尽管它们双方都代表着国家中同一个统治阶级。"② 正因为此，津恩试图通过自己的这本著述来重新恢复美国历史上那些连绵不断的阶级斗争的原貌。在这篇被他自认为是"一部对人民的反抗运动表达敬意的历史，而对政府来说却满篇都是不敬之词"的著作中，津恩以"另一种内战"为题开始了他对 19 世纪以来美国劳工运动的考察。在这种考察的过程中，他以周期性的经济危机和"内战"、"一战"、"二战"等重大历史事件的发展为经，以纽约、费城等地的工人斗争运动为纬，生动地勾画了一幅波澜壮阔的美国阶级斗争的宏大图景。其中，包括工厂工人的罢工斗争、乡村的农民运动和各地的妇女运动。

首先，就工人运动而言，津恩指出，建国以后的美国经济制度并"不是合理地设计以满足人类的需要，而是因利益驱使而不规则、混乱地发展着。这样的经济制度似乎没有办法避免周期性发生的繁荣与衰退"。它面临频繁发生的经济危机与新的工业化浪潮的冲击，拥挤的城市、工厂里长时间的劳作、食物和饮用水的匮乏、冬季的严寒、夏天的闷热以及疾病的流行等，逼得穷人们不时地采取反抗行动。他们有时自发地、无组织地发动反对富人的起义，有时又会转而以其他的方式来发泄他心中的怒火，如对黑人的种族仇视、反对天主教的宗教战争、本土主义者对外来移民的迁怒，等等。有时，他们会组织示威活动和罢工。津恩惊奇地发现，工人阶级的意识逐渐地觉醒，"在劳动人民平常缄默言行的背后，竟然一直存在着如此多的反抗精

---

① ［美］霍华德·津恩：《美国人民的历史》，许先春等译，上海人民出版社 2000 年版，"序"第 1—2 页。

② 同上书，第 182 页。

神！"而这些"如此多的反抗精神"首先就反映在不同时代的工人运动之中。

津恩指出，早在 1827 年，一位"没有什么文化的技工"发出了"致……费城技工和工人阶级的一封信"，指出："我们发现，我们在各方面都受到压迫——我们辛苦地劳动，为别人创造舒服的生活，使他们享受一切生活乐趣。可是，我们自己得到的仅仅是极少量的一部分。在目前的社会条件下，这少量的一部分甚至还得取决于雇主的意愿。"① 正是在这种阶级意识逐渐觉醒的情况下，工人阶级开始在 1837 年和 1857 年的经济危机前后发动了多次大规模的罢工斗争。1835 年，50 个不同行业在费城成立了工会，工人们为了争取 10 小时工作日，举行了一次成功而具有广泛影响的罢工运动。19 世纪 40 年代早期，费城的织布工为提高工资而举行了罢工。1857 年，在新泽西州的纽华克，数千人举行集会，要求政府给予失业者以工作；在纽约，1.5 万人在曼哈顿闹市区的汤姆金斯广场集会，喊出了"我们要工作"的口号。在这些斗争中，妇女们也开始组织起来参加斗争，纷纷成立女工改革协会或女工联合会等，第一次强烈地感受到自己的力量。到 19 世纪 60 年代早期，更是发生了当时被报纸称为"北部革命"、"新英格兰工人中的叛乱"、"资本与劳动冲突的开端"的新英格兰 25 个城镇的技工和工人罢工。由此我们可以看出，正如津恩借历史学家戴维·蒙哥马利的话所指出的那样，19 世纪美国的阶级冲突"与工业社会已知的任何冲突一样凶猛野蛮"。②

津恩发现，在南北战争期间，虽然军事上的同仇敌忾和政治上的团结一致压制了阶级意识，但北方和南方都继续显示出与这种团结一致背道而驰的迹象。穷人愤怒地反对富人，他们发动起义，反对居于统治地位的政治力量和经济力量。战争期间，罢工运动仍然遍布全国。南方因战争引起的食物和生活必需品价格上涨和工人工资水平的下降而引发穷人骚乱；北方因白人工人认为内战好像只是为黑人奴隶

---

① ［美］霍华德·津恩：《美国人民的历史》，许先春等译，上海人民出版社 2000 年版，第 186 页。

② 同上书，第 191 页。

或资本家而战，与己无关，而掀起反征兵暴动。内战结束以后，劳动人民中间更是掀起了争取8小时工作日的运动，并得到第一个全国性工会组织——全国劳工协会的支持。此后，1873年和1893年爆发的经济危机再次沉重地打击了美国的政治与经济，导致大批小公司倒闭，使劳动人民过着饥寒交迫的悲惨生活，促使他们掀起了新一轮罢工运动的浪潮。

进入20世纪以后，就是在号称"繁荣富裕"的20世纪20年代，工人的罢工依然不断，更不要说在两次世界大战及30年代的大萧条时期了。此时，"用武力平息黑人和印第安人的反抗，以及用选举和战争来吸引和转移白人反抗者的注意力这两种办法，在现代工业的条件下，显然都已不足以防止更大规模的社会主义浪潮，不足以防止第一次世界大战前群众性的劳工运动。无论是战争，还是20年代的一时繁荣，或是社会主义运动遭受的明显挫折，在当时经济危机的形势下，都不能防止30年代发生新的激进觉醒和新的劳工起义"。在津恩看来，用繁荣昌盛和充满欢乐（即所谓"爵士乐时代"、"狂欢的20年代"）来称呼20年代，在某种程度上是符合实际的。失业大军从1921年的427万人减少到1927年的200万人多一点。工人的总体工资水平提高了。数百万人过上了不错的生活——他们已经摆脱了其他人如黑人或白人佃农以及那些生活在大城市里找不到工作或仍在生存线上挣扎的移民的悲惨处境。但是，繁荣昌盛只是集中在社会的最上层。占社会1%的上流社会中的1/10家庭的收入，等于占社会42%的社会底层家庭收入的总和。为大量有关20年代繁荣的报道所淹没的是时不时的关于劳动者所进行艰苦斗争的消息。1922年，煤矿和铁路工人举行了罢工；同一年，罗得岛的意大利裔和葡萄牙裔纺织工人举行的罢工虽然失败了，但它唤醒了工人的阶级意识，一些罢工工人参加了激进派运动。[①] 两次世界大战的爆发，尽管使爱国主义和为赢得战争而奉献一切的观念盛行全国，但企业利润扶摇直上而工人工

---

① ［美］霍华德·津恩：《美国人民的历史》，许先春等译，上海人民出版社2000年版，第321—322页。

资却被冻结的事实却使工人们深感失望,他们因此纷纷举行罢工斗争,以争取自身的利益。仅第二次世界大战期间,就发生 1.4 万起罢工事件,677 万工人参加了罢工,这一记录超过了美国历史上的任何时期。只 1944 年一年就有 100 万的矿工工人、钢铁工人、汽车及运输设备工厂的工人进行了罢工斗争。到战争结束时,罢工斗争依然在继续,仅 1946 年上半年,参加罢工的人数就高达 300 万人。①

其次,在乡村农民运动方面。津恩在分析美国社会的阶级斗争时,不仅注意到各地城市工人的罢工斗争,而且还对 19 世纪下半期农业工人的反抗运动(特别是 19 世纪末开始的平民党运动)给予了一定的关注。津恩指出,1860—1910 年间,农业机械化和对土地的投资使农民们不得不借贷。他们以为农产品的价格也会很高,他们能还清银行贷款,付得起铁路运费,付得起谷物批发商的收购费,付得起谷仓的贮藏费。但是,农民们发现,农产品价格一路下跌,而运费和利息却提高了。原因在于单个农民无法控制谷物价格,相反,铁路和银行垄断者却能按他们的意愿索价。他们还不起债,只得眼睁睁地看着自己的房屋和土地被拿走,他们成了佃农。到 1900 年,全国有 450 万农场苦力。当苦力是每一个还不起债务的农民不可避免的命运。

津恩对一些州在这种情况下兴起的"格兰其运动"("Grange",即 1867 年在美国成立的农民协会)评价并不高,认为它"基本上是很保守的","在这个充满危机的时期,'格兰其'做得实在太少"。②他认为 70 年代末和 80 年代出现的"农民联盟"可以说是 19 世纪下半期美国农民运动的代表,它"从一开始就体现出对日益发展着的农民运动的同情心"。自从 1877 年第一个"农民联盟"成立以后,很

① [美] 霍华德·津恩:《美国人民的历史》,许先春等译,上海人民出版社 2000 年版,第 353 页。

② [美] 霍华德·津恩:《美国人民的历史》,许先春等译,上海人民出版社 2000 年版,第 241 页。"格兰其运动"(The Grange Movement)是 19 世纪下半叶在美国兴起的最早形式的农民运动,主张通过宣传教育、合作互助和社会改革来帮助农民摆脱困境,抵御垄断剥削。参见黄安年《美国的发展与 200 年的改革潮》,2004 年 7 月 28 日,学术交流网 http://www.annian.net。

快就得到了迅速的发展。到 1886 年,10 万农民加入了 200 个联盟分会。到 1887 年初,它已拥有 3000 个分会,20 万会员。到 1892 年,农民演说家在 43 个州开展活动,吸引了 200 万农家子弟。它主张农民应通力合作,创造自己的文化,建立自己的政党,在这些观念推动下,农民联盟不断发展壮大,最后在全国共建立起 40 万个农民联盟组织。津恩指出,虽然"资本家仍然控制着政府,但农民联盟正在传播新的思想观念、新的精神"。到 19 世纪 90 年代,农民联盟作为一个政党,开始被称为"人民党"(又称为"平民党")。尽管它的思想中带有种族主义和本土主义思想,只是偶尔与劳工运动发生联系,但它们中间还是出现了一些达成共识的迹象,共同构成了 19 世纪下半期美国阶级斗争的壮丽图景。津恩还指出,19 世纪 90 年代,平民党人主办了 1000 多种杂志。平民主义领袖撰写的书籍都曾广为发行。平民党运动深深地影响了南方人民的生活。它试图发起联合白人和黑人、城市工人和乡村农民的运动,但他们的努力没有成功。这一失败加上选举政治的诱惑终于使平民党运动毁于一旦。1896 年,他们曾联合民主党支持威廉·詹宁·布莱恩竞选总统。此后,便沉溺于民主党的政治活动中不能自拔。尽管如此,津恩还是认为以"平民党"为代表的乡村农民运动与城市工人的罢工斗争一起,共同构成了 19 世纪下半期美国阶级斗争的主要内容,充分反映了美国社会中存在的激进斗争的传统。

在解释为什么在美国历史中会出现这些阶级斗争时,津恩明显把矛头指向了贫富差距及其他社会丑恶与不公现象。针对新保守主义史学家所宣扬的美国社会的"公平"、"自由"与"进步",津恩进行了强烈的批驳。他以"老板是强盗,劳工要反抗"为题,详细阐述了美国社会里那些以摩根和洛克菲勒为代表的"强盗大亨"们(robber barons)的发家史,认为虽然有些大富豪是白手起家的,但大多数并不是如此。一项关于 19 世纪 70 年代 303 个纺织、铁路和钢铁行业经理主管人员出身的调查表明,90% 的经理主管人员来自于中层或上层家族。霍雷肖·阿尔杰"从捡破烂变成大富翁"的故事,对少数人而言确实如此;对绝大多数人来说,只不过是神话而已,一个有利于控制财富的神话。津恩一针见血地指出，在一个又一个工业领域内，精明能干的实业家建立起自己的帝国。他们压制竞争者、维持高价低薪、获取政府津贴。他们是"福利国家"的首批受惠者。他们的财富积累往往靠的是确保国会通过关税法，阻止海外竞争者进入本国市场；靠的是排斥竞争者，保持较高的价格；靠的是 20 万人高强度低酬劳的工作——一天工作 12 小时，薪水却只能勉强度日。

　　津恩强调，在这些强盗富豪剥削、占有社会财富的过程中，作为全体国民代表的银行、法院等国家机构明显给了他们以特有的"帮助"和"照顾"。他控诉道，在 30 年的内战酝酿期间，越来越多的法律被法院重新作了解释，以适应本国资本主义发展的需要。工厂主（利用法律）大肆掠夺别人的财物以壮大自己的经营，这被认为是合法的。有关"支配权"的种种法律常被用来剥夺农民的土地，并将它作为津贴送给运河公司或铁道公司。直到此时，法律甚至从未宣称它要保护劳动人民——20 世纪也是一样。正如津恩借莫顿·霍维茨在《美国法律的变革（1780—1860）》一书中对负责司法的法院所作的一切的概括中所说的那样："到 19 世纪中期，法院以农民、工人、消费者，以及其他无权无势的社会团体为代价，改造了法律制度，使之有利于工商业人士……这积极地推进了财富的合法再分配，不利于社会弱小团体。"① 在他看来，在步入现代社会之前的时期，单纯靠暴力就可以实现财富分配不均。而在现代社会中，剥削采取了伪装的形式——它是通过貌似中立和公正的法律手段来实现的。许多积累财富的行为是在政府和法院的合作之下进行的，具有合法性，而这种合作往往是有偿的。托马斯·爱迪生许诺给新泽西的政客每人 1000 美元，以换取当局制定有利于他的法规。为了让 800 万美元的伊利铁路"掺水股票"发行合法化，丹尼尔·德鲁和杰伊·古尔德花了 100 万美元贿赂纽约市议会。

　　面对此情此景，津恩不禁发出了这样的诘问：最高法院的法官们

---

① ［美］霍华德·津恩：《美国人民的历史》，许先春等译，上海人民出版社 2000 年版，第 202 页。

是由总统挑选、参议院批准的，他们怎么可能具有独立性呢？这些法官们先前往往都是富有的律师，而且差不多都来自上流社会，他们又怎么可能在贫富阶层之间保持中立呢？19世纪初，法院通过建立联邦对州际商务的统一控制，从而为在全国范围内进行经济调整奠定了合法基础；法院还通过制定不可侵犯的合同法，为公司的资本主义制度奠定了合法基础。1895年，法院还对"谢尔曼反垄断法"进行了解释以使之无害。很显然，最高法院貌似铁面无私，实际上却是在为其统治精英们效力的。津恩由此指出，美国政府的行为正像马克思所描绘的资本主义国家政府那样：假装中立以维持国家秩序，实际上只为富人利益服务。富人之间的意见也不一致，他们对政策也有争议。政府的目标就是平息上层社会的争执，抑制社会底层的反叛，保持现行制度长期稳定。

这些强盗大亨们不仅在财富的积累方面有政府的各种特殊照顾，而且在其他方面亦享有许多特权。津恩指出，南北战争期间，摩根为了逃避兵役，花了300美元雇人服兵役。洛克菲勒、卡内基、阿穆尔、古德尔和詹姆斯·梅隆也都是如此。梅隆的父亲曾写信告诉他："每个人都应当是爱国者，但他不必一定要冒生命危险或以牺牲自己的健康为代价。当然，很多人的生命并没有什么价值。"① 正是发现了美国社会中存在的这些不平等现象，津恩坚定地认为，"虽然旅行家阿列克西·德·托克维尔表达了他对美国人民之间'身份平等'的惊叹，但是，他的这一观察与事实并不相符"。②

最后，津恩还对美国社会对下层劳工运动的镇压和抑制表示了极大的愤怒，对统治阶级在武力镇压之外所采取的一些"精巧"的统治技巧表示"叹服"。在他看来，在武力镇压之外，选举制度、教育制度和爱国主义宣传无疑是美国统治阶级对社会冲突和不安因素进行巧妙控制的主要方式。首先就选举制度来说，津恩认为美国的两党政治不仅很好地保护了统治阶级的财富不致受到损害，而且还分化、削弱

---

① ［美］霍华德·津恩：《美国人民的历史》，许先春等译，上海人民出版社2000年版，第217页。

② 同上书，第183页。

了下层民众的不满及反抗情绪。美国常常利用选举来巩固它被连年不断的抗议和骚动摇了的体制。津恩指出，选举政治分化了反抗者的能量，并把它引入政府的轨道。在反叛频繁发生的年代里，它给了人们在两种不同政党中间进行选择的权利，让人们自己去选择一个相对更为民主的政党，这无疑是一种设计精巧的统治策略。实际上，总统选举回避现实生活中存在的问题。它通常采用竞选宣传的方式，纠缠于总统个性、流言蜚语和生活琐事，掩盖了各党派之间事实上乃一丘之貉的实质。其次，津恩还指出，在现代社会，要控制民众需要的不仅仅是武力和法律。对那些聚集在城市和工厂里、生活中充满反叛动机的危险大众，还要教导他们懂得：存在的就是合理的。学校、教学、大众文学都在灌输这种观念：富有象征着成功，贫穷象征着个人失败；对穷人而言，向上的路只有一条，即凭借非凡的努力和机遇，挤进显贵的富人阶层。富人们从巨额利润中拿出一部分资助教育机构，他们因此成为著名的慈善家。这些教育机构不赞成受教育者对美国现存体制发表不同意见；它们培养了美国社会体制中的特殊阶层——中产阶级，其中包括教师、医生、律师、行政官员、工程师、技术员和政治家，他们受雇用以维持现存体制，他们是反对动乱的忠诚的缓冲者。与此同时，随着公立学校教育的普及，整整一代熟练或半熟练工人学会了读、写与算术，他们成为新产业时代受过教育的劳动大军。这些人认识到服从当局是相当重要的。最后，津恩敏锐地发现，在美国社会里，爱国主义的心理、冒险的诱惑、政治领袖制造出的道义上的圣战气氛，对于淡化那种反对富人和掌权者的阶级仇恨，并把这种仇恨大部分转而向他们所宣称的"敌人"发泄，极为奏效。爱国主义的极端行为就是战争，爱国主义向来不失为一种把阶级仇恨淹没在维护国家团结的口号中的方法。而这种方法就常常被统治阶级用来分化或平息下层民众的阶级愤怒与仇恨，以稳定美国既存的制度和秩序。

　　正如津恩在本书的最后一章"卫士的反抗即将到来"中所指出的那样，美国的制度是一种进行操纵和控制的制度，在世界历史上可谓独具匠心。没有一种控制制度，能具有比它更多的发泄渠道、更广的回旋余地与更大的灵活性；没有一种制度，能像它那样通过投票制度、工作职位、教堂、家庭、大众传媒等来扩展它极其复杂的控制权；也没有一种制度，能比它更成功地通过改革和使人们相互隔离与孤立、通过培养爱国主义的忠诚，来平息它的反对派。他之所以要重温这些被历史教科书和大多数传统史籍所忽略的"冲突"与"反抗"的历史，就是要提醒人们：那些表面上似乎孤弱无助的人，实际上却拥有进行反抗的巨大能量；那些表面上似乎感到满足的人，也拥有要求进行变革的强大能量。并进而向人们揭示出人人都拥有维护他作为一个人的权利的强大动力。而这正是权力机构乐于让他们忘记的。

面对20世纪60年代美国国内风起云涌的群众运动大潮，津恩以一位激进主义者的浪漫主义情怀，代表美国民众发出了社会变革的要求。他认为，对于美国社会和制度中存在的问题，不能再只是进行修修补补，对法律进行一些改革，或是改头换面再来一次"新政"，而是要进行激进的变革。他呼吁把美国历史上的上述各种运动的能量与新的中产阶级的义愤的能量联合起来，运用过去不同时期人民运动曾用过的所有策略手段，如举行示威，游行，进行消极抵抗；举行罢工，抵制以及总罢工；采取直接行动，重新分配财富，重建组织机构，重构社会关系；在音乐、文学、戏剧、艺术及日常生活的一切工作和娱乐领域里，创造新的值得大家分享和令人尊敬的文化，在人们自助和互助的合作中创造新的娱乐活动等，从而建设一个"不仅我们的生活将变得更加如意，我们的子孙后辈很快也都能看到的一个迥然不同的新世界！"①

在对19世纪下半期的美国社会的考察中，另一位"新左派"学者艾伦·索尔根尼克（Allen Solganick）在劳工运动的问题上与津恩持有相同的观点。艾伦·索尔根尼克于1965年在《科学与社会》杂志上发表了题为《强盗大亨的概念及其修正主义者》（*The Robber Bar-*

---

① ［美］霍华德·津恩：《美国人民的历史》，许先春等译，上海人民出版社2000年版，第552页。

on Concept and Its Revisionists) 一文①，他对 50 年代诸如路易斯·黑克
尔（Louis Hacker）和爱德华·科克兰（Edward C. Kirkland）等人对
内战后工业领袖的称赞，把 19 世纪下半期描述为一个"民众中存在
着普遍的满意"的时期的观点表示了反对，认为他们的看法是没有事
实根据的。他指出，"镀金时代"的商业巨头们利用垄断等各种手段
占有了大量的社会财富，而广大的劳工阶层却不得不面临着严重的失
业威胁，过着动荡悲惨的生活，整个社会抗议风潮不断、罢工斗争迭
起。美国社会的确存在着严重的阶级压迫和剥削，根本不像新保守主
义者所宣扬的那样——商业领袖们帮助美国走向了富强，他们创造性
的努力使所有人受益。②

　　如果说津恩和索尔根尼克是通过对劳工运动的直接考察，来揭示
美国社会中存在的阶级冲突与斗争的话，那么，斯蒂芬·塞恩斯特鲁
姆则是通过对 19 世纪下半期美国社会流动的分析来揭示当时劳动人
民的生活状态及其斗争史的。

二　斯蒂芬·塞恩斯特鲁姆的"社会流动模式"研究

　　塞恩斯特鲁姆在其《贫穷与进步：一个 19 世纪城市的社会流动
情况》（Poverty and Progress：Social Mobility in a Nineteenth Century Cit-
y）（1964）一书中③，采用计量统计学的研究方法，以 1850—1880

---

　　① Allen Solganick, "The Robber Baron Concept and Its Revisionists", *Science and Society*,
Vol. 29, No. 3, Summer 1965, pp. 257—269. 索尔根尼克的这篇文章后被欧文·昂格尔收
入其所主编的《超越自由主义：新左派眼中的美国历史》（*Beyond Liberalism：The New Left
Views American History*）（1971）一书中。

　　② 索尔根尼克指出，1881—1885 年的五年中，美国平均每年的工人停工斗争（work
stoppage）达 528 次，有 17.6 万工人参加；到 1896—1900 年时，则平均每年增至 1390 次，
参加人数达 38.6 万人。参见 Allen Solganick, "The Bobber Baron Concept and Its Revisionists",
in Irwin Unger, ed., *Beyond Liberalism：The New Left Views American History*, Waltham, Wassa-
chusetts：Xerox College Pubilshing, 1971, p. 114。

　　③ 塞恩斯特鲁姆出生于密歇根州的休伦港，1956 年以优异成绩毕业于西北大学，
1962 年获哈佛大学博士学位，现为哈佛大学温斯罗普历史学教授。其主要作品包括：《贫
穷与进步：一个 19 世纪城市的社会流动情况》、《美国：一个处于黑白之间的国家》和
《美国人民史》等。参见 http：//www. manhattan—institute. org/html/thernstrom_ _ st. htm。

年间美国马萨诸塞州纽贝里港（Newburyport）的劳工生活情况为例，对 19 世纪下半期的美国社会流动情况进行了研究，得出了与传统马克思主义和新保守主义学者都有所不同的结论。①

　　通过研究，他一方面不认同传统马克思主义学者的某些观点，即相信资本主义不可避免地使工人阶级沦于赤贫，无论迟早，赚取工资者的生活水平注定要落到维持生计的地步，使无产阶级经常处于痛苦和饥饿的边缘；与此同时，那些起初是中产阶级的人，除一小部分之外，将被推向工人的地步，最终的结果将是社会分为绝大多数受剥削的穷人和少数的大资本家。另一方面他更不同意保守主义者关于美国工人的一些看法，即认为工人阶级可以凭借自己的聪明才智，通过自身的奋斗改变自己的处境，进入社会的上层。塞恩斯特鲁姆认为这种观点过于强调了工人阶级进入社会上层的程度了，他们用这种夸大了的社会流动性掩盖了美国社会中的阶级冲突和贫富之间的巨大差距。在他看来，美国社会里确实存在着一定的社会流动，工人的生存状况也有持续改善，但这种流动和改善却非常有限，根本无法消除美国社会中的对立与矛盾。正如昂格尔在评论他的这篇文章时所说的那样，"他的结论并不是武断或尖利刺耳的，但它们的确不支持保守主义关于 19 世纪美国社会变动的过于夸张的观点"。②

　　为了便于分析与考察，塞恩斯特鲁姆选取了纽贝里港的 287 个劳动家庭作为自己的研究对象，并把它们粗略地分为高流动（High mobility）、中等流动（Intermediate mobility）和不流动（Static mobility）三种类型。其中，高流动家庭包括那些在这 30 年中家庭成员中至少有一人进入非手工劳动职业领域的家庭，它们占了 287 个受调查家庭的 1/6；那些男性家庭成员都局限于非熟练和半熟练工作的家庭，

────────────────

　　① 张广智教授在其所著的《西方史学史》一书中指出，塞恩斯特鲁姆在它的这本书中的研究，建立了美国社会史研究中的社会流动模式。它既是美国新社会史的奠基之作，也是新城市史的代表作。参见张广智《西方史学史》，复旦大学出版社 2002 年版，第 324—325 页。

　　② Irwin Unger, ed., *Beyond Liberalism: The New Left Views American History*, Waltham, Wassachusetts: Xerox College Pubilshing, 1971, p. 119.

以及那些在这 30 年中从未拥有多于 300 美元财产的人被划为不流动的类别;中等流动家庭则是处于这二者之间的部分。

按照以上标准,塞恩斯特鲁姆认为,1850—1880 年期间,在纽贝里港居住 10 年或更久的 287 个家庭中,有 47 个属于高流动家庭。其中有 22 个涉及成年劳动者进入非手工劳动职业领域;而另外 25 个则是因为其后代进入了中产阶级的职业领域。在考察中,他吃惊地发现,由于这一时期纽贝里港的居民可以得到大量的可耕地,所以他们实现高流动最重要的途径不是小商业,而是农业,关键的一步就是攒够足够的钱去在这个城市的郊区买一块地。这是他们向上流动的典型模式。但一旦获得了土地,想成为一个名副其实的农场主又常常是很缓慢的。一小部分人成功地从劳动阶层变成了名副其实的农场主,其他许多人则变成了做兼职的自耕农。塞恩斯特鲁姆认为,把农场主和非手工劳动职业者划为一类是一个社会学传统;实际上,农场主是要从事很繁重的劳动的,这基本上和普通劳动没什么区别,他们并没有真正拥有非手工劳动的体面的职业。农场主之所以被划为与商人和专业人士一个阶层,是因为他是一个经营者(a proprietor)——因为他拥有资金,可以决定自己生产什么,并且可以销售至少部分自己的产品以获利。但那些成为农场主的劳动者似乎通常所生产的只够满足他们自己家庭的需求,很少能够真正参与到为市场而进行生产的行列中去。大多数人所生产的谷物价值甚至要少于联邦统计局在农业普查中所订的财产申报的最低额(1870 年的农业普查中,统计局所订的最低财产申报数额为 500 美元)。①

在塞恩斯特鲁看来,只有从事商业买卖才能使这些人脱离手工劳动,但这些家庭中只有很少的一些人(只有 6 个人)投资了小买卖,而且他们的资金短缺、能力不足,有时还有不好的运气,所以这些人还没有他们那些购买农场的同胞富足!塞恩斯特鲁姆指出,银行的破产及其他一些不稳定因素常常使那些投资小本经营的人陷于破产,从

---

① Stephan Thernstrom, "The Process of Mobility", in Irwin Unger, ed., *Beyond Liberalism: The New Left Views American History*, Waltham, Wassachusetts: Xerox College Pubilshing, 1971, p. 121.

而使他们的生存状况更加恶化。他举例说，一个年轻人在 1860 年用 500 美元开了一个杂货店，5 年内他失去了一切；他被迫在一个制帽工厂找一个工作，到 1880 年他还在那里被雇用。“如果这个研究的范围扩展到 1880 年后，其他一些向下流动的例子将被记录下来；这些小经营在 1886 年的城市工商目录中已经不再存在。”①

至于中等流动家庭，在所考察的 287 个家庭中，塞恩斯特鲁姆认为共有 145 个属于这一类型。它们中存在着两种截然不同情况：一是其家庭成员拥有了一种熟练技术职业，二是这个家庭获得了相当数量的财产。他指出，145 个中等流动家庭中只有 1/5 获得了职业流动，进入熟练技术行业；而大多数家庭却是因为家庭成员在那些年里维持着低技能、低收入状况，同时又能积累一些少量财产而被划归这一类型的。

塞恩斯特鲁姆的分析结果显示，纽贝里港拥有财产的普通劳工积累起来的收入一般少于 1000 美元，生活依然处于贫困之中。而剩下的那些不流动家庭的情况就更糟了。它们有 95 个家庭，占了 287 个家庭中的近 1/3，它们根本无法从最可怜和最贫困的从事手工劳动的工人阶级领域里摆脱出来。塞恩斯特鲁姆举了两个工人的例子：约翰·马丁 1860 年是一个临时工；后来成为当地煤气厂的一个工人，和他的家人一起住在煤气公司的一个小房间里。作为一个爱尔兰移民，他是一个文盲。他的女儿在一个棉花厂工作，直到她出嫁；他的一个儿子成了渔夫，第二个儿子成了一个造绳厂的技工。而另一个工人丹尼斯到 1880 年还是一个普通的工人；他 14 岁的儿子是一个磨坊工人（mill hand），而他的大儿子毕业后则去了一个砖厂。塞恩斯特鲁姆指出，在这 30 年里，这 95 个家庭中，根本没有一个家庭在此期间交过财产税。马丁和丹尼斯这类人名字偶尔能够在报纸上看到，因为他们中有人会因酗酒而被逮捕；以一个普通工人的工资去酗酒，是使一个家庭处于悲惨境地的极简单的方法。关于纽贝里港的这部分工人阶级，塞恩斯特鲁姆认为没

---

① Stephan Thernstrom, "The Process of Mobility", in Irwin Unger, ed., *Beyond Liberalism: The New Left Views American History*, Waltham, Wassachusetts: Xerox College Pubilshing, 1971, p. 122.

有什么可多说的。按照他们所生活的那个竞争性的社会的价值观来看，他们是失败的，而这种失败又很容易地传给了他们的子女。[1]

在对所选定的 287 个劳动家庭进行了详细考察之后，塞恩斯特鲁姆认为，19 世纪的纽贝里港的确存在着一个像欧洲那样的典型的永久性的无产阶级，"这个研究中讨论的这些家庭应该已经形成了它"。这些非熟练工人在 1850—1880 年期间处于社会职业阶梯的最底部。他们的情况似乎没有任何希望：他们既缺乏职业技能，又缺乏资金来源，许多人是文盲；他们周期性地失业，经常要靠救济生活；他们没有真正的"事业"，很少有人能够积累起财富或使自己在职业上取得进展！他指出，在非熟练和半熟练工作中，一个 40 岁的人的报酬还没有一个 17 岁的男孩多。对他们来说，小块土地、粗陋的家和千辛万苦积累起来的一点储蓄就是那些年的"成果"——"它们使一个人有了尊严，使他们能够稍微抵御一下不可预测和控制的经济力量，这种经济力量能够在任何时候使他们失去工作"。在此期间，人们总是能够在纽贝里港发现这些大量赤贫的非熟练工人，他们对这个城市来说是相对的陌生人，"大多数可能成为一个长期沮丧的社会阶层的候选人"，他们"除了对呼吸感兴趣外，对这个国家毫无兴趣"。[2] 塞恩斯特鲁姆指出，对他们来说，想进入中产阶级的行列就需要进入一个非手工劳动行业，并有一种新的生活方式，而这对于非熟练工人或他们的孩子来说显然是一个很难完成的"非凡的壮举"（an uncommon feat），因为这段时间里，在纽贝里港居住达 10 年或 10 年以上的劳工家庭中的 5/6 发现中产阶级的职业世界对他们来说是完全关闭的。剩下的另外 1/6——那些高流动家庭——中的许多人有时还要依赖做一些手工雇佣劳动才能支撑家用。

在塞恩斯特鲁姆看来，那种认为这一时期根本不存在社会流动的观点是不准确的，因为 19 世纪纽贝里港劳工家庭中确实实现了某些

---

① Stephan Thernstrom, "The Process of Mobility", in Irwin Unger, ed., *Beyond Liberalism*: *The New Left Views American History*, Waltham, Wassachusetts: Xerox College Pubilshing, 1971, p. 125.

② Ibid., pp. 129—131.

流动，有些人在职业和财产方面取得了一些"适度的进步"（modest advances）。这种"适度的进步"是非常有限的，它"最常见的形式是在工人阶级内部的向上运动，即这种流动只是在较低的中产阶级与那些漂浮不定的、贫困的非熟练工人之间的运动"。正如他所指出的那样，尽管"属于工人阶级中有产者的家庭在某种意义上实现了社会流动，即他们在社会等级的阶梯上爬升到了一个更高的位置，并使他们自己成为社区中一个体面的、可敬的、勤奋工作的、按时去做礼拜的成员。然而，他们的双脚还没有踏上能够把他们提升到商人、专业人员和大企业家阶层的电梯"。① 因此，塞恩斯特鲁姆认为，19 世纪的政治宣传者和 20 世纪的新保守主义者所宣传的诸如"拥有财产的劳工就是一个'资本家'"、"如果一个人有了储蓄的话，他就不再属于这个阶级（工人阶级）了"、"劳工已经在这个新世界中成为资本家"，以及"典型的美国工人已经是未来的企业家"等观点都是可笑的，是"十足的幻想"。②

　　塞恩斯特鲁姆指出，许多流行作家和演说家所宣扬的"从穷人到富人"的神话（the rag-to-riches mythology）显而易见是骗人的，与这些劳工家庭的实际社会经历之间构成了强烈的对比。事实上，美国社会的不同阶级在发展机会方面的差别是深刻而广泛的——纽贝里港的绝大多数非熟练工人和他们的孩子大多在整个 1850—1880 年期间依然是工人阶级，没有一个人能够从穷人上升到真正的富人。他认为，如果有人想在纽贝里港找到像安德鲁·卡内基那样的成功的"神话"的话，他能找到像格里诺和福勒这样的例子就不错了——前者拥有一个价值 1.5 万美元的出租车马的马房，后者则拥有一个小小的书报摊。"为成为工头而

---

① 塞恩斯特鲁姆认为，在 1850—1880 年的 30 年里，只有 5% 的纽贝里港劳动家庭千辛万苦地在职业和财产上实现了流动，其他大多数劳动家庭的情况可想而知。参见 Stephan Thernstrom, "The Process of Mobility", in Irwin Unger, ed., *Beyond Liberalism*: *The New Left Views American History*, Waltham, Wassachusetts: Xerox College Pubilshing, 1971, pp. 130—132。

② Stephan Thernstrom, "The Process of Mobility", in Irwin Unger, ed., *Beyond Liberalism*: *The New Left Views American History*, Waltham, Wassachusetts: Xerox College Pubilshing, 1971, pp. 130—131.

奋斗并最终成为董事会主席的卑微的工厂工人，在这一时期关于成功的作品中几乎很少有描述，他是后来被创作出来的。"①

　　塞恩斯特鲁姆是"新左派"史学家中少有的接受新的史学研究方法的人。他通过计量统计方法所进行的研究，不仅"第一次揭示出生活在底层的人们，要从贫困下解放出来是极为困难的。从而打破了以前流行的把新政前的繁荣时代叫黄金时代、认为人人都可以得到平等的观点"②，而且还继兰帕德提出城市社会流动研究之后，从实践上建立了美国新社会史研究中的"社会流动模式"。其历史研究中所挖掘的史料及所揭示的事实开拓了人们的视野，加深和丰富了人们对美国社会与历史的认识。③

　　从以上三位"新左派"学者对美国社会劳工运动及底层社会成员生活状况的分析与描述中可以看出，他们的观点明显受到了西方马克思主义和进步主义学者的"二元冲突"理论及阶级观念的深刻影响。在浓烈的人文关怀激情的推动下，他们用自己手中的利笔，对美国社会下层民众的困苦生活及其成因进行了深刻的剖析，以严酷的现实有力地驳斥并回击了主流社会学者长期以来对美国社会所作的"和谐"、"自由"、"平等"等虚假、歪曲的颂扬。尽管他们的分析中可能还存在着这样或那样的缺陷，还无法让所有人信服，但至少可以使那些经常为美国的"繁荣"、"富强"而感到自豪的美国人在自鸣得意的同时，可以从另外的角度对这个社会中的"公平"、"正义"等问题进行深刻的反思。

---

　　① Stephan Thernstrom, "The Process of Mobility", in Irwin Unger, ed., *Beyond Liberalism：The New Left Views American History*, Waltham, Wassachusetts：Xerox College Pubilshing, 1971, pp. 122, 132.

　　② ［日］芝井敬司：《现代历史学和数量方法》，《国外社会科学》1982 年第 5 期。

　　③ 美国新社会史的"社会流动模式"的理论奠基者是兰帕德。他于 20 世纪 60 年代初所发表的《美国史学家与城市化研究》及《城市化和社会变迁》等文章中，最初提出了"应注重社会流动这一美国社会特征及其在城市化过程中的作用"。而塞恩斯特鲁姆则通过自己的研究实践，最终建立了这一模式。参见张广智、张广勇《现代西方史学》，复旦大学出版社 1996 年版，第 195—196 页。

第三节　罗斯福"新政"问题

　　罗斯福"新政"改革，是"新左派"史学家们对美国国家与社会诸多问题进行考察时所关注的另一个重要问题。"二战"后的许多美国历史学家从自由主义的保守立场出发，认为"新政"是美国历史上的一个重要事件，罗斯福政府带领人民以前所未有的胆魄与激情，在严峻的社会危机面前，对美国国家与社会进行了广泛而成功的改革，从而使这一时期成为美国历史上的一个重要"分水岭"。他们对罗斯福总统倍加尊敬与赞扬，认为他所领导的这场改革运动挽救了处于危机之中的美国社会，不仅从大企业手中拯救了联邦政府，实现了政治权力的极其重要的重新分配，而且还给那些没有特权的人以权利，满足了他们的需要，给民主制度补充了新的活力①，因此是"美国的第三次革命"。② 但 20 世纪 60 年代的"新左派"并不这样看，他们认为"新政"的自由主义改革并没有改变美国的制度，而是有计划、有目地保留和保护了美国的公司资本主义；美国社会的权力和财富也没有实现重要的重新分配，它的各项措施只是使那些既有的利益集团得到了政府的恩惠，而更多的普通美国民众并没有获得什么真正的好处。他们批评"新政"改革本身是为了维护资本主义制度而设计的，充满了保守主义的色彩，"根本没有马克思主义，甚至没有那些提出结构性批评和结构性解决办法的美国本土的激进主义"③。持以上观点的"新左派"学者，以巴顿·伯恩斯坦（Barton J. Bernstein）和霍华德·津恩为典型代表。

---

　　① Barton J. Bernstein, "The New Deal: The Conservative Achievements of Liberal Reform", in Barton J. Bernstein ed. , *Toward a New Past: Dissenting Essays in American History*, New York: Vintage Books Edition, 1969, pp. 263—264.

　　② Carl N. Degler, "The Third American Revolution", in Alonzo L. Hamby ed. , *The New Deal: Analysis and Interpretation*, New York, 1969, p. 173.

　　③ Barton J. Bernstein, "The New Deal: The Conservative Achievements of Liberal Reform", in Barton J. Bernstein ed. , *Toward a New Past: Dissenting Essays in American History*, New York: Vintage Books Edition, 1969, p. 264.

一 巴顿·伯恩斯坦看"新政"

伯恩斯坦在《新政：自由主义改革的保守成果》(*The New Deal*: *The Conservative Achievements of Liberal Reform*) 一文中，一开始就指出，面对日益严峻的经济危机的冲击，罗斯福是在他的前任——胡佛政府——已取得的成果的基础上开始指挥这场拯救公司资本主义战役的。他通过扩大联邦的行动，用联邦政府的力量去稳定美国经济。尽管他承认新的政治利益集团，并使他们得到好处，但他的"新政"改革却从未真正对大企业或经济组织构成过威胁。在为那些需要帮助的人提供帮助，使他们免受饥饿之苦时，罗斯福的各种人道主义努力保护了既有体制：他逐渐削弱了那些有组织的激进主义的力量，也削弱了那些可能支持这些激进主义的没有组织的牢骚满腹者的能量。在伯恩斯坦看来，罗斯福对民意很敏感，非常害怕激进主义，谨慎地压制着自己的自由主义，使它处于非常有限的状况下。实际上，"他的政府的（改革）目标的保守性比历史学家通常意识到的还要大"。①

伯恩斯坦认为，罗斯福新政改革的保守性首先突出地体现在其为应对银行系统危机所制定的改革措施中。他指出，当罗斯福进入白宫时，整个银行系统正面临崩溃，美国人已经对金融体系失去了信心。在这种情况下，罗斯福总统本可以把银行国有化，连参议员布劳森·卡丁都认为"这样做不会有一点点的反对意见"，但罗斯福政府并没有这样做。为了拯救美国的金融体系，罗斯福依靠银行家和胡佛政府的那些财政部官员们的合作，准备通过立法来使联邦政府帮助银行摆脱危机。他的这种措施受到普遍的欢迎，以至于在众议院一致通过，而参议院也在同一晚批准了它。这种通过政府援助的方式解决银行危机的措施无疑保护了那些以大银行家为代表的既得利益团体的利益。

此外，罗斯福改革的保守主义还明显地体现在其当政之初所制定通过的《全国工业复兴法》(*NRA*) 和《农业调整法》(*AAA*) 上。前

---

① Ibid., p. 267. 津恩在其《新政思想》一书中对罗斯福新政的保守性持有同样的观点。参见 Howard Zinn, *New Deal Thought*, New York, 1966, pp. xv.—xxxvi。

者通过由管理者、劳动者和政府一致赞成的一系列法令来控制经济，稳定物价和工资，限制竞争。虽然它规定了工人的最低工资和最长劳动时间，对倾向劳工的议员们和工会的劳工领袖们也作了某些让步——承认工人有组织工会和集体谈判的权利，但它最初是由大公司所操纵，并为它们的利益服务的。大多数工人及其他倾向于工人的人士尤其对这一法令的第 7 条第 1 款感到极其失望。[①] 由于其内容过于笼统含糊，如它虽然规定劳工有组织工会和通过他们自己选出的代表进行集体谈判的权利，但是并未明确规定雇主必须承认工会，而且对工人如何选出自己的代表也没有明确规定，这就给雇主钻了空子。他们往往用拒不承认工会或组织自己控制的公司工会的办法来抵制劳工条款。如此，工人只好采取罢工的形式来争取劳工条款授予他们的权利。《全国工业复兴法》签署后的六个月中，共发生罢工 1695 次，参加罢工人数达 117.7 万人。[②]

伯恩斯坦指出，对工人们来说，《全国工业复兴法》带来的好处比那些工会主义者（Unionists）所预料的还要少，而且作为一种复兴措施，它也是失败的。由于限制竞争，它损害了小企业的利益，促进了美国工业的集中。[③] 伯恩斯坦认为，由于罗斯福把经济看作一种"有组织的利益的和谐"（Concert of organized interests）[④]，所以他的新

---

① Barton J. Bernstein, "The New Deal: The Conservative Achievements of Liberal Reform", in Barton J. Bernstein ed., *Toward a New Past: Dissenting Essays in American History*, New York: Vintage Books Edition, 1969, p. 269.

② 参见陈明、李庆余、陈华合著《相信进步——罗斯福与新政》，南京大学出版社 2001 年版，第 133 页。

③ Barton J. Bernstein, "The New Deal: The Conservative Achievements of Liberal Reform", in Barton J. Bernstein ed., *Toward a New Past: Dissenting Essays in American History*, New York: Vintage Books Edition, 1969, p. 269.

④ "有组织的利益的和谐"（Concert of organized interests）这一概念是罗斯福在他于 1932 年 4 月 18 日的一次演说中使用的。参见 Samuel Rosenman, ed., *The Public Paper and Address of Franklin D. Roosevelt*, 13 Vols., New York, 1938—52, I, 627—39. 转引自 Barton J. Bernstein, "The New Deal: The Conservative Achievements of Liberal Reform", in Barton J. Bernstein ed., *Toward a New Past: Dissenting Essays in American History*, New York: Vintage Books Edition, 1969, "Notes: No. 30", p. 284.

政改革同样给农场主们带来了好处，这就是《农业调整法》。通过这一法律，联邦政府拨专项资金，设立专门机构，按农场大小对农场主进行农业补贴，并从农业资金、粮食储备和农产品市场销售三个方面入手，支持并保护本国农业的发展。罗斯福政府的农业计划反映了大商业农场主的政治权力，由于害怕引起权力集团的敌对情绪，它往往忽略了佃户和小佃农的利益。伯恩斯坦指出，"在援助农业方面，《农业调整法》和《全国工业复兴法》一样，都是为了那些拥有较大政治和经济权力的人的幸福而牺牲了那些生活在社会边缘和未加入工会的人的利益"，政府"通常是那些强势集团的仆人"。① 此外，在税收方面，伯恩斯坦认为，尽管罗斯福因（此前的）税收法没有能够阻止财富和经济权力的非正义的集中而对此进行了批评，但他自己的税收措施因遭到商人们的反对也并没有能够使社会财富发生重要的重新分配。罗斯福本人最终并没能遵守自己的诺言去支持这个法令，而是使它屈从于保守主义的压力，并最终废除了遗产税，大幅度削减了企业税和个人所得税。他的税法"没有能够从富人们那里敲到竹杠（soak the rich）"。②

除以上对罗斯福新政在经济方面的改革表示不满之外，伯恩斯坦对新政期间的种族关系也提出了批评。他认为，"新政"在美国的种族关系方面的措施表现得比经济方面的改革更为胆小，原来的种族关系基本上原封未动。罗斯福政府给一些黑人领袖以认可，任命他们为各种机构的顾问——所谓的"黑人内阁"（the "black cabinet"）；一些白人甚至为打破种族隔离而奋斗。但是，种族隔离并没有结束，首都华盛顿本身就仍然是一个种族分离的城市，白人控制的南部也从未受到过挑战。尽管如此，罗斯福政府所给予黑人的这样一些迟来的、谨小慎微的认可已足以诱惑那些黑人领袖们，甚至博得大众的喝彩。伯恩斯坦指出，实际上，罗斯福从来也不会浪费他的政治资本去攻击美

① Barton J. Bernstein, "The New Deal: The Conservative Achievements of Liberal Reform", in Barton J. Bernstein ed., *Toward a New Past: Dissenting Essays in American History*, New York: Vintage Books Edition, 1969, p. 270.

② Ibid., p. 274.

国的社会等级制度。

在伯恩斯坦看来，受到广泛赞扬的罗斯福“新政”改革是不成功的，其成果是非常有限的：美国社会的不平等状况在继续着，大崩溃发生十年之后，仍有数百万人失业。[①] 就连罗斯福总统本人在他1937年1月20号的第二任总统就职演说中也不得不承认，在这个国家里，仍然有1/3的人“营养不良、没有衣穿、没有房住”。[②] 在这种情况下，人们已经开始把大萧条当作一种新的正常的生活方式来接受了。他认为，在与这场大萧条搏斗了将近六年以后，罗斯福政府没能把这个国家引向复兴，但是它已经减轻了人们的痛苦，在美国大部分地区，不再有饥饿——这可能就是“新政”最仁慈的成就了。[③]

伯恩斯坦指出，“新政”对平等和正义的关注是非常有限的，也没有在这方面做出什么真正的努力。通过花言巧语，罗斯福政府设法赢得了人们对它的效忠与信任。但为了保护私有财产制度，促进公司资本主义的利益，“新政”只帮助了社会的中、上层阶级，它有时甚至以损害下层阶级的利益为代价来保护他们。它很少给下层阶级以实质性的好处，往往把那些小佃农、流浪的工人和农场劳工、贫民窟的居民、非熟练工人和失业的黑人置于新的社会秩序之外。所以，它既不像卡尔·戴格勒所说的是“美国第三次革命”，也甚至不像威廉·勒克藤堡所说的那样是一次“半革命”（half-way revolution）。在伯恩斯坦看来，尽管“新政”在风气和精神上与前一个年代有所改变，但它绝对是保守主义的，与20世纪20年代是一脉相承的，它所带来的

---

① 伯恩斯坦指出，到1937年时，政府已经把足够多的钱投入到经济领域，以刺激生产能够达到1929年10%的状况，但是失业人数仍在700万以上徘徊。为了平衡预算，罗斯福总统削减了公共开支和救济，使经济陷入一个更大的萧条之中。到1939年，美国仍有将近900万人失业。See, Barton J. Bernstein, "The New Deal: The Conservative Achievements of Liberal Reform", in Barton J. Bernstein ed. , *Toward a New Past: Dissenting Essays in American History*, New York: Vintage Books Edition, 1969, pp. 277—278。

② Barton J. Bernstein, "The New Deal: The Conservative Achievements of Liberal Reform", in Barton J. Bernstein ed. , *Toward a New Past: Dissenting Essays in American History*, New York: Vintage Books Edition, 1969, p. 281.

③ Ibid. , p. 278.

变化的重要性被夸大了。

二　霍华德·津恩对"新政"的批判

津恩在其《美国人民的历史》一书中，对罗斯福新政亦有所论述，对其改革的保守性提出了同样的批评。他首先指出，资本主义制度在本质上是不健康的，它是一种把过度追逐企业利益作为动力的制度，因此，它本身就是不稳定的、不可预测的、不顾人们的需要的，常常使许多人受到经济萧条的困扰。尽管资本主义制度进行了煞费苦心的自身改革，其组织控制能力也有所增强，但是，当1929年的经济大危机到来时，它仍是一种病态的和不稳定的制度。他认为，在艰难困苦的年代里开始的罗斯福"新政"改革的确远远越出了旧的立法规范。"通过给人民提供必要救助的办法，罗斯福政府试图解决两个最急迫的问题：一方面，它要克服危机和稳定制度，以达到重建资本主义之目的；另一方面，它还要阻止罗斯福上台初期的自发性的反叛运动（一些城市出现的佃户与失业者组织、自助运动、总罢工）的惊人增长。"①

在其对"新政"改革的分析中，津恩主要侧重于罗斯福政府在推行各项改革措施的同时，对处于困境中的民众反抗斗争的控制方面。他认为，罗斯福政府进行新政改革的首要目标是恢复经济，但其并没有放松对下层阶级反抗运动的警惕，时刻提防着他们把反叛运动转化为一场真正意义上的革命，从而危及美国的资本主义制度。罗斯福政府正是这样一方面通过制定政策措施，恢复经济发展；同时另一方面又注意通过以各种手段对下层民众的反抗斗争进行控制的方法，稳定了美国的资本主义制度和社会秩序。津恩指出，当罗斯福于1933年开始就任总统时，下层人民的反叛斗争实实在在地存在着。处于绝望之中的人民不再等待政府的救助，而是开始采取各种直接的行动进行自助了（自从1931年到1932年间企业和政府不再向他们提供救济时

---

① ［美］霍华德·津恩：《美国人民的历史》，许先春等译，上海人民出版社2000年版，第329页。

起，人民便开始组织起来实行自助）。这些只是出于实际需要所采取
的简单行动的确有引发革命的可能性，工人群众向人们初步展示了他
们那尚未被唤醒的强大的阶级意识。

津恩认为，对罗斯福和他的顾问们以及那些支持他的企业家们来
说，实行"新政"同样也是其阶级意识的一种表现。1933—1934 年
间，他们意识到必须迅速地采取措施提供工作、食物和救济，以防止
工人们得出他们的问题只能靠他们自己来解决这样一种结论来。在津
恩看来，也许正是这种阶级意识导致了国会在 1934 年以立法的形式
来规范劳动纠纷。法案规定工会代表可以选举一个委员会来解决问题
和受理申诉。这类立法不正是用来对付工人的事情只能由工人自己来
解决这样一种思想的吗？大企业主认为该法案对工人太有利而表示反
对，罗斯福也失去了热情，但 1934 年一系列劳工事件的发生却表明
了立法的必要性（1934 年，各种工厂有 150 万名工人举行了罢工）。①
津恩指出，各种形式的罢工在罗斯福政府看来对现存制度特别危险，
因为它们不受正规的工会领导人的控制。正是为了应对劳工骚动和稳
定现存制度，要求建立一个全国劳工关系委员会的《瓦格纳法》才于
1935 年获得了通过。尽管资本家不喜欢工会，但工会毕竟比工人的
自发罢工、比普通工人占据工厂更好控制一些，即相比较而言工会更
有利于制度的稳定。这样，到 30 年代中期便出现了两种颇为老辣的
直接控制劳工行动的手段：其一，全国劳工关系委员会给予工会组织
以合法地位，听取它们的意见，解决它们的某些冤情。这样，它便能
把工人反抗的能量疏导到选举中来，从而弱化劳工的反叛情绪——就
像宪政制度把可能引起麻烦的能量引导到投票中一样。全国劳工关系

---

① ［美］霍华德·津恩：《美国人民的历史》，许先春等译，上海人民出版社 2000 年
版，第 332 页。注：从 1934 年起参议员瓦格纳着手起草新的立法，并于 1935 年 2 月 21 日
将该法案提交参议院。这就是《瓦格纳——康纳里全国劳工关系法》，简称《瓦格纳法》。
起初，劳工部长珀金斯和罗斯福总统都不予支持。罗斯福既反对雇主拒绝谈判的不妥协态
度，也反对工会组织的霸道。他尤其不能容忍工人罢工妨碍他实现既定的政治和经济目标。
1935 年 5 月 16 日，参议院通过《瓦格纳法》后，罗斯福总统的态度发生了重大转变，开
始支持《瓦格纳法》，并说服众议院讨论通过了该法案，并于 7 月 5 日签署。参见陈明、李
庆余、陈华《相信进步——罗斯福与新政》，南京大学出版社 2001 年版，第 135 页。

委员会可以限制经济冲突，就像投票可以限制政治冲突一样。其二，工人组织本身（如工会，甚至像产联这样颇富战斗性和攻击性的工会）也可以把工人的暴动能量导入到契约、谈判和工会会议中去，它力图把工人罢工的规模和影响减至最低限度，以便能建立起一个强大的、有影响力的和值得尊重的组织。①

在津恩看来，罗斯福"新政"那些年的历史，好像印证了理查德·克洛沃德和弗朗西斯·皮文在其《穷人的运动》一书中提出的论点，即劳动者在其自发斗争阶段即工会被承认或者很好地组织起来之前的阶段得到的利益更多："在大萧条时期，即在工厂的工人被吸收进工会之前，他们拥有最大的影响力，能够逼迫政府向他们作出最重大的让步。在大萧条时期，他们的力量不是源于组织，而是源于破坏。"② 在他看来，罗斯福新政并没有给普通的美国民众带来什么真正的好处，也没有能够改变美国病态的社会制度：美国普通的劳动人民依然处于困境之中；广大的黑人的利益也没有得到照顾，作为佃农、农业工人、移民或者家庭工人，他们没有条件享受失业救济、最低工资、社会保险或农业补贴，他们总是最后一个就业者和第一个失业者；为了得到南方白人政客们必要的支持，罗斯福小心翼翼地尽可能不去触犯他们的利益，他没有推动通过一项反对对黑人处以私刑的法案；在军队中，黑人与白人之间依旧实行着种族隔离政策。津恩最后指出，如果说"新政"在用尽各种办法和手段对美国下层劳工人民的不满情绪进行控制的同时，也作出了一些新的让步的话，那这些让步并不能解决根本问题，对许多人而言它们甚至不能解决任何问题。它只是帮助许多人创造了一种进步和改善的氛围，从而恢复了他们对现存制度的一些信心。"新政结束了，资本主义制度依然完好无损。富人们依旧控制着国家的财富，就像依旧控制着它的法律、法院、警察、报纸、教堂和学校一样。为相当一部分人提供相当部分的救助使罗斯福成了千百万人心目中的英雄，但是，这个曾经给美国带来大萧

---

① ［美］霍华德·津恩：《美国人民的历史》，许先春等译，上海人民出版社 2000 年版，第 337—338 页。

② 同上书，第 338 页。

条和危机的制度（这是一个赞成巨大浪费的制度、一个不公正的制度、一个关心利润超过关心人们的需要的制度）却依然维持着。"①

　　综上所述，"新左派"学者对罗斯福"新政"的批判是带着强烈的现代意识和阶级理念的。他们关注美国下层民众的生活，抨击美国社会存在的各种不平等现象，呼吁人们继续对美国社会进行变革，确有其合理性。但他们在对"新政"进行历史评判时，过度注重于阶级标准，而忽略了历史标准。从历史的角度来看，在当时美国社会与经济面临着巨大困难、人民处于绝望之中的情况下，罗斯福新政毕竟稳定了社会，使美国经济在大崩溃的废墟上得以慢慢复兴，使美国人民重又看到了生活的希望。它所完成的一些重要的立法工作，对美国以后的经济、社会发展也具有一定的重要意义。

　　我国研究罗斯福"新政"的专家刘绪贻先生，曾就"新政"的历史地位等问题发表过许多很有见地的观点。他指出，罗斯福领导的"新政"改革用国家干预社会经济生活的办法代替传统的放任主义政策，不仅局部地改变了美国的生产关系，在一定程度上改善了广大劳动人民的处境，缓和了阶级斗争，挽救和加强了美国的垄断资本主义制度，而且对主要的资本主义国家产生了广泛的影响，成为它们纠正社会弊病的榜样。其最重要的成就，就是"它成功地使众多的美国人、欧洲人相信：民主改革可以代替极权主义的制度"。② 客观而言，在大萧条的痛苦岁月里，罗斯福所领导的"新政"改革是有其历史功绩的，这一点是不容忽视的。因此，从某种意义上看，"新左派"学者对罗斯福及其"新政"改革的批判与否定是有些过于偏激了。

　　正如北卡罗来纳大学历史学教授奥提斯·格拉罕（Otis L. Graham, Jr.）和纽约大学的昂格尔教授所分别指出的那样，"'新左派'批评新政未达到重新分配财产及社会完全平等的目的是正确的，但他

　　① ［美］霍华德·津恩：《美国人民的历史》，许先春等译，上海人民出版社 2000 年版，第 339—341 页。

　　② 参见刘绪贻《20 世纪 30 年代以来美国史论丛》，中国社会科学出版社 2001 年版；詹姆斯·M. 伯恩斯等著《美国式民主》，谭君久等译，中国社会科学出版社 1993 年版。

们却没有提到新政的成功之处"。① "'新左派'对于20世纪改革的苛刻评价，我认为并不是根据事实所得出的必然结论。首先，这一结论是由意识形态上一些先入为主的东西所决定的。"② 实际上，几乎所有"新左派"学者在对美国历史问题的解释与评价上都存在着类似的问题——对美国国内问题的评价如此，对美国外交问题的解读与评价亦如此。尽管他们从时代的需要出发，以强烈的激进主义情怀关注下层社会民众的社会生活，抨击美国"繁荣"、"自由"、"民主"与"和谐"的虚假神话，有其进步意义，有利于在深度与广度上加强美国史的研究。但恰如一些学者所指出的那样，"新左派"史学家"以一种否定的信念来研究历史，缺乏昔日史家所具有的积极信念，将破坏他们的成就"。③这一点还将充分体现在本书下一章"新左派"学者对美国外交政策的解读与评价中。

---

① Otis L. Graham, Jr., ed., *The New Deal: The Critical Issues*, Boston, 1971, p. xiii.

② Irwin Unger, "The 'New Left' and American History: Some Recent Trends in United States Historiography", *The American Historical Review*, Vol. 72, No. 4, July 1967, pp. 1237—1263.

③ John A. Garraty, *Interpreting American History: Conversations with Historian*, Macmillan Company, 1970, p. 190.

第四章

美国"新左派"：美国与世界

在关注国内问题的同时，美国"新左派"史学家中的一部分人更加关注美国与世界其他国家或地区的关系问题，形成了"新左派"史学独具自己特色的外交史学派。他们认为，美国在处理国际关系时，以"门户开放"的扩张主义为原则①，以寻求海外市场和原料产地为目的，背离了美国传统的民主、自由的人道主义美德，是与历史潮流格格不入的。在"越战"硝烟弥漫和"冷战"阴云密布的大背景下，这些"新左派"外交史学家们希望在对美国对外政策及行为进行猛烈批判的基础上，以自己的声音唤醒那些被政府和企业家们所煽动的爱国主义冲昏了头脑的美国人重新审视过去的失败和教训，以免重蹈覆辙，进而把美国建设成为一个自由而自给自足的社会。

本章将在回顾美国外交史学发展的基础上，就"新左派"史学家们对美国对外关系中一些重要问题的看法进行分析，以试图从"美国与世界"的关系的角度透视整个"新左派"史学的理论特色。

第一节　美国外交史学的风雨历程

作为整个美国史学不可分割的组成部分，美国外交史学的发展同

---

① 正是因为这些学者在解释美国外交时突出了其"门户开放"的扩张主义传统和特色，所以他们又常常被人们称为"门户开放学派"（"Open Door School"）。参见 Gabriel Kolko, *Main Currents in Modern American History*, New York: Harper & Row, Publishers, Inc., 1976, p. 36。

样经历了一个由业余到专业化的过程。但值得指出的是，美国有关外交方面的著作的出现要大大晚于其他方面的著作，它只是在 1823 年"门罗宣言"对外宣布之后，在美国日渐注意其外交扩张的情况下才开始逐渐出现的。

迄今所知，美国最早关于外交方面的著述应是 1826 年由西奥多·莱曼（Theodore Lyman，1792—1849）所著的两卷本的《美国外交》（*The Diplomacy of the United States—being an Account of the Foreign Relations of the Country，from the first treaty with France，1778 to the present time*）一书。[①] 但直到 19 世纪末，美国关于外交史方面的论述由于主客观方面诸多条件的限制，专业水准不高。真正的外交问题研究应该始于 19 世纪 90 年代前后。随着 1898 年美西战争的爆发，美国国家政策的外向扩张倾向日显，美国学者对国际问题的关注明显增强。在这种情况下，为了适应当时驻外机构职业化、外交活动频繁化的需要，哈佛、耶鲁等主要大学相继开设了有关外国史或地区史的相关课程，一些从事外国史或地区史研究与教学的学者开始撰写与美国有关的一些国家或地区的历史或关系史。但这些著作多是作为授课的教材，并非深入研究的成果，因此内容多流于浅显和单纯。至 20 世纪初期，随着美国逐渐步入国际舞台，涉外关系日渐频繁，较专业的外交史和涉外关系史著作相继问世，外交史学也逐渐成为一门专业的学科。然而，就整体而言，20 世纪 20 年代以前的美国外交史学的发展并不成熟，"20 世纪 20 年代以前的漫长时期只能算作是美国外交史学史上的史前时期"。[②] 虽说美国外交史学在早期的发展并不充分和成熟，受到的重视也不够，相关论述还算不上是严肃的政策分析的著作，但仍然培养出了以塞缪尔·比米斯（Samuel Flagg Bemis，1891—

---

① Jerald A. Combs，*American Diplomatic History：Two Centuries of Changing Interpretations*，University of California Press，1983，p. 3. 由于与其父同名，故人们通常把他称作"小西奥多·莱曼（Theodore Lyman，Jr.）"。1792 年 2 月出生于马萨诸塞的波士顿，1834—1835 年间任波士顿市市长。参见 http：//www. virtualology. com/theodorelyman/http：//www. dorchesteratheneum. org/page. php？id＝100。

② 卢明华：《美国外交史与外交史学家》，《南京大学学报》（哲学社会科学）1984 年第 1 期。

1973）、托马斯·贝莱（Thomas A. Bailey）①、朱利厄斯·普拉特
（Julius W. Pratt）等为代表的美国第一代外交史学家，他们在30—40
年代陆续发表了一系列具有相当影响力的外交史著作②，不仅奠定了
美国外交史学的基础，而且还占据了第二次世界大战前美国外交史学
的主导地位。

　　我们看到，20世纪前半期的美国史坛是"新史学"和"进步史
学"兴盛的时期，现代性和实用性成为当时史学的主要特征，它们构
成了20世纪美国史坛的第一次修正主义思潮。然而，成长于此一时
期的美国第一代外交史学家们并没有受到这种思潮的太多影响，而是
对于19世纪下半期开始传入美国的"科学派史学"钟爱有加。他们
服膺兰克科学史学的治学精神，在研究方法上重事实、轻理论，注重
对多国档案的研究和分析，拘泥于烦琐的历史细节和所谓的实录研
究。在史学思想上，他们则继承了美国传统的史学观点，强调美国外
交政策的延续性和一致性，对美国外交大加赞扬并全面肯定。在他们
看来，一部美国外交史就是美国力量不断增长，向外推广民主思想，
并不断取得胜利的历史。因此，他们"对以往美国外交目标和成果毫
无保留地感到自豪"。③ 塞缪尔·比米斯在其著作中对美国外交的颂
扬和解释就充分体现了这种"自豪"。他认为，美国百年来的外交成
果正是因为遵循开国元勋们所确立的中立和拒绝外国干涉美国内政的
原则所取得的，这些原则是永远适用的。在考察美国外交中的挫折和
失误时，他们则把原因归结于政府的决策者们所作的决定违背了这些

---

　　① 国内学者有时也常把"Bemis"和"Bailey"分别译为"贝米斯"和"贝利"或
"贝里"。

　　② 如比米斯的《美国革命外交》（1935）（*The Diplomacy of the American Revolution*）、
《美国外交史》（1936）（*A Diplomatic History of the United States*）、《美国的拉丁美洲政策》
（1943）（*The Latin American Policy of the United States*）；贝莱的《美国人民外交史》（1940）
（*A Diplomatic History of the American People*）、《伍德罗·威尔逊和失去的和平》（1944）
（*Woodrow Wilson and the Lost Peace*）；普拉特的《1898年的扩张主义者》（1936）（*Expan-sionists of 1898：The Acquisition of Hawaii and the Spanish Islands*）等。

　　③ Charles E. Neu, "The Changing Interpretation Structure of American Foreign Policy", in
John Breaman, et al. eds., *Twentieth Century American Foreign Policy*, Columbus：Ohio State Uni-versity Press, 1971, p. 3.

"原则"。如比米斯在论述 1898 年美西战争中，美国吞并夏威夷群岛，控制古巴，占领波多黎各、关岛和菲律宾等地的扩张行为时，把它称为一种"失常"现象和"一个重大偏差"。① 但即便如此，他还是认为，"在美国主权之下的菲律宾群岛成为一块记载美国的德政和善意的纪念碑，全世界的殖民统治和管理的模范"，"这是一场仁慈的战争"②，字里行间仍然充满了对美国战争外交的赞誉。贝莱在他的《美国人民外交史》一书中，虽然也认识到美国在对夏威夷等问题的处理上受到了社会达尔文主义和帝国主义理念的影响，但他同时又认为美国外交的根源存在于人民之中，美国外交是人民的外交，人民通过舆论对国家的外交决策过程产生决定性的影响，总统与政府只是这些政策的执行者而已。他用这样的观点来解释美西战争及美国向帝国主义的转变，无疑是在为美国政府的扩张政策与霸权主义辩护。③ 普拉特也不否认美国外交史中的确有几次带有侵略性的外交行动，但他又为之辩护说这些行动并没有任何贪婪、掠夺的性质，其动机也并非为了经济利益，而是美国人出于恐惧的正当防卫的行动。④

　　就美国第一代外交史学家的整体而言，虽然由于他们在研究方法上的保守性及史学思想上的传统化，人们常常把他们称为美国外交史学的"保守派"或"正统派"⑤，但因为他们在研究中注重对多国档案的采用和对当时国际背景的分析与研究，开始把外交史的研究建立在丰富的第一手资料及宽阔的视野基础之上，所以他们的著述在学术界仍引起了很大的关注。他们不仅奠定了美国外交史学的基础，把它发展为一门独立的学科，而且对后世也产生了很大的影响。

　　作为美国第一代外交史学家，比米斯和贝莱等人在"二战"之前

① ［美］S. F. 比米斯：《美国外交史》（第二分册），叶笃义译，商务印书馆 1987 年版，第 284 页。

② 同上书，第 271、284 页。

③ 李庆余：《美国外交史学述评》，《世界史研究动态》1991 年第 10 期。

④ Julius W. Pratt, *Expansionists of 1898*: *The Acquisition of Hawaii and the Spanish Islands*, Chicago: Quadrangle Books, 1964, pp. 192—212.

⑤ 这一学派有时又被人们称为"国家主义派"。参见李庆余《美国外交史学述评》，《世界史研究动态》1991 年第 10 期。

相当长的一段时期内占据了美国外交史学的主导地位。"二战"以后，随着美国势力在全球的扩张和国际局势的变化，特别是冷战的爆发，美国外交史学的发展开始呈现出多样化的趋势。此时的外交史学家们开始摆脱以前保守、单调的思考模式，从不同的角度来解读美国外交政策和行为。总体来说，由于在冷战起源等问题上的分歧，战后的美国外交史学界可以分为以下四个学派①："正统学派"（the Orthodoxy School）、"现实主义学派"（the Realist School）、"修正主义学派"（the Revisionist School）和"后修正主义学派"（the Post-Revisionist School）。其中，前三个学派构成了 20 世纪 70 年代以前美国外交史学

---

① 关于"二战"后美国外交史学派别的划分，有各种不同的分法：刘同舜、阴巧云在《论战后美国外交史的三个学派》中把它们分为"正统学派"、"修正主义学派"和"后修正主义学派"，见《世界史研究动态》1980 年第 2 期；尹良武在《冷战史学管窥》中把它们划分为"正统学派"、"现实主义学派"、"修正主义学派"和"后修正主义学派"，见中国留美历史学会编《当代欧美史学评析——中国留美历史学者论文集》，人民出版社 1990 年版；格罗布和比利亚斯则把它们分为"正统学派"、"现实主义学派"和"修正主义学派"，参见 Gerald W. Grob and George A. Billias, *Interpretations of American History*: *Patterns and Perspectives*, New York: The Free Press, 1972。20 世纪 80 年代末 90 年代初，"冷战"结束以后，美国外交史学界开始出现进行所谓"新冷战史"（the new Cold War history）研究的呼声。"新冷战史"出现的一个重要标志，是 1996 年 2 月 12—13 日在美国天普大学召开的一次学术会议，其主题为"冷战的起源：新的证据、新的解释和新的意义"，其目的是两方面的：一是根据新近解密的档案重新考察冷战的起源，二是在更为广阔的领域里研究"避免及解决冲突"的历史，但重点放在冷战的起源问题上。在这次会议上，美国研究冷战史的著名学者、耶鲁大学教授约翰·L. 加迪斯（John Lewis Gaddis）作了题为《新冷战史：一些最初感想》的主题发言，对"新冷战史"研究方法和研究思路提出了自己的建议。他认为"新冷战史"将证实"正统派"冷战史学家的一些结论，他强调"最富有意义"的是将证实斯大林对冷战的起源负有不可推卸的责任。加迪斯强调指出，尽管美国在冷战的起源和冷战的加剧上也有一定的责任，但不断增加的有关斯大林的资料只能进一步证实他所具有的敌对及野蛮的本性应对"冷战"负主要责任；他制造了一种怀疑和敌视西方的气氛，这种气氛在他去世后的很长时间里依然存在。加迪斯说，现实主义学派的学者常常批评美国的外交政策"脱离实际，自拆台脚，还在一个崇尚权力的世界高唱民主的理想"；实际上，美国成功地建立了军事和经济帝国而没有抛弃民主的理想，突出的例子是北约的成立和亲美的富裕的西德和日本的崛起。由此可以看出，如果说"修正主义学派"和"后修正主义学派"都对冷战时期的美国外交政策提出了不同程度的批评乃至抨击的话，那么"新冷战史"无疑是回归到"正统学派"那里，重复"宫廷史学"的论点，再次为美国的外交政策树碑立传，大唱赞歌。参见戴超武《"新冷战史"与当代美国外交史学思潮》，《美国研究》1999 年第 1 期。

的主要景观，"后修正主义学派"则于 70 年代后出现并活跃于美国外
交史坛，成为一支不容忽视的力量。

以比米斯和贝莱等人为代表的早期正统学派自 30—40 年代出现
以后，并没有在"二战"后的美国外交史学界很快消失，虽然此时其
影响已大不如前，但一批以赫伯特·菲什、约翰·斯波尼尔、格力森
及小施莱辛格等人为代表的新一代学者的加入，使它的衣钵得以继续
延续。这些人大多与美国政府有着千丝万缕的联系，其对于冷战的解
释基本上反映了官方的立场，认为是苏联首先挑起了冷战，应该为冷
战负责。在他们看来，俄国在传统上就有追求权力、安全与势力范围
的特性，在苏联革命成功之后，这些传统便自然化为一种带有共产主
义意识形态色彩的扩张主义的外交政策，具有很大的侵略性和危险
性。在他们眼里，与苏联相反，美国是一个追求和平的国家，在"二
战"以后仍希望保持世界的和平，维护全球的安全。美国在冷战的起
源问题上是被动的，是鉴于苏联的全球扩张主义而被迫采取"围堵策
略"的。[1] 如菲什就严厉指责是斯大林企图扩张苏联影响，在全球各
地从事颠覆的活动开启了冷战。小施莱辛格更是断言只有苏联放弃共
产主义的教条和赤化世界的野心，冷战才可避免，而且无论美国的政
策多么合情合理，冷战都会出现。[2]

除此之外，他们还认为美国的"门户开放"政策与欧洲的"强权
政治"有着明显的区别，它是以建立和维护一个自由平等的世界为前
提的，具有正面的积极意义。美国对外开拓和扩张的动机是带有崇高
的理想的，是为了使被开拓的地区及人民享受到如当年美国向西开拓
时所带来的好处。由是观之，他们的观点与比米斯等早期正统派外交
史学家的观点如出一辙，其学术活动只是为美国政府的外交政策行为
做一些涂脂抹粉的论证而已。

美国外交史学的"现实主义学派"是从传统的"正统学派"阵

---

　　① Gerald W. Grob and George A. Billias, *Interpretations of American History: Patterns and Perspectives*, New York: The Free Press, 1972, pp. 387—388.

　　② 尹良武：《冷战史学管窥》，载中国留美历史学会编《当代欧美史学评析——中国留美历史学者论文集》，人民出版社 1990 年版。

营里分化出来的一个新的学派。它是在"二战"后特定的国际、国内环境下孕育形成的。第二次世界大战后,美国成为超级大国,企图凭借其雄厚的经济和军事力量塑造一个由美国领导的世界。它到处插手进行干涉,不仅把拉丁美洲视为自己的"后院",而且通过推行马歇尔计划,力图控制西欧,并在亚洲对中国等国的革命进行武装介入,试图把这些国家变成自己的附庸。然而,美国这一称霸全球的霸权主义政策在实践中却不断遭到沉重的打击,证明是根本无法实现的。其在中国的失败就是一个很好的例子。由于美国外交不断遭到失败,统治集团与知识分子中越来越多的人开始重新审视美国战后的外交政策,要求把外交建立在现实主义的基础之上。① 这一部分人开始从传统的正统学派中分离出来,形成了美国外交史学中的"现实主义学派"。他们在对外扩张这一根本问题上与正统学派并没有什么分歧,他们所反对的只是昔日美国外交政策中所强调的"道德与秩序"原则和理想主义,认为这并不适用于现今国际政治的现实。他们一反"正统学派"对强权的鄙视,转而强调强权政治和权力政治在外交政策上的重要性,要求决策者在决策时应了解国际间的现实,更多地承认强权政治、国家利益和军事准备,通过各种手段来维护国家最大的利益。

学界一般把乔治·凯南(George F. Kennan)、汉斯·摩根索(Hans J. Morgenthau)、罗伯特·奥斯古德(Robert E. Osgood)及威廉·麦克尼尔(William McNeill)等人视为"现实主义学派"的主要代表人物。被称为"遏制战略之父"的乔治·凯南,从亲身经历的外交实践中深深地感到美国在这个世界实行全面扩张是力不从心的,必须要面对现实,从实力出发来重新制订其扩张计划,从而由早期坚定的"全面遏制共产主义者"转变为"现实主义学派"的创始人。他曾经指出:"过去五十年中,一根红线贯穿我们的外交政策,那就是以道德主义、教条主义的态度来处理国际问题,我认为这对我们制定外交政策是有百害而无一利的。"② 他认为,在外交行为中,美国应

---

① 李庆余:《美国外交史学述评》,《世界史研究动态》1991 年第 10 期。

② George F. Kennan, *American Diplomacy*, *1900—1950*, Chicago: University of Chicago Press, 1951, pp. 82—83.

该放弃道德主义的幻觉,重视对国际政治现实的分析和研究。作为"现实主义学派"的另一个主要代表,汉斯·摩根索认为人人都有追求权力的欲望,强权政治在国际政治中亦根深蒂固,所以美国应该注意观察国际政治的现实,并善于利用其所拥有的权力和手段,来维持国际间的均衡和维护美国的利益。他对美国外交中的泛道德化趋向进行了批评,认为这只会使美国自限于西半球之内,不利于美国的国家利益。

在对冷战起源问题的解释上,"现实主义学派"抛弃了"意识形态论",认为意识形态在冷战中并不起主要作用,真正起决定性作用的是美、苏两国现实的国家利益和权力政治。按他们的解释,美、苏两国其实都无意挑起冷战,它们都在其特定范围内追求自身的利益,然而,由于在某些问题上的认识不同,往往将彼此这种追求自身利益的行为视为一种威胁或不友好的行为,并作出相应的反应。美苏冷战与19世纪欧洲传统强权间的冲突没有什么区别,美苏借意识形态大谈民主或共产主义都只不过是各自攫取私利的借口而已。在这个问题上,汉斯·摩根索早在40年代后期就曾指出:冷战的实质是大国争夺霸权。总体而言,现实主义学派的基本原则就是,每一项外交政策的制定,必须在其目标和现有实力之间达到平衡。他们不同意正统学派对美国扩张外交的一味鼓吹,而是希望美国在实施外交政策时考虑到自己的实力状况。如果美国实力有限,却追求过高的目标,那就是不现实的,就会遭遇挫折。

我们看到,进入20世纪60年代,在对冷战史的研究中开始有了新的声音,一批年轻的修正主义学者对上述"正统学派"和"现实主义学派"的观点提出了强烈的挑战,形成了战后美国外交史学界的另一个新的学派——"修正主义学派"(即"新左派"外交史学派,又称"威斯康星"学派)。这一学派以"新左派"著名的激进主义学者威廉·阿普曼·威廉斯为领袖,以他在威斯康星大学的一批学生为干将,所以又常常被人们称为"威廉斯学派"或"威斯康星学派"。除威廉斯以外,其主要代表人物还有沃尔特·拉菲伯(Walter LaFeber)、利奥德·加德纳(Lloyd C. Gardner)、托马斯·麦考密克

（Thomas J. McCormick）、戴娜·弗莱明（Denna F. Fleming）、大卫·
霍洛维兹（David Horowitz）和加·阿尔普罗维兹（Gar Alperovitz）等
人。与“正统学派”站在美国官方立场上抨击苏联应该为“冷战”
负责和“现实主义学派”对国家权力与利益的强调不同，“修正主义
学派”以“经济因素”在美国外交政策行为中的作用为切入点，对
美国外交进行了新的激进主义的解释。他们认为，是美国为了满足其
国内利益集团的经济需求而不断向外扩张的外交传统，最终导致了
“冷战”的爆发，美国应该为“冷战”负责。作为“修正主义学派”
的创始人，威廉斯在他于 1959 年发表的《美国外交的悲剧》一书中，
明确表示不同意“正统学派”和“现实主义学派”的解释，认为美
国外交政策和行为并不是像前两个学派的学者所认为的那样以道德原
则和理想主义为指导的，而是建立在对利润的追求基础之上的。一部
美国外交史就是美国领土扩张与商业扩张的历史，是建立与维护新帝
国主义与最终导致其崩溃的历史。美国的扩张实际上损害了自身的国
家利益，是一场“悲剧”。在他看来，美国传统的“门户开放”的外
交政策是造成美苏冲突的一个重要原因，特别是“二战”前后，由于
美国坚持推行其“门户开放”政策，因此与苏联在东欧等地的利益发
生了冲突，并最终导致了“冷战”的发生。与威廉斯一样，“修正主
义学派”的其他学者也大多认为是美国的决策不当导致了“冷战”
的发生。他们认为“二战”后的各种情况表明，苏联在当时是无意与
美国对立的，一是因为在战争中受到蹂躏的苏联经济极度脆弱，根本
无力与美国对抗或进行其他的扩张；二是因为当时苏联仍将美国视为
一个能够提供援助的盟友，并对美国强大的经济和军事实力有清醒的
认识，所以实行的是一种有限的外交政策，不可能在主观上与美国发
生对抗。相反，苏联是在已经拥有原子弹等先进武器的美国的武力威
吓和西方国家的联合压力下，被迫起而反抗的，所以美国和一些西方
国家应该为冷战负责。

　　“正统学派”、“现实主义学派”和“修正主义学派”在冷战责任
问题上的论战，构成了 20 世纪 70 年代以前美国外交史学的主要内
容。70 年代以后，随着国际形势的变化和美国及其他西方国家一批

新的档案文件的解密，一个新的学派在美国外交学界兴起，即"后修正主义学派"。其主要代表人物是耶鲁大学的历史学教授约翰·L. 加迪斯（John Lewis Gaddis）。[①] 这一学派的学者同意"修正主义学派"关于美国外交服从于对外经济扩张需要的论点，认为"修正主义学派"对经济因素的强调是完全正确的，但又认为经济因素不是决定因素，只是众多影响外交政策因素中的一种而已。在冷战责任问题上，"后修正主义学派"并不认为美国要对冷战负主要的责任。加迪斯就曾在他的一篇文章中指出，"修正主义学派"关于"美国之争夺世界霸权，主要是由资本主义的需要所驱使，使得对苏联的正当利益并未留下退让的余地，从而导致冷战势在必然"的观点，是以信念而不是以研究为基础的。[②] 在加迪斯等人看来，如果说美国在战后两极分化的局势下，出于对共产主义的恐惧，以及过分相信美国本身的经济、军事能力等是造成冷战这场悲剧的具体原因的话，那么苏联的扩张主义才是引起冷战的根本原因，因为斯大林的"绝对权力使他比西方民主国家对手们更可能克服内部对其政策的制约"。[③]

正如加迪斯本人所言，正是因为"后修正主义学派"在史学观点上兼容了"正统学派"和"修正主义学派"两大学派的某些特点，一方面既认可了"修正主义学派"关于美国外交服务于国内经济扩张的论点，另一方面又把冷战责任归咎于苏联方面，所以人们有时又把"后修正主义学派"称为"新正统派"或"折中主义派"。20 世纪 80年代末 90 年代初，"冷战"结束以后，加迪斯等人开始提出进行"新冷战史"（the new Cold War history）的研究，更加向"正统学派"靠拢。[④]

---

① 约翰·L. 加迪斯本人在"冷战"结束后，转向提倡进行"新冷战史"的研究。

② ［美］约翰·L. 加迪斯：《萌芽中的关于冷战起源的后修正主义学派综合论》，钟文范编译，载《美国历史研究参考资料》1984 年第 1 期。

③ ［美］约翰·L. 加迪斯：《美国与冷战起源：1941—1947 年》，纽约，1972 年，第360—361 页。转引自尹良武《冷战史学管窥》，载中国留美历史学会编《当代欧美史学评析——中国留美历史学者论文集》，人民出版社 1990 年版，第 360—361 页。

④ 详见戴超武《"新冷战史"与当代美国外交史学思潮》，《美国研究》1999 年第1 期。

综上所述，外交史学作为整个美国史学的组成部分，在不同的历史时期对美国对外政策方面存在着不同的观点，形成了不同的学术流派。就 20 世纪来看，传统的"正统学派"统领了 20 世纪前半期的美国外交史坛，代表了美国官方的立场。而到了 20 世纪下半期以后，则形成了几大流派分庭抗礼之势，它们的史学观点对当时或以后的美国外交政策的制定都产生了一定的影响。到了 20 世纪末，"正统学派"的思想与观点重又在"新冷战史学"的研究中得到复活。在美国外交史学的流变与争论中，作为 60 年代"新左派"史学的代表，"修正主义学派"参加了 20 世纪下半期美国外交史学的论战，因此，对整个 20 世纪美国外交史学发展轨迹的探究，将有助于我们对"新左派"史学家在美国与世界其他国家或地区关系方面的思想进行考察与了解。本章将在以下两节内容中就此展开进一步的探讨。

第二节　美国扩张主义外交政策的形成与发展

"新左派"对美国外交的解释，主要以"威斯康星学派"为主。如前所述，这一学派是在威廉斯的领导下建立的。拉菲伯、加德纳和麦考密克等人作为威廉斯的学生，在自己的著作中秉承了其老师的主要思想，对美国外交政策和行为进行了猛烈的批判。此外，加布里埃尔·科尔科、戴娜·弗莱明、大卫·霍洛维兹和加·阿尔普罗维兹等人作为"新左派"史学的代表，亦加入了对美国外交的批判的行列之中。"新左派"史学是以对传统史学思想的批判起家的，在对美国外交的解读方面，以"威斯康星学派"为代表的一批学者同样是在对此前美国外交史学家的史学观点进行猛烈抨击的基础上开始自己的学术生涯的。他们不同意"正统学派"和"现实主义学派"对整个美国外交史的称赞和颂扬，提出了自己截然不同的见解。

"新左派"学者在对美国外交的解释上，一反美国传统外交史对美国外交所作的"理想主义，反帝国主义，基于道德理想原则而从事民主和平的工作"的解释①，认为美国外交事实上是一种"扩张主义"、"帝国主义"，是为了满足本身需要而从事海外的工作的。在这个解释框架下，他们详细考察了美国扩张主义外交政策的根源及其发展历程，对美西战争、门户开放和冷战等重要问题进行了深入的研究，得出了美国扩张主义外交必然导致悲剧性结果的结论。为行文方便起见，本章拟分两部分对"新左派"外交史学思想进行论述。其中，本节将主要论述他们对美国扩张主义外交政策的形成与发展的分析，下一节则着力对他们在 20 世纪下半期在美国外交史学界引起很大争论的"冷战"问题上的看法作单独探讨。而在具体的论述中，则主要选取"新左派"外交史学的两位重要人物威廉斯和拉菲伯的相关作品作为重点讨论对象。

一　美国扩张主义外交政策的形成

在对美国外交史的考察中，以"威斯康星"学派为代表的"新左派"史学家们找到了美国建国以来外交政策及行为中的一条清晰的主线，那就是扩张主义。② 在他们眼中，美国从建国之初始就是一个富于扩张性的国家，而这种扩张的传统最早可以追溯到其母国大英帝国那里。他们认为，美国的对外扩张可以分为两个阶段、两种形式：首先，在内战以前，美国的扩张大体以领土扩展为主——这主要表现在从殖民地时期开始，美国不断地在美洲大陆所进行的领土拓展上。其中，尤其是独立战争结束后，美国加快了其领土扩张的步伐。从独立战争结束至 19 世纪中期，美国逐渐由局限于密西西比河东部的狭长区域，把势力由大西洋扩展到太平洋沿岸。其次，内战以后，特别是从 19 世纪末开始，美国逐渐由领土拓展转向商业扩张，从西半球转

---

① 有关这种观点，可参见塞缪尔·比米斯（Samuel Flagg Bemis）等传统外交史学家的著作。其中，塞缪尔·比米斯的 *A Diplomatic History of the United States* 一书在国内出版有中文版（叶笃义译，商务印书馆于 1985 年、1987 年、1997 年分别出版其第一、二、三分册。）

② Richard A. Melanson，"The Social and Political Thought of William Appleman Williams"，in *The West Political Quarterly*，Vol. 31，No. 3，September 1978，pp. 392—409.

向亚洲。① 此时，国内领土达到饱和，美国便不断扩大对外的商业扩
张，并于 1890 年前后，以美西战争为契机，把扩张势力开始伸向国
外，正式走上了海外扩张的道路，加入了与英、法、德等帝国主义国
家争霸的行列。其间，美国在商业扩张的同时，亦伴有部分领土
扩张。

众所周知，从某种意义上说，美国早期的历史就是一部向西扩张
的历史。独立战争时，原 13 个州的领土仅局限在大西洋岸边一个狭
长地带里，面积约为 89 万平方英里。② 但在其后的半个世纪左右的时
间里，美国通过各种不同的方式，在"天定命运"说的鼓动之下，不
断向西扩展自己的领土，并最终成为一个地跨两大洋的帝国。据统
计，自 1803 年美国从法国购买路易斯安那地区开始，至 1867 年从俄
国购入阿拉斯加地区止，美国领土一共增加了 271.4 万平方英里，是
独立之初土地面积的三倍多，其扩张速度让人吃惊。加上 1898 年美
西战争后，美国在海外扩张的进行，美国的领土面积进一步扩大。其

---

① ［美］孔华润主编：《剑桥美国对外关系史》（上），王琛等译，新华出版社 2004
年版，第 271 页。由新华出版社出版的这套美国外交史著作，原是由孔华润（Warren
I. Cohen）任主编，由布拉福德·珀金斯（Bradford Perkins）、沃尔特·拉菲伯、入江昭
（Akira Iriye）和孔华润本人分别执笔完成的一部四卷本的著作，1993 年由剑桥大学出版社
出版发行。在出版中文版时，改成了分别由英文版的前两卷和后两卷合成的上、下卷。其
中，原英文版的第 2 卷（现合在中文版的上卷中）"美国人对机会的寻求（1865—1913
年）"，是由著名的"新左派"史学家沃尔特·拉菲伯所著。在本书的"主编导言"里，孔
华润一开篇就指出："本人编辑《剑桥美国对外关系史》的主旨，乃是让广大的读者得以
赏阅历史学界顶尖学者所奉献的鼎乘之作。……我期望美国外交史领域的几名一流学者摒
弃门户之见，与我共同努力，令我喜出望外的是，我向头三名学者发出的邀请均被一一接
受。"拉菲伯的作品能够入选这部著作，且其本人被孔华润誉为"'威斯康星学派'最令人
尊敬的一员"，从某种程度上可见"新左派"史学并没有如先前人们所认为的那样在 20 世
纪 70 年代以后完全销声匿迹，它的一些重要的代表人物仍至今活跃在美国史坛上，发挥着
重要的影响。从拉菲伯的字里行间，我们仍能强烈地感受到他身上所体现的清晰的"新左
派"外交史学的特色。除拉菲伯外，20 世纪 70 年代后活跃在美国史坛上的"新左派"史
学家还有前述霍华德·津恩等人。

② 参见杨生茂、陆镜生《美国史新编》，中国人民大学出版社 1990 年版，"附录二：
美国领土扩张"第 550 页。托马斯·贝莱所给出的数据是 892135 平方英里。参见 Thomas
A. Bailey, *A Diplomatic History of the American People*, New Jersey：Prentice—Hall, Inc., Engle-
wood Cliffs, 1974, p. 962.

领土扩张过程参见表 4 – 1。

表 4 – 1　　　　　　　　　　　**美国领土扩张**

年份	领土	原属国	兼并方式	面积（sq. mi.）
1783	原 13 州			888685
1803	路易斯安那	法国	购买	827192
1819	佛罗里达	西班牙	占领	72003
1845	得克萨斯	墨西哥	占领	390143
1846	俄勒冈		占领	285580
1848	新墨西哥	墨西哥	夺取	529017
1853	加兹登	墨西哥	购买	29640
1867	阿拉斯加	俄罗斯	购买	587757
1898	夏威夷群岛		侵占	6450
1899	菲律宾（至 1946）	西班牙	侵占	115600
1899	波多黎各	西班牙	兼并	3435
1899	关岛	西班牙	兼并	212
1900	萨摩亚		兼并	76
1904	巴拿马运河区	巴拿马	侵占	553
1914	维京群岛	丹麦	购买	133
1917	科恩群岛		侵占	4
1947	密克罗尼西亚群岛	托管		8489

资料来源：主要据杨生茂、陆镜生《美国史新编》，中国人民大学出版社 1990 年版，"附录二：美国领土扩张"第 550 页。另参考了 Thomas A. Bailey, *A Diplomatic History of the American People*, New Jersey: Prentice-Hall, Inc., Englewood Cliffs, 1974, "Appendix B: Territorial Acquisitions of the United States", p. 962。

　　正是美国历史中存在的如此花样繁多历历在目的扩张行为，促使"新左派"外交史学家们展开了对传统外交史学的颠覆与"修正"。他们认为传统外交史学为开国以来的美国外交所作的开脱与辩解是极其错误的、不真实的。作为"新左派"修正主义史学的代表，威廉斯在其《美国外交的悲剧》一书中首先指出，传统的观点认为，美国长期以来一直是一个孤立主义的国家；除了在 19—20 世纪之交出现过短暂的"失常"外，它一直是反帝国主义的；美国在依靠自己独特的经济力量、智慧和道义力量促进和平与进步的同时，并没有在此过程中建立自己的帝国。实际情况是这样的吗？他并不这样认为。在他看来，这些传统的观点并没有认清美国对外关系的本质，美国从来就不是一个传统外交史学家笔下的所谓带有理想主义色彩的"孤立主义"国家，而是一个自始至终崇尚扩张的国家。实际上，从脱离英国的独立战争胜利开始，美国就成为一个寻求在国际关系中发挥积极作用的世界强国。从 1812 年的第二次独立战争迫使英国进行谈判到 1819 年从西班牙夺取佛罗里达，再到 1823 年正式提出"门罗主义"，美国一步步地显示了自己扩张主义的野心与力量，表现出一种强烈的扩张主义倾向。[①]

威廉斯认为，美国的扩张主义和帝国思想一点也不让人感到奇怪，也并不难解释。它首先是受到了曾经的母国大英帝国的影响。在帝国争霸的时代，16 世纪以来英国对扩张主义和帝国主义的追求，其所占领的广大殖民地所带来的繁荣与强盛，自然而然地影响到北美殖民主义者和独立战争一代的美国人。因此，从建国之初起，无尽的边疆就普遍被认为是国家力量的主要源泉，因为美国人相信"代议制政府、经济的繁荣和个人幸福……取决于向西的扩张"。[②] 他认为："许多美国人早在特纳出生之前很久就按特纳'边疆学说'的中心论题那样去思考和行动了。"[③] 威廉斯指出，尽管对外扩张和建立帝国的思想曾经一度使美国的开国元勋们陷入了当时传统政治理论上的困境（即认为民主共和政体与一个庞大的国家无法相容，民主制度只有在小国才能发挥作用），但他们最终还是以自己的方式解决了它。詹姆斯·麦迪逊等人受到大卫·休谟及其他诸如弗朗西斯·培根等英国重商主义者的影响，宣称扩张是防止由于经济利益不同而造成的不同地区或派系之间斗争的关键，可以缓和它们的经济冲突，从而保护社会结构不被破坏。与他同时代的其他一些美国领导人也抱有类似的观

----

① William A. Williams, *The Tragedy of American Diplomacy*, New York: Dell Pub. Co., Inc., 1962, pp. 18—19.

② Joseph M. Siracusa, *New Left Diplomatic Histories and Historians: The American Revisionists*, Kennikat Press, 1973, p. 29.

③ Ibid., pp. 40—41.

念，如托马斯·杰斐逊（Thomas Jefferson）就认为民主与繁荣依赖于一个由占有土地并进行向外输出的公民组成的社会。而爱德华·埃弗里特（Edward Everett，1794—1865）则更加直接地指出："扩张就是我们制度的原则。"[1] 威廉斯认为，正是在这种观念的指导下，美国在内战之前即已开始着眼于领土的扩张，这种扩张到 1867 年从俄罗斯手中购买阿拉斯加时达到顶峰。

除了英国的扩张主义与帝国主义传统对美国的影响之外，在威廉斯看来，促使美国进行不断扩张的主要原因还是其缓解自身经济压力、促进国内经济发展的迫切需要。实际上，这也正是上面那些美国政治家们对扩张情有独钟的原因。他指出，早在 1828—1829 年时，麦迪逊就曾预言，大约一个世纪后，当在大陆的扩展达于饱和，工业制度把大多数人置于自己的剥削之下时，将会发生一次大的危机。威廉斯指出，麦迪逊所担心的东西比他预言的来得还快。进入 19 世纪下半期以来，不断发生的经济危机严重冲击了美国社会，整个社会开始探讨问题的解决之道，向海外扩张的问题逐渐变得迫切起来。特别是当 19 世纪 90 年代的大危机袭来时，考虑到大陆边疆已经消失，美国人开始提出并接受这样一种观念：用建立海外经济帝国（甚至是领土帝国）的方式继续进行扩张，是保持他们的自由与繁荣的最好途径（如果不是唯一途径的话）。[2]

威廉斯认为，这次从 1893 年 5 月一直持续到 1898 年的大危机是美国历史上的一个重要转折点，它给美国社会造成了巨大的冲击：大量工厂企业倒闭，工业生产停顿，成千上万的人失业，许多地方开始出现混乱和发生革命的征兆。在这种情况下，不管是保守派还是改革派，都认识到必须采取措施来解决这些问题，并防止此类情况的再次发生。他们找到的措施就是进行海外扩张，认为扩张不仅可以抑制危机的发生，而且可以阻止社会的动荡不安。威廉斯指出，美国社会里，从保守主义者到自由主义者、从民主党到共和党，甚至这个国家

---

① William A. Williams, *The Tragedy of American Diplomacy*, New York：Dell Pub. Co., Inc., 1962, pp. 19—20.

② Ibid., pp. 20—21.

的所有地区和集团，在向海外扩张的问题上达成了高度的一致，他们之间的争论（这一争论到 20 世纪 50 年代时被人们称为"大争论"），不是应该不应该扩张的问题，而是采取何种方式扩张的问题。① 他们之所以能够在这一问题上达成一致，主要是基于两种观念：其一，那些制造业者、农场主、商人等经济团体认为，经济萧条和社会的动荡不安是商品销售市场的缺乏造成的，而通过外交政策对外进行扩张正是获得市场的一种方式。在这种观念的引导下，全国大多数的工业和商业领袖们都支持美国政府在西半球建立本国的优势地位，以获得足够的商品和投资市场。其二，美国社会里还存在着这样一种看法，即认为美国过去的民主与繁荣是大陆扩张和在海外寻求世界市场的结果，扩张是阻止混乱、维持民主、保持繁荣的途径。

在威廉斯看来，对扩张与民主、繁荣之间的密切关系作出最好诠释的就是弗雷德里克·特纳和阿尔弗雷德·马汉（Alfred Thayer Mahan）。前者在其于 1893 年提交美国历史协会大会的那篇题为《论边疆在美国历史上的意义》一文中，提出了著名的"边疆理论"，明确指出 300 年来美国人的生活主题事实上就是扩张。他建议美国推行积极的外交政策，争取跨洋的运河，恢复对海洋的控制，对那些边远岛屿和邻近国家施加影响，并认为这样做只是长期以来美国的扩张运动的继续而已。② 在民主、繁荣与扩张的关系问题上，海军上校马汉与特纳抱有相同的观点。他起初尚是一个反扩张主义者，认为扩张将导致政府集权，容易引发对外战争和对内压迫，并导致革命。但当他大量阅读了 17—18 世纪重商主义者的著作，并目睹了 1888 年以后美国所面临的经济困境和政治动乱后，马汉开始改变了自己的观点，变成了一个狂热的扩张主义者。他主张建立一支强大的海军来保证美国的向外扩张，以寻求美国的繁荣、富强。威廉斯指出，尽管马汉往往给自己的扩张主义言论披上基督教精神和人道主义的外衣，但实际上其目的还是为了寻求广大的海外市场，以促进国内的繁荣。除特纳和马汉

---

① William A. Williams, *The Tragedy of American Diplomacy*, New York: Dell Pub. Co., Inc., 1962, p. 22.

② Ibid., pp. 22—24.

外，著名的亨利·亚当斯的兄弟布鲁克斯·亚当斯（Brooks Adams）及威廉·萨姆纳（William Graham Sumner）等人亦是典型的扩张主义分子，他们坚持认为扩张是美国繁荣幸福的关键；如果美国不加强它在拉丁美洲的地位，并把亚洲变成一个经济殖民地的话，它将陷入停滞不前的状态；扩张是一种自然的权利等。① 威廉斯认为，这些人的扩张主义言论产生了广泛的影响，在美国各种不同的意识形态和政治集团中激起了普遍的回响，对美国的海外扩张行为无疑起到了一种推波助澜的作用。在 19 世纪 90 年代经济危机的压力下，在诸如以上扩张主义分子不遗余力的鼓吹下，美国社会到 1895 年时已产生了强烈的对外扩张意识，许多个人和团体越来越强调对外扩张对于解决国内经济与社会问题的重要性了。这样，美国以随后发生的美西战争为契机，开始正式走向了大规模海外扩张的道路，继续着其扩张主义的外交传统。

作为威廉斯的得意门生，拉菲伯也认为美国是一个从一开始就有着扩张主义及帝国主义传统的国家。他同意其老师的观点，认为受到当时那个时代的帝国争霸的影响，殖民地时代的美国就开始讨论怎样成为一个帝国的问题，而不是要不要成为帝国的问题。在 17 世纪早期马萨诸塞殖民地建立后的 130 多年中，殖民地人民就陆续进行了一系列与印第安人、西班牙、荷兰及法国的帝国主义战争。② 而到了独立战争前的 18 世纪 60 年代，北美人民开始讨论下面两个问题：一是大西洋两岸的关系问题；二是建立一个独立的美国帝国（a separate American empire）的可能性及政策问题。前者是由于法国在与英国的争霸中失败而于 1763 年最终退出了加拿大，而英国则坚持要求北美殖民地应该承担大量的战争债务等原因引起的。它持续了 13 年之久，

---

① William A. Williams, *The Tragedy of American Diplomacy*, New York: Dell Pub. Co., Inc., 1962, pp. 24—25.

② Walter LaFeber, "Foreign Policies of a New Nation: Franklin, Madison, and the 'Dream of a New Land to Fulfill With People in Self—Control,' 1750—1804", in William A. Williams, ed., *From Colony to Empire: Essays in the History of American Foreign Relations*, John Wiley & Sons, Inc., 1972, p. 10.

到 1776 年独立宣言发表时达到高潮,其结果就是使北美人民脱离大西洋彼岸的英国的信念愈益清晰而坚定。独立宣言发表后,从 1776 年到 1804 年的几十年间,北美人民不断讨论建立一个独立的帝国的可能性及政策的问题。最终,他们通过独立战争取得了独立,并通过其后颁布 1787 年宪法及 1803 年购买路易斯安那等初步建立了自己的帝国。拉菲伯认为,在建立帝国的过程中,开国元勋们即表现出强烈的帝国情怀,而这种情怀便清晰地体现在他们对进行陆上及海洋扩张的信念上。其中,富兰克林和麦迪逊的政治理论与外交政策不仅为 18 世纪下半期的美国外交定下了一个基调,也塑造了此后美国的政治结构及其外交政策的雏形。拉菲伯指出,早在独立战争发生前的 1751 年,富兰克林即有了扩张主义的思想,他认为不断扩展的边疆可以部分地供养急剧增长的人口,而只有通过有利的世界市场扩展商业才能使美国变得繁荣而稳定。[1] 正是抱着相同的信念,麦迪逊扩大了政府权力,以便在对外商业谈判中获得更多的好处。他认为,领土和商业的扩张不仅可以给人们带来财富,而且可以防止不同地区和利益集团之间的分裂和斗争。其主张购买路易斯安那、占领佛罗里达就是为了给不同的利益集团找到商品销售的新出路,以防止它们的冲突与分裂。通过富兰克林和麦迪逊执政时期的一系列制度建设,人们相信,通过更多的陆地和海洋扩张,不仅可以保持繁荣富裕,而且也可以防止帝国内部的分裂。[2]

在其为《剑桥美国对外关系史》所撰写的《美国人对机会的寻求》一书中,拉菲伯进一步分析了内战后美国经济力量的增长与其扩张主义之间的密切关系。他认为,开始于内战前的工业化在内战结束以后有了进一步的发展,这促使美国开始更加积极地参与海外扩张,其扩张的范围已不再像以往那样局限于美国本土,而是开始转向拉丁

---

[1] 　Walter LaFeber, "Foreign Policies of a New Nation: Franklin, Madison, and the 'Dream of a New Land to Fulfill With People in Self—Control', 1750—1804", in W. A. Williams, ed., *From Colony to Empire: Essays in the History of American Foreign Relations*, John Wiley & Sons, Inc., 1972, pp. 10—12, 23.

[2] 　Ibid., pp. 24, 26, 35—37.

美洲、太平洋、亚洲及非洲等海外地区；同时，由于生产过剩所导致的频繁发生的经济危机也使美国的扩张热情由以前的领土扩张转向商业扩张，更加注意海外市场的占有。正所谓"内战孕育起来的许多产业帮助塑造了19世纪末20世纪初的美国对外关系"。① 拉菲伯以林肯和约翰逊两任政府的国务卿威廉·亨利·西华德（William Henry Seward，1801—1873）的外交政策和目标为例，分析了内战后美国外交中愈加强烈的扩张主义倾向。他认为，西华德主导了他在任期间美国的外交政策，约翰逊总统只是他任独奏的乐队中的第二小提琴手而已。② 他不停地鼓吹将辽阔的大陆体系的力量集中起来，并对这种体系进行合理化改造，以便能够与其他强国展开竞争。在其担任国务卿期间，他开始把扩张的热情由领土扩张转向商业扩张，从西半球转向亚洲，并宣称"门罗主义"业已实现，现在是为控制亚洲市场做准备的时候了。他的这一呼吁后来被人们称为"西华德主义"。西华德对那种认为"国旗插到哪里，贸易就通向哪里"的观点不以为然，在他看来，"政治优势的获得在商业优势确立之后"。在他看来，只有"海上帝国"才是唯一真正的帝国；不是西半球，而是亚洲，才是未来的"战利品"和"这个世界之伟大的未来的主要竞技场舞台"。③ 为此，他与俄国于1867年签署了一项购买阿拉斯加的条约。在他看来，阿拉斯加不仅可能蕴含着丰富的财富，而且将是"一个在太平洋国家从事商业与海上活动的立足点"。正如拉菲伯所指出的，西华德所代表的美国对于后来被人们称为"西华德冰箱"的阿拉斯加的兴趣并不在于当地的居民，而是那里可能蕴含的财富。"一些俄国政府官员对爱斯基摩人和阿留申人很感兴趣，但美国官员似乎更多地将阿拉斯加视为自己大陆的'边疆'——将其看作一种潜在权力，而非土著人的家园。"除此以外，西华德还有太多的扩张梦想：他梦想着星条旗在加拿大和墨西哥上空飘扬，梦想着加勒比地区的基地和中美洲地

① ［美］沃尔特·拉菲伯：《美国人对机会的寻求（1865—1913）》，载［美］孔华润主编《剑桥美国对外关系史》（上），王琛等译，新华出版社2004年版，第265页。

② 同上书，第277页。

③ 同上书，第270—272页。

峡能够成为美国商业与战略优势的通道，等等。① 对于美国在内战以
后所表现出的这种空前的对外扩张倾向，拉菲伯认为其背后的主要动
因正是其发展国内经济的需要。内战后美国国内经济的发展导致了连
续几次严重的经济危机（1873—1878 年、1882—1885 年和 1893—
1897 年），迫使美国上下寻求海外商品市场，以保持自身的长期繁荣
与稳定，并最终在 20 世纪初建立了自己的海外帝国。针对那些传统
外交史学家们把美国在 20 世纪初的海外扩张行为及其"新帝国"的
建立，看作其领导人"理想主义"的外交政策"不小心"所造成的
"失常"结果的观点，拉菲伯认为 20 世纪初美国海外帝国的建立，并
"不是历史过程中的一个突发事件，而是其长期以来扩张主义传统的
自然结果"。对美国人来说，这既合乎逻辑，又是有意而为之的，"没
有人把这个帝国强加给他们"。② 在拉菲伯看来，那个时代的美国政
策制定者和商人是明白国内问题与国外问题之间的密切关系的，"新
帝国"的建立可以说正是他们所渴望的。

　　从总体上来看，除威廉斯和拉菲伯外，作为威廉斯的学生和
"威斯康星学派"的重要代表，麦考密克和加德纳等人在美国扩张
主义外交政策的形成问题上，也大都持有与他们相同或相似的观
点：首先是英国扩张主义、帝国主义传统对美国的影响，使美国上
下在建国之初就对扩张主义有深刻的认识，逐渐形成了一种只有不
断地扩张领土，才能保持社会安定和经济繁荣的观念。独立战争
后，在政府推动下进行的充满印第安人血和泪的"西进运动"可以
说正是这种观念的直接产物。其次，经济因素在美国扩张主义和帝
国主义外交政策的形成中，起到了非常重要的作用。他们认为，进
入 19 世纪中期以后（特别是内战结束以后），社会重建与工业革命
推动了美国国内工商业的迅速发展，使各种商品激增，导致了国内

---

　　① ［美］沃尔特·拉菲伯：《美国人对机会的寻求（1865—1913）》，载［美］孔华润
主编《剑桥美国对外关系史》（上），王琛等译，新华出版社 2004 年版，第 277—279 页。

　　② Walter LaFeber, *The New Empire: An Interpretation of American Expansion*, 1860—1898,
Ithaca, New York: Cornell University Press for the American Historical Association, 1963, p. vii,
ix.

产品过剩，引起了经济萧条和社会的动荡不安。面对这种状况，政府和社会各种团体都希望通过扩展海外市场、增加贸易出口的方式来解决国内的政治与经济危机。于是，带有扩张主义和帝国主义性质的外交政策便成为长期以来美国的主要对外政策。通过这些分析，"新左派"外交史学家们有力地驳斥了传统外交史学对美国外交所作的"孤立主义"和"理想主义"的描绘，揭示了美国外交的"帝国主义"特征。

二 美国扩张主义外交政策的发展

威廉斯等人在分析了美国扩张主义外交政策的最初形成原因后，进一步考察了美国扩张外交在 19 世纪末 20 世纪初以后的发展。在他们看来，从"门罗宣言"的发表到"美西战争"的爆发，再到"门户开放"政策的全面实施，构成了美国帝国主义扩张外交发展的一条清晰的主线。正是由于这种扩张外交的发展，最终导致美国参加了 20 世纪上半期的两次世界大战，并造成了其后严重的"冷战"局面。在他们的分析中，1898 年进行的"美西战争"和随后于 1899 年宣布的"门户开放"政策，在美国帝国主义扩张外交发展中占有独特而重要的位置，因为它们是美国正式走向大规模海外扩张、开始步入国际舞台的标志，也是美国跻身帝国主义列强之列的转折点。本部分内容将重点分析威廉斯等人对"美西战争"和"门户开放"政策的解读，借以了解美国扩张外交从本土走向世界的发展历程。至于作为这种扩张外交所产生的严重后果的"冷战"问题，威廉斯等人亦有专门阐述，由于其在"新左派"外交史学乃至整个美国外交史学中占有非常重要的位置，所以本章将在下一节中对其作专门分析。

1. 美西战争的爆发

在威廉斯等人看来，如果说 1823 年发表的"门罗宣言"是美国正式宣告自己走向海外扩张的决心的话，那么，1898 年发生的与西班牙的战争则是其进行大规模对外扩张行动的开始，所以美西战争及其相关问题便成了他们批评美国海外扩张外交的一个重要支点和重心。众所周知，美西战争的关键是古巴问题，在 1962 年出版的《美

国外交的悲剧》（修订版）①一书的"导言"中，威廉斯便是以 1898
年 4 月 21 日至 1961 年 4 月 21 日期间的美古关系为开端，来说明美
国外交的悲剧的。正如约瑟夫·西拉库萨所说："威廉斯在他的《美
国外交的悲剧》一书中对美西战争起源和结果的分析，在他的史学中
占有非常重要的位置，因为他试图在 1898 年的情况与 1970 年的情况
之间画一条直接的连线。"②

　　在这本书里，威廉斯首先分析了美西战争发生的原因以及美国最
终走向这场战争的过程。他认为，人们在考察美西战争时往往忽视了
其背后重要的经济动因。在他看来，推动美国决定与西班牙进行战争
的根本原因不是公众舆论所带来的政治的压力或所谓"解放古巴"的
崇高理想，而是美国国内经济扩张利益的需求使然。他指出，有的历
史学家把同情古巴革命者、进行反西班牙宣传的新闻媒体看作战争的
罪魁祸首，另一些人则认为麦金莱总统最终之所以选择战争，是为了
保持或挽救共和党的影响力以及他本人在共和党内的地位。这些观点
都是肤浅的。如果真要说政治压力是战争的关键的话，那应该去好好
思考一下到底是什么产生了这种政治压力。在威廉斯看来，这种政治
压力显然是来自于美国社会各界要求扩展海外市场的呼声。这种呼声
在内战结束后，随着 1873—1897 年间的几次严重的经济危机的发生，
日趋高涨，并于 1898 年美西战争爆发前达到高潮。威廉斯指出，当
古巴问题出现时，尽管一些美国人可能因宗教或文化的原因而支持对
西班牙的战争，但包括农、工、商业界在内的各种团体出于自身经济
利益考虑在海外扩张问题上达成的一致，才是美国最终对西班牙开战
的真正原因。他指出，许多农业组织把对西班牙的战争视为扩大其产
品向世界其他地区出口的一条途径；一些劳工团体则认为它能够解决
他们面临的经济困境；而许多商人更是出于自身的商业利益而支持这
场战争。因此，威廉斯认为，政治与经济精英们在"经济扩张"问题

　　① 威廉斯的《美国外交的悲剧》最早出版于 1959 年，1962 年出版的是它的修订扩
充本。

　　② Joseph M. Siracusa, *New Left Diplomatic Histories and Historians: The American Revision-
ists*, Kennikat Press, 1973, p. 43.

上所达成的共识, 是理解美西战争最终爆发的根本。他们坚信, 为了消除古巴的混乱局面, 以便日后可以更好、更有效地处理国内及其他外交问题, 美国的军事干预是必要的。[1]

威廉斯认为, 当时美国社会各界之所以能在"经济扩张"问题上达成共识, 并最终走向与西班牙的这场战争, 除了严峻的国内经济状况之外, 美国人自建国以来所形成的独特的世界观也起到了重要的作用, 而当时的国际形势 (主要指当时亚洲的中国事态的发展) 则进一步强化了这种共识。就世界观而言, 威廉斯认为, 美国人从一开始就认为"无尽的边疆是国家力量的源泉, 代议制政府、经济繁荣和人民幸福都依赖于向西的扩张"。[2] 此后, 在国家发展的过程中, 更是慢慢地形成了一种国内经济发展与人民幸福是与海外扩张密不可分的观念。如前所述, 美国人世界观中的扩张起初是以领土为目标的, 但到了 19 世纪 90 年代时, 随着国内工商业的迅速发展, 这种扩张的目标开始转向经济方面。此时, 不仅各种经济团体关注国内经济发展, 呼吁海外经济扩张, 就连麦金莱总统及其他国家领导人在考虑美国的问题与福祉时, 也均把经济发展与海外扩张放在重要的位置。他们认为, 经济萧条对美国的民主与社会安宁构成了威胁, 而海外经济扩张正是消除这种危险的主要方法。威廉斯指出, 正是在这种观念的引导下、在国内各界强烈的对外经济扩张要求的推动下, 麦金莱政府走向了与西班牙的战争。

在威廉斯看来, 在美国走向与西班牙战争的过程中, 当时的国际形势尤其是东亚中国局势的发展, 对美国政府在古巴问题上的态度的转变产生了相当的影响。他指出, 古巴问题出现以后, 尽管国内工商业界关于对西班牙作战的呼声很高, 但克利夫兰和麦金莱两位总统原先的基本政策只是希望西班牙能够平息古巴革命的火焰, 用他们的话说就是使"古巴半岛的局势在西班牙的统治下平静下来", 以保护美

① William A. Williams, *The Tragedy of American Diplomacy*, New York: Dell Pub. Co., 1962, pp. 28—29.

② Joseph M. Siracusa, *New Left Diplomatic Histories and Historians: The American Revisionists*, Kennikat Press, 1973, p. 29.

国在那里的贸易和投资。但是1894年爆发的中日战争和1897年德国对胶州湾的占领,却在很大程度上开始改变了他们原先那种被动与克制的态度。中日战争的爆发使克利夫兰深感忧虑,他对国会和全国发出警告说,"(中日冲突)应该引起我们的严重关切,因为它扰乱了我们(在那里)日益增长的商业利益"。① 威廉斯指出,对中国问题的忧虑使克利夫兰对古巴问题更加担忧。他认为古巴革命的爆发也正在严重威胁到美国在那里的商业利益,这一问题必须尽快解决。他曾坦率地指出:"美国对古巴局势的关注绝不仅仅只是出于感情或仁慈上的原因"——"我们在那里的实际经济利益仅次于西班牙人民和政府。"② 有鉴于此,克利夫兰先是在1896年3—4月份委托国务卿奥尔尼向西班牙表示美国愿意帮助西班牙平定古巴半岛的局势,后又于同年12月份宣称:如果西班牙不能迅速结束古巴叛乱的话,美国将被迫自己保护本国在那里的利益和侨民。而且他还明确提出了一个最后期限,希望在"新年来临前"得到西班牙政府的回复。

麦金莱总统上台后,在全国各种团体的呼吁下虽继续对西班牙施压,但起初并没有与之作战的决心,只是希望以非战争的方式来解决古巴问题。但1897年11月14日发生的德国强占中国胶州湾事件,开始让麦金莱政府考虑改变自己的政策。威廉斯认为,这一事件的发生加剧了美国对日本和欧洲大国即将瓜分中国的恐惧和忧虑。"不管他们是在狭义的经济利益的层面上,还是在更广义的美国经济制度需要向海外扩张的层面上来看待这一事件,美国领导人变得越来越不安起来。"③ 由于美国领导人和工商业界大都把亚洲,特别是中国,看作一个能够吸纳过剩商品的巨大市场,所以列强在中国的行动无疑强化了他们对外扩张的紧迫感。在这种情况下,当1898年3月下旬得知德国正式获得了租期长达99年的胶州湾租借协定后,美国工商界开始催促政府以战争的方式解决古巴问题。与此同时,那些曾经同情

---

① William A. Williams, *The Tragedy of American Diplomacy*, New York: Dell Pub. Co., 1962, p. 30.

② Ibid., p. 31.

③ Ibid., p. 35.

或积极支持古巴叛乱者的美国人，也开始担心这些"麻烦不断"、"充满危险"、"不负责任"的下层阶级在获得政权后会"带来混乱、伤害和无法弥补的损失"，因而也开始支持政府进行武力干涉，以保护美国的利益。所有这一切都最终促成了美国政府对西班牙开战。

对于这场长期以来被披上美丽的人道主义外衣的战争，威廉斯持一种强烈批判的态度。他指出，美国公开宣布的目标是把古巴从西班牙专制统治下解放出来，使之独立自主，保持其向政治民主和经济富裕发展，但实际情况又是怎样的呢？在他看来，在其后的 63 年里，美国对古巴事务施加了连续而广泛的影响。这些影响和干涉的确产生了一些积极的结果，如古巴作为美国的一个保护国，比作为西班牙的一个殖民地，享受到更多的好处：蔗糖生产实现了现代化，并不断增长；与蔗糖经济有关的公共设施和其他方面逐步得到改进；首都哈瓦那被美国人和古巴人发展为西半球的一个商业和娱乐中心等。但当古巴种植、收获、提炼和销售更多的蔗糖时，它的经济发展却是缓慢而零星的。[1]

威廉斯认为，美国在古巴问题上所说的和所做的，事实上有很大的差距，因为美国通过直接或间接控制它的蔗糖工业，以及公开或秘密地阻止它对单一作物经济的改革，而控制了这个岛屿的经济生活。美国对它的政治制度和掌控这个制度的人也有明确的限制。它容忍那些统治者的摧残、恐怖、欺骗和胡闹行为，但当古巴人民要逾越美国领导人所设定的经济和政治限制时，它却施加经济、外交压力，并使用军事手段。在威廉斯的眼里，美国的权力和政策并没有使古巴社会在 1898 年后的日子里发生好的转变，相反，却产生了古巴和美国的关系危机，这一危机标志和象征着美国外交在 20 世纪的潜在悲剧。[2]威廉斯正是通过这种分析，深刻地揭示了美国外交传统中的扩张主义和帝国主义的本质特征及其悲剧性后果。

---

[1]　William A. Williams, *The Tragedy of American Diplomacy*, New York：Dell Pub. Co. , 1962, pp. 1—2.

[2]　Ibid. , pp. 2—3.

对于这场曾经被约翰·海（John Milton Hay, 1838—1905）① 得意扬扬地称为"辉煌的小战争"（Splendid Little War）的与西班牙的战争，拉菲伯有着自己的看法。他认为："从 20 世纪 60 年代的观点看，这场美西之间的冲突不能再仅仅被看作一场'辉煌的小战争'，它是一场保卫美国制度的战争。"② 在其 1968 年发表于《得克萨斯季刊》（Texas Quarterly）上的一篇题为《历史视野中的那个"辉煌的小战争"》一文中③，拉菲伯从美国的角度详细考察了发生于 1898 年的这场美西之间的战争的深层原因及其后果。

在拉菲伯看来，美国史学界在美西战争爆发的原因上存在着以下四种观点：第一种观点认为当时美国民众的战争冲动导致了战争（这种观点突出地体现在一幅著名的漫画中：麦金莱总统穿戴着一个小老太婆的衣服和无边小帽，正试图用一把非常小的扫帚把标着"国会"和"公众舆论"的巨大声浪扫回去）。持这一观点的代表人物是理查德·霍夫斯塔特，他认为那些追求低级趣味和耸人听闻的报刊（yellow journalism）的宣传，在那些因 19 世纪 90 年代的经济萧条而处于心理困境中的民众中煽起了战争情绪。他们被那些告诉他们如何通过战争和海外扩张来治愈自己的挫败感的人利用了。第二种观点认为，美国是出于把古巴从西班牙让人痛恨的政策下解放出来，并给予他们以民主制度的人道主义的原因而走向战争的。而此后对古巴和波多黎各的保护、对菲律宾的吞并，以及对亚洲事务的参与，都被解释为"偶然的"或是美国政策制定者当时的一种"失常"行为（比米斯）。第三种观点则强调了美国政府的一些高层官员关于在加勒比和西太平洋地区建立一个庞大殖民帝国的"大政策"（Large Policy）的

---

① 约翰·米尔顿·海（John Milton Hay, 1838—1905），美国第 37 任国务卿（1898—1905 年在任）。见刘文涛主编《美国历届国务卿传》，世界知识出版社 1993 年版，第 229 页。

② Walter LaFeber, "Preserving the American System", in Thomas G. Paterson, ed., *Major Problems in American Foreign Policy: Documents and Essays*, Volume I: To 1914, D. C. Heath and Company, 1984, p. 377.

③ 拉菲伯的这篇文章最早发表于《得克萨斯季刊》1968 年 11 月上，后收入托马斯·帕特森主编的《美国外交政策中的主要问题：文献和论文》一书中。

提倡。这种观点认为,马萨诸塞州参议员洛奇、海军上校马汉和西奥多·罗斯福等人通过如簧巧舌最终推动了摇摆不定的麦金莱总统和整个混乱不堪的国家参加了战争。而第四种观点相信是经济动力推动着这个国家走向了战争。他们认为,这种经济动力来自于19世纪40年代以来美国快速发展的工业化进程,它导致了1873年以来的严重的经济危机。特别是1893—1897年间,美国经济陷入谷底,政府和商界领导人相信是过剩的商品导致了经济的萧条,只有通过战争获得海外市场才能减轻因生产过剩而导致的国内危难。[①] 拉菲伯指出,在美西战争结束以后的30年中,第四种观点(即从经济原因方面考察这场战争的发生原因)在美国史坛一直占据着主导地位,但1936年后,朱利叶斯·普拉特(Julius Pratt)关于1898年最初几个月里,商业杂志并不赞成战争,是"大政策"导致了战争的观点,在对这场战争的解释问题上开始居于主导地位。他对此表示了自己的异议。他认为,上述四种观点所述的问题都可以说是促成这场战争的原因,它们构成了美国生活的不同方面,但从根本上看,前三者反映的只是美国生活的表面现象,而第四种观点所反映的经济方面的原因却具有非同凡响的意义,它从美国制度的基本结构方面找到了战争发生的主要原因。从某种意义上看,正是出于对当时史学界在美西战争发生原因问题上所存在的以普拉特为代表的轻视经济因素而言他的主流观点的不满,拉菲伯才起而反击并力图"修正"之,再次强调经济因素对战争的推动作用的。[②]

---

① Walter LaFeber, "Preserving the American System", in Thomas G. Paterson, ed., *Major Problems in American Foreign Policy: Documents and Essays*, Volume I: To 1914, D. C. Heath and Company, 1984, pp. 369—370.

② 威廉斯曾指出,所谓修正主义者是指这样一些人,他们"以一种不同的方式在新的关系中相互联系地重新审视基本事实",他们更像是一些用旧钢材制成一条拉链,而不是加进一些新东西把它变成更好的钢材的人。笔者以为,作为一个不折不扣的"修正主义者",拉菲伯在解释美西战争的原因时,所做的也正是这样的工作。他希望以一种新的证据链条来反驳片面观点、论证自己的正确观点。参见 William A. Williams, "The Open Door Interpretation", in Thomas G. Paterson, ed., *Major Problems in American Foreign Policy: Documents and Essays*, Volume I: To 1914, D. C. Heath and Company, 1984, pp. 17—18。

在拉菲伯看来，如果说最终导致这场战争需要一些因果链条（chains）的话，那么，到 1898 年 4 月份时，有三个链条是特别值得注意的，正是它们的激烈碰撞最终导致了这场战争。

首先，19 世纪 90 年代的经济危机构成了第一个链条，它给美国社会带来了广泛而深刻的危机。他指出，这一链条的形成并非一朝一夕之功，而是长期以来美国工业发展的结果。毫无疑问，美国经济在 19 世纪下半期取得了快速的发展，1850—1910 年间，其制造业资本平均扩张了 39 倍，雇用工人数量增长近 7 倍，产品价值增长超过 19 倍，在国际市场上的贸易仅次于英国。[①] 在第二次工业革命的推动下，"长达 300 年的贸易不平衡在 19 世纪 70 年代被扭转过来，美国从此迈向世界经济霸权"，"正逐步由一个农业国变成一个工业化和城市化国家"。[②] 但这种快速发展又往往伴随着可怕的经济危机，正如拉菲伯所指出的那样，"1873—1898 年的 25 年的繁荣，实际上是掩映在 25 年的失败之中的。在 19 世纪 80 年代中期和 1891 年早期的短暂复苏之后，到 1893 年时经济陷入了最低谷"。[③] 面对社会爆发革命的危险和几乎停顿的经济发展，美国商界和政界面临着各种选择：要么重新调整经济制度，用重新分配财富的方式进行激进改革；要么按照以前的历史传统去寻找新的边疆，获取新的市场。他们最后理所当然地选择了后者：寻找新的市场，并得到了其他劳工团体的支持。

其次，1895 年后在亚洲、加勒比及太平洋地区出现的机会构成了第二个链条。这种机会已被政治家们看作医治当时国内所有问题的膏药。拉菲伯指出，到 19 世纪 90 年代中期，虽然美国商人、传教士和商船队已经在亚洲经营了一个多世纪，从中获利良多，但在亚洲事务

---

① Walter LaFeber, "Preserving the American System", in Thomas G. Paterson, ed., *Major Problems in American Foreign Policy: Documents and Essays*, Volume I: To 1914, D. C. Heath and Company, 1984, p. 371.

② ［美］沃尔特·拉菲伯：《美国人对机会的寻求（1865—1913）》，载［美］孔华润主编《剑桥美国对外关系史》（上），王琛等译，新华出版社 2004 年版，第 292 页。

③ Walter LaFeber, "Preserving the American System", in Thomas G. Paterson, ed., *Major Problems in American Foreign Policy: Documents and Essays*, Volume I: To 1914, D. C. Heath and Company, 1984, p. 371.

上却仍然只是一个外围的"推动者"而已，并非主角。1895 年日本击败中国，标志着日本已经成为亚洲的一个大国，而中国却似乎无法保持自己的完整与存在。这给那些一直以来就觊觎着亚洲市场的欧洲诸强提供了机会，俄国、德国、法国和英国纷纷出台政策准备瓜分中国，划定自己的势力范围。在短短几个月里，亚洲大陆一下子变成了国际间大国争霸的政治舞台。① 在这种情况下，作为已经在中国有着巨大经济利益的美国，当然不会，也不愿意错失这样的良机，希望尽快加入对世界市场的争夺中来。可以说，正是 19 世纪 90 年代中期后亚洲（特别是中国）局势的发展，从外部推动了美国发动对西班牙的战争，以强夺其在加勒比及太平洋地区的市场，并进而为进军亚洲做准备。

最后，进入 19 世纪以来，在麦金莱执政期间达到高潮的商人和政治家之间的合作关系，则构成了这场战争最终爆发的第三个因果链条。拉菲伯指出，美国商人是可以与英国或俄国的商人在亚洲市场上进行竞争的，但他们却无法与这些商人在通过他们的政府向中国施压所获得特权的地区或领域进行竞争。换句话说，在列强瓜分中国以后，如果没有美国政府的支持，美国商人在中国市场的竞争中是没有公平而言的。与此同时，麦金莱政府在意识到国人经济危机所带来的危险后，也开始认识到与商界合作的必要性，并致力于在海内外帮助商人、农民、工人和传教士们去解决他们的问题。最终，在麦金莱执政时期，作为美国政策制定者的美国政府与推动经济发展的主力军的商界把手握到了一起。

拉菲伯指出，当这三个因果链条的衔接越来越紧密时，到 1897 年时，美国人在已经发生革命叛乱的古巴问题上越来越表现出战争的倾向：美国在那里超过 5000 万美元的投资正受到威胁；西班牙人正野蛮地对待古巴人；"门罗主义"的传统观念使仍留在加勒比地区的欧洲国家在那些热血沸腾的美国人眼中已成为一个藏污纳垢之地；最

---

① Walter LaFeber, "Preserving the American System", in Thomas G. Paterson, ed., *Major Problems in American Foreign Policy: Documents and Essays*, Volume I: To 1914, D. C. Heath and Company, 1984, p. 373.

后，许多美国人（而非仅仅是洛奇、罗斯福和马汉）开始认识到古巴和准备开挖的巴拿马运河之间在战略和政治上的密切关系。这条运河不仅可以提供一条通往拉丁美洲西海岸的捷径，而且还可以直达广大的亚洲市场。于是，在这些因素的共同作用下，刚刚上台不久的麦金莱政府便很快选择了对西班牙开战。

从以上分析可以看出，在拉菲伯看来，这场对美国来说至关重要的战争显然是由许多方面的因素共同促成的，但从根本上看，经济因素则是其最主要的原因。正如他最后所指出的那样，"美国在 19 世纪经历了一个快速发展的工业化过程，边疆消失了，城市化快速发展，财富分配不均，过度依赖出口贸易。这些历史潮流在 19 世纪 90 年代发生了激烈的碰撞。结果就是混乱和恐惧，然后就是战争和帝国"。①

2. "门户开放"照会的提出

我们看到，在威廉斯等人眼中，如果说美西战争是美国在世纪之交走向大规模海外扩张的开始的话，那么其后美国政府在中国问题上向列强发出的"门户开放"照会（The Open Door Notes），则是其意欲与诸强在全球各地进行角逐并建立其经济帝国的正式宣言书。所以，威廉斯才会把美西战争看作"约翰·海对外宣布'门户开放'照会的前奏"。②

"门户开放"政策是由美国第 37 任国务卿约翰·海于 1899 年 9 月 6 日以对在华各国发出外交照会的方式首次正式提出的，其主要内容为："每一国家，在其影响所及的范围内，第一，对其在中国的所谓利益范围或租借地内的任何口岸或任何既得利益，不得以任何形式进行干涉；第二，对于进入上述利益范围内除自由港外的一切口岸的一切货物，无论源于何国，均通用中国现行约定税率，其税款概由中国政府征收；第三，在此种范围内之任何口岸，对进出港之它国船

---

① Walter LaFeber, "Preserving the American System", in Thomas G. Paterson, ed., *Major Problems in American Foreign Policy: Documents and Essays*, Volume I: To 1914, D. C. Heath and Company, 1984, p. 377.

② Joseph M. Siracusa, *New Left Diplomatic Histories and Historians: The American Revisionists*, Kennikat Press, 1973, p. 43.

舶，不得课以较本国船舶为高的港口税，在此种范围所敷设、管理或经营之铁路，运输属于它国及其商民的货物，所收运费，在同等距离内不得较其对本国商民运输的同类货物为高。"① 它是美国政府在当时日本和欧洲诸强意欲瓜分中国，在各自势力范围内实行歧视性关税和其他贸易税率，对美国传统的平等贸易政策构成严重威胁的情况下，最早在中国问题上提出的一项政策措施。它最初的目的主要是在当时列强纷纷掀起瓜分中国狂潮的情况下，以一种特殊的方式为美国工商业打开中国的市场，保护美国商品和投资在中国的平等待遇，从而赢得最大的利益。但随着国际形势的发展，以及美国势力的逐渐增强，它的应用范围逐渐扩大，被美国政府无限制地应用于整个世界，以至于从一种最初的乌托邦幻想式的学术观点发展为美国国家的一种意识形态。②

这一政策在近代美国外交政策史上占有相当的重要性，引起了中外学者的诸多争论。（1）包括一些中国学者在内的传统观点多将"门户开放"政策看作美国尊重中国领土与主权完整，使中国免于被列强瓜分的危险的"友好"表现，因此，对美国的这一政策多给予积极的评价。（2）另外也有一些学者（如乔治·凯南和惠特尼·格里斯沃德等人）则把这一政策的出现看作极其偶然的现象，认为它是"由一个在中国海关任职的英国人间接兜售给本来毫无兴趣的美国国务卿（约翰·海）的"，③ 并以此为美国传统外交的扩张主义本质开

---

① 杨生茂：《美国外交政策史，1775—1989》，人民出版社1991年版，第222页。另可参看 Thomas G. Paterson, ed., *Major Problems in American Foreign Policy: Documents and Essays*, Volume I: To 1914, D. C. Heath and Company, 1984, p. 389。约翰·海于1899年9月6日向在华各国提出的第一个"门户开放"照会，主要是呼吁结束各国在华势力范围和租借地内的贸易歧视问题，各大国对此的反应是冷淡的；1900年7月3日，约翰·海在义和团运动爆发和中国有被列强瓜分的危险的情况下提出了第二个照会，要求保持中国的独立。后来，此两个照会被统称为"门户开放"照会。

② William A. Williams, *The Tragedy of American Diplomacy*, New York: Dell Pub. Co., Inc., 1962, pp. 205—206.

③ Thomas J. McCormick, "The China Market", in Thomas G. Paterson, ed., *Major Problems in American Foreign Policy: Documents and Essays*, Volume I: To 1914, D. C. Heath and Company, 1984, p. 401.

脱罪责。(3) 以威廉斯为首的一批"新左派"史学家们对以上这些观点表示异议,对"门户开放"政策出台的原因及其本质提出了不同的看法。他们从当时的国际形势及美国的国内政治经济状况入手,认为"门户开放"政策同样是美国基于所谓"国内的繁荣幸福是依赖于持续不断、日益增长的海外经济扩张的坚定信念(有时甚至是教条主义式的信仰)"而实行的扩张主义外交的表现①,"'门户开放'的扩张主义哲学和行动,在它的宣传和经济方面已经变成了美国对整个世界的看法"。②"与'工业的天定命运'的意识形态相结合,'门户开放'照会的历史成了美国1900—1958年的对外关系史。"③

　　威廉斯指出,"门户开放"照会常常被人们归咎于受到了英国的影响,而且约翰·海的英国朋友也的确帮助他策划了这一文件,但这一政策本身仍然属于美国。④ 因为这一政策是美国根据其自身利益单方面决定的。正如小查尔斯·坎贝尔所说:"如果美国的'门户开

---

① William A. Williams, *The Tragedy of American Diplomacy*, New York: Dell Pub. Co., Inc., 1962, p. 11.

② Joseph M. Siracusa, *New Left Diplomatic Histories and Historians: The American Revisionists*, Kennikat Press, 1973, p. 43.

③ William A. Williams, *The Tragedy of American Diplomacy*, New York: Dell Pub. Co., Inc., 1962, p. 45.

④ Ibid., p. 41. 学术界一般认为是英国最早向美国建议"门户开放"政策,并于1898年3月要求美国与英国一起发表联合宣言,共同倡导在中国实行贸易机会均等的。虽然英国与美国联合发表"门户开放"政策的建议遭到美国拒绝,但是在美国制定"门户开放"政策的过程中,有两位英国人发挥了重大的作用:一位是英国议会议员查尔斯·贝雷德福德勋爵,他是"门户开放"政策的热心鼓吹者,其出访美国时的相关演说及其著作《中国的瓦解》(1899)为美国政府采取"门户开放"政策制造了舆论;另一位是曾在中国海关工作40余载的贺壁理,他与约翰·海的远东政策顾问柔克义相交多年,积极支持开放中国的门户。1899年8月17日,他起草了一份备忘录,申述在中国实行贸易均等的必要。这份备忘录成为美国第一个"门户开放"照会的蓝本。参见杨生茂《美国外交政策史,1775—1989》,人民出版社1991年版,第219—221页。而"新左派"外交史学家麦考密克则认为,在美国正式提出"门户开放"照会以前的半个世纪中,英国其实已经在中国成功地运用了这一政策,美国只是为了使自己19世纪的外交政策能够适应其20世纪工业化快速发展的需要而拾了英国人的牙慧而已。See, Thomas J. McCormick, "The China Market", in Thomas G. Paterson, ed., *Major Problems in American Foreign Policy: Documents and Essays*, Volume I: To 1914, D. C. Heath and Company, 1984, p. 401.

放'政策与英国宣布的政策偶然相似，这只是一个幸运的一致而已。"[1] 威廉斯认为，"门户开放"政策代表着美国解决国内资本主义冲突——长期的生产过剩，周期性发生的经济衰退——的一种努力，而这种努力是不会引起制度本身的根本改变的。[2] 在他看来，这一政策既不是一个由英国强加给美国的外来的思想，也不是某个政治人物向国内民众发出的政治指示，它深深地植根于美国的过去，是美国长期以来的帝国主义扩张政策的表现，是美国扩张主义外交的延续。"尽管这一政策直到 1899 年才形成文字，但它的基本理念早在 1884—1885 年冬在柏林召开的刚果国际会议上，便体现在美国关于'各国在市场中平等竞争'的核心思想中。"当时美国在国际上遇到了已经拥有广大殖民地和势力范围的竞争对手，所以才会提出这样的思想。这种情况同样出现在 1897—1899 年的亚洲，所以，麦金莱总统在 1898 年 9 月 16 日对即将与西班牙进行和平谈判的外交使团作批示时指出："美国的最大利益就是在东方扩大美国的贸易。"[3] 威廉斯指出，此时的美国并不重视获得广大的领土殖民地，而是注重在贸易中获得胜利，在当时列强纷纷掀起瓜分中国狂潮的情况下，以"机会均等"、"利益均沾"为理念的"门户开放"政策遂成为美国最优先的战略考虑。

威廉斯指出，美国人固有的"美国国内幸福依赖于海外经济扩张"这一基本的世界观，在 1898—1901 年期间，导致了美国国内在关于采取何种对外扩张方式问题上的一场大争论，争论的结果便是 1899 年和 1900 年著名的"门户开放"照会的宣布。这场大争论通常被人们认为是以罗斯福和洛奇为代表的帝国主义派与以威廉·詹宁斯·布莱恩（William Jennings Bryan）和卡尔·舒尔兹（Carl Schurz）

---

① ［美］小查尔斯·坎贝尔（Charles S. Campbell Jr.）：《英美谅解：1898—1903》（*Anglo-American Understanding, 1898—1903*），第 167 页。转引自杨生茂《美国外交政策史，1775—1989》，人民出版社 1991 年版，第 221 页。

② Robert James Maddox, *The New Left and the Origins of the Cold War*, Princeton University Press, 1973, p. 15.

③ William A. Williams, *The Tragedy of American Diplomacy*, New York: Dell Pub. Co., Inc., 1962, p. 42.

为首的反帝国主义派之间的斗争，但更准确地说，这应该是一场三角争斗。第三个团体是那些反对传统殖民主义、提倡门户开放政策，以使美国占优势的经济势力能够进入并控制世界上不发达地区的商人、知识分子和政治家的联盟。这个联盟最后赢得了这场辩论，于是“门户开放”成了此后半个世纪美国的外交政策。[①] 对于威廉斯的这个观点，西拉库萨指出：“（他的）这个结论也为那些完全不是‘新左派’的历史学家们所接受，尽管他们并不赞同威廉斯边疆扩张的因果决定论和所有它所包含的东西。”[②]

在威廉斯看来，只有充分了解“门户开放”政策四个方面的基本特征，才能抓住其实质：第一，它既不是一种军事战略，也不是一种传统的“权力平衡”政策（balance-of-power policy），它的真正目的是以一种非战争的方式赢得胜利，从而建立美国自己的“帝国”。针对有人认为“门户开放”政策并没有产生一个美利坚帝国的观点，威廉斯指出，“当一个发达的工业国家对一个较弱国家的经济发展起控制性和单方面的作用时，那这个较强大国家的政策就只能被准确而坦率地称为帝国主义”，“由于较弱的国家在日常生活中并没有被发达国家派遣的常驻管理者所统治，也没有来自发达国家的日益增加的移民，所以在这种意义上说，这样的帝国也许可以称作非正式的帝国，但它是一个帝国”。[③] 所以，并不能用“门户开放”这一政策没有强调或导致广泛的军事准备这一点来为它的帝国主义本性开脱。威廉斯认为，美国的“门户开放”政策不仅应用于亚洲，而且也应用于拉丁美洲和非洲，20世纪的美国外交史就是美国试图建立帝国的历史（尽管是一个非正式的帝国）。第二，这一政策来源于这样一种观点，即认为美国超强的经济实力将以美国模式塑造那些贫穷弱小的不发达国

---

① William A. Williams, *The Tragedy of American Diplomacy*, New York: Dell Pub. Co., Inc., 1962, pp. 37—38.

② Joseph M. Siracusa, *New Left Diplomatic Histories and Historians: The American Revisionists*, Kennikat Press, 1973, p. 43.

③ William A. Williams, *The Tragedy of American Diplomacy*, New York: Dell Pub. Co., Inc., 1962, p. 47.

家。美国的这一政策在一定时期内是不成功的，因为它受到美国的一些竞争对手（如德国和日本）的武力挑战，同时诸如中国、古巴等不发达国家认为美国在它们社会的广泛影响损害了它们的利益。第三，这一政策既不合法，也不合乎道德，而是极其讲求实际的。这也正是人们批评它的地方。威廉斯不无讥讽地说道，"无论怎么说，它在某些方面都是美国建国以来公共政策领域最引人注目的智力成果"。第四，如果这一政策及其基本的世界观不能得到修正，那么它将肯定会带来一系列越来越严重的外交危机。① 在威廉斯看来，"门户开放"政策实施的结果是失败的，"因为在它建立了一个美利坚帝国的同时，并没有促进和保持它所扩张的那些地区的均衡发展"。②

众所周知，从 19 世纪 40 年代到 1898 年，由于力量所限，美国在中国主要奉行所谓的"合伙"外交或"拾荒者"外交。③ 美国主要是跟在英国等列强后面，向中国索取与欧洲人均等的贸易权利，作为它们侵略中国的帮凶，"分取杯羹"。④ 因此，拉菲伯认为，美国虽然直到 1899 年才正式以外交照会的形式提出所谓"门户开放"的政策，但其希望维持中国"门户开放"的观念则始于 1844 年《中美望厦条约》中有关"最惠国待遇"的规定，这一条约无疑"已经奠定了（美国）亚洲政策的基础"。⑤ 他指出，自从 1784 年第一艘美国商船来到中国贩卖货物开始，美国人一直在追逐着中国这个神秘的大市场。19 世纪末，当美国重要的利益集团在"只有扩大海外市场才能拯救 19 世纪 90 年代的经济和社会危机"的问题上达成一致时，1895 年的中日战争恰好使中国门户大开，庞大的中国市场对美国国内饱和的工农业生产敞开了门户，使美国获利颇丰。但正如麦考密克所指出

---

① William A. Williams, *The Tragedy of American Diplomacy*, New York：Dell Pub. Co., Inc., 1962, pp. 49—50.

② Ibid., p. 293.

③ ［美］沃尔特·拉菲伯：《美国人对机会的寻求（1865—1913）》，载［美］孔华润主编《剑桥美国对外关系史》（上），王琛等译，新华出版社 2004 年版，第 282 页。

④ 杨生茂：《美国外交政策史，1775—1989》，人民出版社 1991 年版，第 215 页。

⑤ ［美］沃尔特·拉菲伯：《美国人对机会的寻求（1865—1913）》，载［美］孔华润主编《剑桥美国对外关系史》（上），王琛等译，新华出版社 2004 年版，第 282 页。

的那样，中日战争不仅使各国获得了巨大的利益，同时也打开了一个
"潘多拉之盒"。在拉菲伯看来，对当时的美国来说，从这个"潘多
拉之盒"中飞出的不祥之物至少有两个：一是中国民族主义的重新高
涨，这后来导致了义和团反叛运动（the Boxer Rebellion）的发生。二
是日本和欧洲诸强纷纷掀起了对华的瓜分狂潮。

拉菲伯指出，前者使美国在接下来的四分之一世纪里不得不努力
地通过各种方法来减少中国的民族主义情绪对美国利益所造成的冲
击：有时是与日本或欧洲诸强合作，有时则通过支持中国民族主义运
动中那些最保守的力量来分化这种激进的民族主义。后者对美国在华
利益的影响则更为巨大，因为诸强在华划分自己的势力范围和租借
地，严重威胁了美国的"平等贸易"政策。美国人对自由、公平状态
下的竞争是充满信心的，正如约翰·海在1900年所宣称的那样，在
公平的状态下，美国人将击败所有竞争者。① 但在当时的状况下，如
果不在政策上做出努力，美国人会有这种"公平"吗？答案显然是否
定的。拉菲伯认为，正是为了寻求这种平等、自由的贸易机会，扩大
在华利益，美国才正式明确提出了"门户开放"的政策。

加德纳认为，美国先后两次提出"门户开放"政策，尽管从表面
上看维护了中国的完整与独立，但实际上都是为了促进和维护自己的
在华利益。约翰·海于1899年提出第一次"门户开放"照会时是为
了使美国在整个中国的市场上获得完全平等的经济机会；1900年提
出第二次"门户开放"照会时，表面看是为了保持中国的完整与独
立，实际上亦是为了自身的利益。美国外交家此后曾督促中国进行现
代化并改进他们的外交，以应付外面的世界，其目的无非是想让中国
保持一定的力量，抗衡其他列强的瓜分狂潮，从而替美国维持一个
"完整、自由的"大市场而已。在他看来，"门户开放"政策是深深
地植根于美国历史之中的，它并不仅仅只属于麦金莱和约翰·海的政
府，也不只属于某一个时代或只应用于某一个问题上。对美国来说，

---

① Walter LaFeber, "Preserving the American System", in Thomas G. Paterson, ed., *Major Problems in American Foreign Policy: Documents and Essays*, Volume I: To 1914, D. C. Heath and Company, 1984, pp. 373—374.

尽管"门户开放"政策的最初目的只是确保其最大的经济利益，但它已经超越了时代，成为其意识形态和战略上的一种体制了。[1] 麦金莱下台以后，国内的"反帝国主义"运动并没有能够改变什么，美国继续奉行着这一外交政策，西奥多·罗斯福政府如此，伍德罗·威尔逊政府在"巴黎和会"上亦如此。[2]

由以上分析，我们可以看出，以"威斯康星学派"为代表的一批"新左派"史学家们对美西战争及"门户开放"政策的解释评价上，与传统史学有相当大的不同。他们把自己敏锐的思维化于笔端，对美国外交政策及行为中的扩张主义与帝国主义本质揭露无遗。具体到 19 世纪末 20 世纪初，他们认为，美西战争的爆发和"门户开放"政策的宣布共同构成了美国外交的一个重要转折点，是美国扩张主义外交政策发展史上的一个重要里程碑，标志着美国开始从一个"搭便车的帝国主义"（hitch-hiking imperialist）[3] 转向一个在全球舞台上与诸强激烈角逐的帝国。如果说在美西战争中，美国是用战争的方式开启了它由大陆扩张走向海外扩张，积极参与世界竞争的序幕的话，"门户开放"政策的正式提出，则标志着美国开始用外交的方式正式投入了帝国主义的竞技场。在他们眼中，"门户开放"政策在美国外交史上占有极其重要的位置，它尽管最早是在解决中国问题上提出的一项政策措施，亦没有采取战争的暴力方式，但它在其后相当长的历史时期内被美国应用于世界各地，不仅给美国带来了巨大的经济利益，而且已经变成了美国关于扩张的方法论：它"用开放的市场代替了关闭的大门，用经济霸权代替了政治支配，用非正式的帝国代替了大规模的殖民主义"，"是一种最引人注目的反殖民主义和经济帝国主义的混合物"。[4]

---

① Lloyd Gardner, "A Progressive Foreign Policy, 1900—1921", in William A. Williams, ed., *From Colony to Empire：Essays in the History of American Foreign Relations*, John Wiley & Sons, Inc., 1972, pp. 207—208.

② Ibid., pp. 204, 211.

③ Thomas J. McCormick, "The China Market", in Thomas G. Paterson, ed., *Major Problems in American Foreign Policy：Documents and Essays*, Volume I：To 1914, D. C. Heath and Company, 1984, p. 401.

④ Ibid.

　　威廉斯等"新左派"史学家们认为,"门户开放"政策实际上是一种违背自身利益的政策,但却始终贯穿于美国 20 世纪的外交行为之中。[1] 它的实施不仅引起了一些弱小国家对美国的反感,而且还增加了与其他发达国家之间的矛盾与摩擦,严重败坏了美国的国际形象,造成了美国外交的悲剧。正如威廉斯所指出的,人们可以这样来理解美国为什么参加第二次世界大战,即"在'门户开放'照会原则指导下进行的美国扩张模式,到 20 世纪 20 年代趋于成熟。大萧条的冲击和德、日的竞争性扩张对美国'门户开放'计划所构成的威胁,可以完全解释美国参加第二次世界大战的原因"。[2] 至于第二次世界大战后美苏"冷战"的形成,在威廉斯等"新左派"史学家们看来,美国"门户开放"的扩张主义外交政策也是其真正原因。他们认为,美国在战后为了维持其利益范围,拟订了"马歇尔计划"(The Marshall Plan),协助欧洲各国的经济恢复,以便维持其在自由世界的市场,扩展其经济利益。因此,在苏联因长期的反法西斯战争而精疲力竭的情况下,美国仍把其看作"自由世界"的一个严重威胁,处处阻挠其合理的愿望和正常的安全诉求,最终造成了"冷战"的局面。[3] 由于"冷战"问题是"新左派"史学家们论述美国外交的另一个重点,亦是 20 世纪下半期整个美国外交史学界诸派争论较大的一个焦点问题,所以本章将在下面作专节探讨。

第三节　"冷战"的起源问题

　　长期以来,美国外交史学界中最具争议性的问题之一就是"冷战"的起源问题。如前所述,正是在这一问题上的分歧,使战后的美

---

① Richard A. Melanson, "The Social and Political Thought of William Appleman Williams", *The West Political Quarterly*, Vol. 31, No. 3, September 1978, pp. 392—409.

② William A. Williams, *The Tragedy of American Diplomacy*, New York: Dell Pub. Co., Inc., 1962, p. 159.

③ Irwin Unger, ed., *Beyond Liberalism: The New Left Views American History*, Waltham, Massachusetts: Xerox College Pubilshing, 1971, p. 287.

国外交史学界四分五裂、歧见迭出，出现了诸如“正统学派”、“现实主义学派”、“修正主义学派”和“后修正主义学派”等几个不同的学派。他们在“冷战”是怎样开始的、谁该对此负责、它是否可以避免等问题上产生了很大的分歧。关于他们各自在这些问题上的观点，前面已作了简单介绍，这里主要就“新左派”史学家①在“冷战”相关问题上的看法进行专门探讨。

50 年代，占据美国外交史坛的是有着浓厚官方色彩的“正统学派”。他们肯定美国“自由”、“民主”的传统，把“冷战”的责任完全归于苏联一方，认为“它是自由人士在第二次世界大战以后对共产主义进攻所做出的勇敢而坚定的回应”。② 小施莱辛格可以说是这种对“冷战”起源作传统解释的代表。以对“新左派”外交史学进行猛烈批判而著称的罗伯特·麦得克斯（Robert J. Maddox）指出：“正统学者在导致苏联行为的原因方面存在着认识上的分歧，他们有的重视俄罗斯传统外交政策的目的，有的重视苏联制度的变化发展，有的则重视斯大林的个人特性。他们还在美国反应的适当性方面存在分歧。然而，他们在把‘冷战’的起因归咎于苏联的发起方面是一致的。”③

最早对“正统学派”的这种观点提出真正意义上的挑战的，是属于“新左派”阵营的“修正主义”外交史学家们。自 60 年代以来，他们开始对关于“冷战”问题的传统回答提出了挑战。他们一反“正统学派”关于苏联开启了“冷战”的观点，指出美国应该为“冷战”负主要的责任。他们认为，美国在第二次世界大战后为了扩大自己在海外的商品市场和原料产地，而寻求建立一个自由贸易的“门户开放”的世界，但并没有考虑到苏联的需要与诉求。在他们看来，“冷战”问题上无法避免的悲剧，正是美国政治经济的结构、制度和

---

① 罗伯特·麦得克斯（Robert J. Maddox）认为：“给历史学家贴标签是一件冒险的事，但一般来说，当用在对‘冷战’是如何开始的这个问题上时，‘新左派’和‘修正派’是同义的。”参见 Robert J. Maddox, *The New Left and the Origins of the Cold War*, New Jersey: Princeton University Press, 1973, p. 39。

② Robert J. Maddox, *The New Left and the Origins of the Cold War*, New Jersey: Princeton University Press, 1973, p. 3.

③ Ibid. , p. 4.

传统所导致的。除非美国不再把自己的繁荣幸福与一个"门户开放"
的世界中的市场扩张相联系，否则，20 世纪下半期的美国外交必定
会不断重复"冷战"的经历，经受更多的痛苦，甚至是原子战争的大
灾难。①"新左派"史学家们在"冷战"责任问题上对美国的指责，
对传统史学在这一问题上的观点构成了严重的冲击，促使人们对美国
扩张主义外交进行更加深刻的反思。正如罗伯特·麦得克斯所言，
"尽管他们的解读绝不是完整统一的，但是'新左派'修正主义史学
家们作为一个整体已经对传统的智慧构成了一个不容忽视的挑战。在
关注美国制度本身及其外交政策的本质方面，他们已经这样做了"。②

---

① Joseph M. Siracusa, *New Left Diplomatic History and Historians*: *The American Revisionists*,
National University Publications, Kennikat Press, 1973, p. 79.

② Robert J. Maddox, *The New Left and the Origins of the Cold War*, Princeton University
Press, 1973, p. 3. 麦得克斯指出，尽管修正派内部在一些特殊问题上——例如原子弹爆炸
在美国外交中的作用——存在着广泛的分歧，但他们往往分为两个明显的类别：（1）"软"
修正主义者（The "soft" revisionists）：他们更强调个人的作用，而不是制度或体制的本性。
他们看到罗斯福与杜鲁门的外交政策之间有一个明显的突变，于是把"冷战"的责任加在
了杜鲁门及其身边的人身上。按这种观点，杜鲁门在就职后立即打破了一个正在起作用的
联盟。于是，对这些"软"修正主义者来说，冷战的出现是美国政治家的失败。弗莱明
（D. F. Fleming）和大卫·霍洛维兹可以说是这一类别的典型代表，在导致"冷战"发生的
原因方面，他们更多地是谴责杜鲁门总统个人的原因，而非资本主义本质问题。在他们看
来，杜鲁门的好斗本性及其反苏联的敌视态度最终改变了一切。（2）"硬"修正主义者
（The "hard" revisionists）：他们提出了更根本的问题。对这些学者来说，"冷战"是美国制
度发展多年以来的一个不可避免的结果。被美国领导者看作适合海外经济扩张需要的公司
结构本身，形成了美国的外交政策。他们认为，不管个人之间存在着怎样的不同，所有的
美国政策制定者都致力于创造一个美国主导的世界秩序，以允许其制度无阻碍地发展。当
俄罗斯拒绝容忍美国的世界霸权时，特别是在东欧，它就被强行定义为敌人。尽管"硬"
修正主义者自己也强调第二次世界大战及其后果，但他们仅仅把这一时期看作正在进行的
保守的资本主义和世界革命之间斗争的一个阶段，而美国对越南的入侵则是最近的一个阶
段。他们完全反对这样的观点，即：如果罗斯福还活着，或者是其他人而不是杜鲁门就任
总统的话，美俄关系将会很不一样。威廉斯和拉菲伯等人可以说是这一类别的代言人。麦
得克斯进一步指出，大多数修正主义者坦率地宣称他们把自己的作品看作一个寻求变化的
工具。"软"修正主义者希望通过论证过去的错误来影响现在的政策，"硬"修正主义者则
希望说明对既存制度进行根本重建的必要性。他们反对所谓"客观"历史的观念，认为这
一术语太多地被用于事实上是对官方政策进行学术上的合理化的描述（参见麦得克斯前引
书，第4—5 页）。

　　威廉斯是史学界公认的在"冷战"起源问题上最有影响力的美国修正主义者的代表。早在1952年，当"正统学派"尚独霸美国史坛、政治和学术气氛极不适合这种解释的时候，威廉斯的《美俄关系，1781—1947》一书便首先提出了许多后来被修正派加以扩大的观点。1959年，他又出版了其另一部重要著作《美国外交的悲剧》①，对这一问题作了进一步的论述。在他的前一部作品中，威廉斯对美俄近期关系的核心特征作了评论，确立了他后来进一步讨论的框架。与流行的"冷战"起因于苏联的进攻性和扩张性的行为的观点不同，他提出美国自己应该负主要的责任。他写道，甚至在"珍珠港事件"之前，美国的政策制定者已经致力于建立一个由英美联盟主导的战后世界，试图在不考虑苏联最小的安全需要的情况下把英美主导的世界秩序强加给苏联，这最终迫使苏联在其防御方面采取单边行动。正如麦得克斯所指出的，"威廉斯对美国试图强迫苏联的方式——对'租借法案'和贷款的操纵、原子武器威吓等等——的分析，后来成为修正主义者主要的精神食粮"②。

　　威廉斯认为，在面对美苏"冷战"这一问题时，人们通常可以采取两种态度：其一就是理所当然地认为苏联应该受到谴责。对美国人来说，这是一种简单的民族主义的态度。其二就是仔细地进行历史反省，找出事实真相，而不是去歪曲它。③他提醒人们，在探讨"冷战"起源这一问题时，不能无视这样两个主要的事实：第一，与苏联相比，在1944年到至少1962年间，美国无论在现实的还是潜在的方

---

　　① 大卫·霍洛维兹把威廉斯的《美国外交的悲剧》称为"也许是迄今所见关于美国外交政策最好的文章"，甚至另一个不太友好的评论家伯利也承认这本书是"才华四溢的"。参见 David Horowitz, *The Free World Colossus* (rev. edn. , New York：Hill and Wang, 1971), p. 4. 和 A. A. Berle, Jr. , Review of Williams's book in the *New York Times Book Review*, February 15, 1959。转引自 Robert J. Maddox, *The New Left and the Origins of the Cold War*, Princeton University Press, 1973, p. 13。

　　② Robert J. Maddox, *The New Left and the Origins of the Cold War*, Princeton University Press, 1973, p. 14.

　　③ William A. Williams, *The Tragedy of American Diplomacy*, New York：Dell Pub. Co. , Inc. , 1962, p. 207.

面都拥有绝对的实力。没有什么能够改变这两个国家之间的实力对比关系。苏联根本不足以威胁西方国家。第二,美国按照其"门户开放"政策的传统及思维来使用或部署其优势实力,从未在对苏关系问题上采取过其他的解决方法,甚至也没有作过像"二战"前处理与日本关系时的那种认真而不懈的努力。① 他指出,甚至在美国正式参加第二次世界大战前,其领导人就认为美国将在这场冲突中崛起,并进一步扩展、稳定其"门户开放"的帝国。罗斯福在 1941 年 8 月就公开表达了这样一种信念,他认为在击败轴心国以后,盎格鲁血统的美国人将管理转型时期的这个世界。②

在"冷战"的责任问题上,威廉斯明显把矛头指向了美国一方。因为在他看来,在许多人知道原子弹之前,许多美国领导人就已经开始用"冷战"的思维来看待这个世界了。③ 他认为,美国领导人头脑中长期以来所存在的根深蒂固的对苏敌视观念和对扩展海外市场的"门户开放"政策的追求,是导致"冷战"最终发生的两个主要因素。

首先,他认为美国领导人从一开始就在意识形态上对苏联存在着很大的偏见,这也是美苏后来发生"冷战"的重要原因。在他看来,理解 20 世纪中期美俄外交关系的关键在于美国领导人对 1917 年布尔什维克革命的最初的反应。威廉斯认为,从布尔什维克革命于 1917 年发生的第一天起,美国领导人就开始把俄国看作邪恶的化身。④ 此后,由于其不同的阶级基础和社会结构,苏联的布尔什维克政府(the Bolshevik Government) 更受到美国政府的仇视和反对,美国对列宁夺取政权的反应是带有敌意的和不现实的混合色彩的。在其另一本关于 1781—1947 年的美俄关系的著作中,威廉斯写道:"(美国)最终形成的(对苏敌视)政策部分是基于这样的假定:列宁将奇迹般地

---

① William A. Williams, *The Tragedy of American Diplomacy*, New York: Dell Pub. Co., Inc., 1962, p. 208.

② Ibid., pp. 209—230.

③ Ibid., p. 230.

④ Ibid.

消失，苏联政府将崩溃，因为它应该崩溃。"[①] 正如当时的国务卿兰辛在其日记里所透露的，"唯一的方针是按这样的假设进行的：俄罗斯将从糟糕到更糟糕（from bad to worse）……"[②] 威廉斯认为，威尔逊和兰辛必须为美国的这一政策负责。在他看来，"威尔逊失败的最重要的悲剧就是他认识到苏联代表了一种被剥削者希望分享工业文明大量财富的强烈愿望"。威尔逊比其他人都知道"如果想阻止暴力的进一步发展，他们就必须能够达到这种分享"。然而，威尔逊"敏锐的洞察力被一种对苏联的敌视和下意识的希望向海外扩张美国影响的愿望遮掩了"。[③] 最后，在写到威尔逊作出参加西方旨在推翻布尔什维克政权的对俄国的联合干涉的决定时，威廉斯认为，威尔逊希望扩大美国在中国、满洲里和西伯利亚的影响的愿望超过了他对俄国人民的关注。[④]

　　威廉斯指出，美国对苏联的丑化和敌视态度，到第二次世界大战全面爆发之后，因其于 1939 年 8 月与纳粹德国签订《苏德互不侵犯条约》而得到进一步的强化。美国在一方面坚定其苏联是邪恶的看法的同时，又自认为自己是正义的化身和象征，美国的力量可以决定世界的未来。正是在这种观念的影响下，即使在欧洲战事尚未结束之时，许多美国人就常常把斯大林和希特勒进行比较，以此呼吁不能像以前对纳粹德国那样对苏联有半点让步。让威廉斯惊奇的是，许多美国政治家（如约翰·F. 杜勒斯和埃维雷尔·哈里曼等），他们可以与希特勒德国和日本达成广泛的妥协，却不愿对一个已经在战争中受到重创的、连他们自己也认为是屡弱的"盟友"有一点点的退让！他们公开声称"俄国与西方之间有不可调和的差别"，明显体现了他们在

---

①　W. A. Williams, *American—Russian Relations*, 1781—1947, p. 95. 转引自 Joseph M. Siracusa, *New Left Diplomatic History and Historians：The American Revisionists*, National University Publications, Kennikat Press, 1973, p. 35。

②　Ibid.

③　Ibid., p. 36.

④　Joseph M. Siracusa, *New Left Diplomatic History and Historians：The American Revisionists*, National University Publications, Kennikat Press, 1973, p. 36. 此时，国际上多把我国东北看作俄罗斯控制的势力范围，所以常常把"满洲里"和"中国"并列。

意识形态上对苏联的敌视。

其次,在威廉斯看来,除了上述强烈的对苏敌视的观念以外,美国长期以来所奉行的"门户开放"的扩张主义外交政策更是最终导致"冷战"发生的罪魁祸首。他认为,自从"门户开放"照会提出后,进入20世纪以来的美国历届政府都坚定不移地奉行更为隐蔽的"门户开放"政策,并不断把"门户开放"这一概念扩展为一种全球性的对外扩张政策。按照这样的思维,美国的政策制定者强行把其他大国阻碍其建立一个"门户开放"的世界的努力定义为威胁美国制度的存在,目的是为了无限制地进行海外扩张的需要。在威廉斯看来,20世纪的美国总统中,只有富兰克林·D. 罗斯福曾经意识到这一政策的内在危险,并多次试图走出因推行这一政策而给美国外交所带来的困境,但在其生命的最后几个月里,"他重新向新政时期不适当的国内计划回归,并且在外交事务方面重新主张门户开放的传统策略"。①他的继任者杜鲁门,则似乎更像"一个'门户开放'政策的近乎经典的化身一样去反应、思考和行动"②,他甚至都没有明白领悟到这个危险的问题。他和他的顾问们追求的是致使"冷战"不可避免的目标。威廉斯认为,杜鲁门入主白宫后的种种外交决策都是为了执行"门户开放"的原则。他不但好战,而且热衷于强调美国在世界上的优势地位。

威廉斯认为,由于受到战争的巨大的创伤,当时的苏联领导人的目标只有两个,即恢复自身经济发展和寻求军事安全。他指出,1945年,斯大林正是带着两个考虑来到雅尔塔会议的:一个就是希望能从美国获得大笔的经济援助,以恢复苏联为战争所破坏的国内经济。另一个是通过协定或自行从德国获得战争赔偿以及在东欧、黑海及远东地区拥有有利的战略地位。而美国出于对战后经济危机的担心,认为苏联的贫弱将使美国有更大的自由,并可以通过进一步的"门户开放"扩张来解决自身的问题,所以美国来到雅尔塔就是为了按照自己

---

① William A. Williams, *The Tragedy of American Diplomacy*, New York: Dell Pub. Co., Inc., 1962, p. 205.

② Ibid., p. 239.

的意志改革这个世界。因此，斯大林所提出的两个要求并没有得到清晰而明确的回应。在 1945 年 7—8 月间召开的波茨坦会议（Potsdam Conference）上，斯大林的这些要求更是遭到了杜鲁门总统的断然拒绝。威廉斯指出，罗斯福政府只是把经济援助当作与苏联谈判的一个杠杆（尽管他从未使用过），可他的继任者却把它当成了强迫苏联接受美国政策的一个武器。① 在他看来，在与苏联领导人的谈判中，美国奉行的是一种"实力谈判"（美国对原子弹的短期垄断更强化了其在对苏谈判中的强硬态度），而这种基于实力而进行的谈判实际上就相当于没有意义的谈判。对美国领导人来说，谈判没有别的，就是意味着（苏联）接受美国的意见。② 威廉斯认为，美国领导人这样做时，并没有考虑到苏联最根本的经济需要和安全诉求。这最终导致了苏联不得不采取单方面的行动。

在对"冷战"问题的分析上，拉菲伯是一个可以与威廉斯齐名的"新左派"外交史学家。虽然在对"冷战"责任问题的认定上，其观点与威廉斯相似，即都认为美国应该为"冷战"的爆发负主要责任，但从具体论述来看，个人认为拉菲伯的分析要更为精彩。

拉菲伯指出，自 1945 年以来，"冷战"已经主导了美国人的生活，使美国付出了数十亿美元和近 10 万人生命的代价。要理解这种悲剧，就必须了解美、苏两国之间争斗的原因。他认为，从历史上看，二者在社会制度上的差别并不是它们最初开始冲突的主要原因，它们的冲突也不是开始于 1945 年或 1917 年俄国共产主义的胜利，而是开始于 19 世纪后期它们各自在亚洲的扩张。在拉菲伯看来，美、俄两国都具有根深蒂固的向外扩张的传统，一个在"天定命运"理念的推动下把自己的扩张合理化了，而另一个则同样把它的沙皇看作上帝意志的体现。这两支扩张的力量最终在 19 世纪下半期的亚洲大陆

---

① William A. Williams, *The Tragedy of American Diplomacy*, New York：Dell Pub. Co.，Inc.，1962，pp. 223—224.

② Ibid.，p. 209.

上发生了激烈的碰撞。①

拉菲伯认为，尽管美、苏两国对"冷战"的发生都负有责任，但从根本上看，美国应负的责任应该更大一些。在他看来，"冷战"是美国长期以来的对俄敌视态度和实际外交中所执行的对俄遏制政策的产物。首先，拉菲伯认为美国人在政治制度上是讨厌俄国的，他们认为俄国是一个专制集权的国家，所有的国家机器只为沙皇一个人服务，而美国则是一个联邦制的国家，在制度上要比俄国优越。特别是19世纪80年代以后，当沙俄开始残酷地迫害国内政治犯，并把他们送到西伯利亚的集中营时，美国国内的反俄情绪普遍高涨。

除此以外，美国人还发现了俄国在对外扩张方面与自己存在着明显的不同。美国崇尚的是通过海外扩张，在一个开放的市场上去获取利益；而俄国则不同，它喜欢在陆上扩张，它所建立的帝国具有更多的政治性，而非商业性。特别是当它在亚洲吞并了一些地方后，就试图通过关闭那里的市场而对其进行牢牢的控制。这就使美俄两国在19世纪90年代的矛盾开始激化：美国越来越相信自己的繁荣是与在中国的满洲里的"门户开放"的贸易紧紧地联系在一起的，但是俄国却决定对这一地方进行殖民地化，并关闭它的部分市场。拉菲伯认为，美俄两种敌对的制度在其他地方所发生的类似的冲突（特别是1945年在东欧），也是出于同样的原因。所以，从19世纪90年代到1917年之间，美国就开始试图通过各种方式来遏制俄国的扩张，特别是通过支持日本来对其进行牵制。1917年以后，美国的反俄情绪更是最终转变为参加了对新生的苏维埃政权的武装干涉，威尔逊总统把列宁看作另一位沙皇，认为他的政府并不是建立在正义的基础之上的。拉菲伯认为，从长远影响看，苏联领导人将牢记一点，那就是"资本主义的包围就是要扼杀共产主义制度"。这无疑加深了美、俄两国间的敌对情绪。

在拉菲伯看来，如果说美、俄两国之间曾经在历史上还有过一段

---

① Walter LaFeber, *America, Russia and the Cold War: 1945—1975*, New York: John Wiley & Sons, Inc., 1976, pp. 1—2.

相对"友好"时期的话（在它们于亚洲的扩张冲突发生之前），那么在整个"二战"期间它们就从没有什么真正的"蜜月"可言。他认为，第二次世界大战开始后不久，美国领导人就开始意识到他们将面临一个十分棘手的问题，即美国意欲建立一个"门户开放"的世界的传统政策与苏联对许多地方的控制要求之间存在着明显的冲突。罗斯福总统和他的继任者杜鲁门都没有能够解决这一问题，其结果就是"冷战"的最终出现。

拉菲伯指出，长期以来，美国的外交政策就是希望通过海外经济扩张来建立一个经济帝国，其目的是寻求广大的海外市场和原料产地，避免国内经济危机的发生。"二战"期间，美国领导人相信，只有全球市场和原材料在平等的基础上对所存人开放，另一场严重的经济危机才能被避免。美国需要这一政策。整个世界不允许再回到20世纪30年代那种各国纷纷通过提高关税和建立地区贸易集团的方式来避免经济萧条的状况。如果那样，美国将不得不通过大规模政府干预的方式来解决经济和社会问题，但这可能又会干涉人们的个人选择，严重限制了个人自由。这是美国所不愿意看到的。正是在这种情况下，当时的助理国务卿艾奇逊（Dean G. Acheson，1893—1972）指出："如果不能扩展与其他国家的贸易，我们就无法期待国内经济的繁荣。"另一位美国官员也指出："资本主义制度从根本上看是一种国际制度，如果它不能在国际范围内运行的话，它将完全崩溃。"拉菲伯认为，正因为此，美国急欲在战后建立一个"门户开放"的世界经济体系。这首先表现在1941年8月，罗斯福总统在与丘吉尔所发表的《大西洋宪章》第三条和第四条中。在这两条中，他们宣称，"战后所有民族都有选择自己愿意生活于其下的政府形式的权利"，"所有的国家都有机会在同等条件下，都可以为实现其经济的繁荣而参与世界贸易和获得原料"。此外，在1944年由美国主持召开的"布雷顿森林会议"（Bretton Wood Conference）上所成立的"世界银行"（World Bank，即"国际重建与发展银行"，International Bank for Reconstruction and Development）与"国际货币基金组织"（International Monetary Fund，IMF），也是美国按照自己的意愿，试图建立一个对己有利的战后世界秩序的表现。美国希望通过这两个组织重建、稳定并扩大世界贸易。在拉菲伯看来，对过去经济萧条的恐惧和对未来可能发生的经济萧条的担忧，无疑塑造了美国自己的战后目标。从《大西洋宪章》到布雷顿森林会议的美国政策无疑是经过精心策划的。它们可以说是美国意欲在战后建立有利于自己的世界经济秩序的一个缩影。

拉菲伯指出，当美国正在踌躇满志地策划自己的战后世界新秩序的时候，却迎头碰到了一个非常头痛的问题，那就是斯大林苏联的阻碍。在"二战"期间，斯大林就不断地要求罗斯福和丘吉尔承认苏联对东欧大部分地区的控制权。对斯大林来说，这一地区既可以作为对付西方的战略缓冲带，又可以用来实现苏联经济的快速重建。正是出于这种考虑，斯大林一直拒绝签署《大西洋宪章》，直到他增加了相关条款，对其第三条和第四条有所限制以后。拉菲伯认为，在这种情况下，早在 1942 年时，罗斯福总统就面临着一个艰难的选择：要么为一个开放的战后世界而奋斗，要么就答应苏联对东欧的要求。如果他选择前者的话，那美苏的战时联盟关系将受到破坏，从而影响反法西斯事业的进行，美苏在战后也会成为敌人；如果他选择后者，那么美国按《大西洋宪章》的原则重建战后和平与维持美国繁荣的梦想就会破灭。在罗斯福看来，美国需要的并不仅仅是东欧市场，更是一个稳定、繁荣的世界，而这样一个世界是需要一个健康、统一的欧洲的。它的东、西两个部分是相互依赖的。这对美国来说至关重要。此外，从"门户开放"的理念出发，罗斯福政府还有另外一个担心，它害怕如果一旦允许斯大林苏联在东欧建立自己的势力范围的话，那么，丘吉尔、戴高乐或其他人可能也会如法炮制地重建他们的势力集团。① 这更是美国所不能忍受的。

拉菲伯指出，面对如此困境，罗斯福政府采取了模糊策略，提出了战后世界由美、苏、英、中共同治理的建议。他的这一建议并没有达到预想的效果，反而被苏联理解为对其可以在东欧自由行动的默

---

① Walter LaFeber, *American, Russia, and the Cold War, 1945—1975*, New York: John Wiley & Sons, Inc., 1975, p. 14.

许。这样，在罗斯福和丘吉尔屡屡违背诺言，迟迟不开辟第二战场的情况下，苏联红军开始于 1944 年挥师进入东欧地区，既打击那里的纳粹德国势力，又为对那里的控制做准备。

在拉菲伯看来，罗斯福的模糊政策只是维持了一个表面上的联盟。当其继任者杜鲁门上台的时候，这一联盟已处于即将土崩瓦解的状态。在拉菲伯的眼中，杜鲁门是一个果敢而强硬的人，他给罗斯福的对苏政策贴上了"绥靖"的标贴。从上台伊始，便一改罗斯福的对苏政策，决定用最强硬的手段对付苏联。他没有听从亨利·史迪逊等人的建议（即不能因在波兰等问题上奉行强硬政策而威胁到和平），而是接受了哈里曼等人的观点，认为苏联是一个"野蛮的欧洲入侵者"，双方只有在建立一个开放的波兰和欧洲的问题上达成协议，战后合作（特别是经济合作）才有可能。[①] 拉菲伯认为，面对杜鲁门政府的这种强硬姿态，被其称为"野蛮人"的斯大林也无路可退，二者的谈判空间越来越小。从苏联方面来看，战争的巨大破坏使斯大林坚定了自己关于苏联不能再次遭受西方入侵的信念。与此同时，即将进行的战后重建也需要一个安全的环境，这些都使斯大林在东欧和中欧等问题上无法退让。拉菲伯指出，正如一个心理学家所说，俄国人在看待他们生活中的任何事情时，都时刻牢记着"第二次世界大战的惨痛经历"。[②] 而美国政府在推行自己的外交政策，构建自己战后"开放"的世界时，却没有顾及苏联这种最小的安全和利益需求，并最终引发了"冷战"。所以，在拉菲伯看来，美国是要为"冷战"负更大的责任的。

除威廉斯和拉菲伯外，其他"新左派"外交史学家在"冷战"责任问题上也多抱有相同或相似的观点。尽管他们在某些方面的认识上可能有所不同，但有一点是相当清晰的，那就是他们都认为美国应该为"冷战"的发生负主要的责任。在他们眼中，美国长期以来就对俄国抱有敌视的态度，其"门户开放"的扩张主义外交政策则不仅在

① Walter LaFeber, *American, Russia, and the Cold War, 1945—1975*, New York: John Wiley & Sons, Inc. , 1975, p. 17.

② Ibid.

历史上加剧了美俄之间的紧张局势，而且还最终把苏联逼入了自我封闭，并被迫与西方进行"冷战"的境地。这不能不说是美国外交的一大悲剧。

综观以上"新左派"外交史学家们对美国外交的批判，我们可以看到，威廉斯等人对美国外交政策的解读主要是建构在如下两个基点之上的：一是美国外交由来已久的扩张主义特色；二是经济因素在美国对外扩张中的决定性作用。在对美国扩张主义外交的分析中，他们虽然有时也对其他一些因素予以关注，如拉菲伯在其《美国人对机会的寻求（1865—1913）》一书中，就考察了种族主义传统对美国扩张主义外交的影响①，而威廉斯也注意到美国人意识形态中的"天定命运"等观念对扩张政策的支撑作用②，但从根本上看，在威廉斯和拉菲伯等人那里，美国建国以来的扩张主义外交政策的形成与发展，始终是与美国国内经济发展状况紧密相连的。特别是内战结束以后，美国经济获得了迅猛发展，导致了连续不断的经济危机，也带来了严重的社会和政治问题。在思考这些问题的解决之道的过程中，美国上下逐渐形成了一种共同的观念，那就是美国的繁荣幸福是依赖于广大的海外市场和原料产地的。威廉斯等人认为，正是这种观念推动着美国的政策制定者们始终把目光瞄向海外，并通过各种方法和手段去进行扩张。在他们看来，自建国以来，从"门罗主义"的宣布到美西战争的爆发，再到"门户开放"政策的正式出台，美国的外交政策和行为中始终贯穿着一条清晰的扩张主义的主线。美国的这种扩张主义外交政策在给美国国内带来一定的经济利益和发展机会的同时，也给美国带来了悲剧性的后果。

---

① 拉菲伯认为，美国国内事务中的种族主义也影响了对外政策。种族歧视在对待菲律宾人和美国土著人的问题上尤其突出。19世纪80年代后期，美国军队通过摧毁印第安人的最后一次大规模反抗，巩固了白人的权力。创建帝国的事业在国内所取得的成功，导致了90年代后期在加勒比海地区并横跨太平洋建立岛屿属地、创建新型商业帝国的企图。参见［美］孔华润《剑桥美国对外关系史》（上卷）之《美国人对机会的寻求（1865—1913）》（拉菲伯著），新华出版社2004年版。

② 参见 William A. Williams, *The Tragedy of American Diplomacy*, New York: Dell Pub. Co., Inc., 1962, pp. 53—54。

　　威廉斯等人指出，美国扩张主义的外交政策一方面导致了与其他大国之间的争斗，另一方面也引起了一些弱小国家的反感，它所引起的大大小小的战争是与人类追求"和平"与"正义"的精神格格不入的，严重破坏了美国的形象。他们认为，如果美国不改变这一政策，继续推行扩张外交的话，那么，类似"冷战"和"越战"那样的灾难仍会不断地落到美国人民头上。为此，他们呼吁美国上下应该着眼于国内，先解决好自身所存在的诸多内部问题（如贫困、种族歧视等），而不是一味地追求向外扩张。他们希望通过自己的大声疾呼能够唤醒那些狂热追求海外扩张的美国政策的制定者和他们身后的盲目追随者，关注国内问题，从而创建一个真正"自由"、"民主"、"公正"的理想社会。① 可以说，"新左派"史学家对美国外交的批评正是为当时的社会变革服务的，具有强烈的时代特色。

---

　　① 参见 William A. Williams, *America Confronts A Revolutionary World：1776—1976*，New York：William Morrow and Company, Inc. , 1976。

第五章

"新左派"史学的衰落及其遗产

以威廉·阿普曼·威廉斯、沃尔特·拉菲伯、尤金·吉诺维斯、斯蒂芬·塞恩斯特鲁姆和巴顿·伯恩斯坦等人为主要代表的美国"新左派"史学，在 20 世纪 60—70 年代的一二十年里曾经取代世纪中期盛极一时的新保守主义史学，成为当时美国史坛突起的一支狂飙，对 20 世纪下半期的美国史学做出了独特的贡献。20 世纪 70 年代以后，"新左派"史学开始日渐衰落，更被有些史学家认为已经退出了美国史坛。其实不然。面对 20 世纪下半期美国史学所出现的多元化趋势，"新左派"史学的影响的确大不如前，但它并没有完全消失。作为一个激进的史学流派，它留给美国史学的宝贵遗产至今仍依稀可见。为此，本章内容将分为两个部分，第一节将重点分析"新左派"史学衰落的原因，追溯其由盛转衰的历史轨迹；第二节则考察其给美国史学及社会所留下的宝贵遗产。

第一节　衰落的原因

从总体上看，美国"新左派"史学的衰落与它的兴起一样，是多种因素共同作用的结果。归纳起来，其衰落原因主要有以下几个方面。

一　"新左派"青年政治运动衰落的影响

如我们在第一章中讨论其兴起时所指出的那样，"新左派"史学首先是 20 世纪 60 年代美国特有的时代背景的产物。它是当时风起云涌、席卷美国社会的"新左派"青年政治运动浪潮在史学领域的必然反映。20世纪70年代以后，由于美国社会发生了一系列转折与变迁，"新左派"青年政治运动逐渐销声匿迹，作为其在史学领域必然反映的"新左派"史学无疑也慢慢失去了其赖以存在与发展壮大的社会土壤和前进动力。从某种意义上说，导致"新左派"青年政治运动走向衰落的社会原因同样是"新左派"史学日渐退潮的外部因素。综合观之，这些外部因素主要包括两个方面。

首先，越南战争的结束，打击了"新左派"青年政治运动，也消除了"新左派"史学家对美国外交政策等方面进行批评的某些"借口"。越南战争曾经是促使"新左派"政治运动兴起的一个主要原因，也是"新左派"外交史学家们对美国外交政策及行为进行大肆批判的一个时代触发器。在1968年的总统大选中，共和党总统候选人尼克松向选民保证将"体面地"结束战争，并在国内进行改革，因此赢得了大选。他上台以后，一方面实行对苏"缓和"外交，同时把结束越南战争，把美军撤出越南南方，在越南实现"体面的和平"当作其政府的当务之急。尼克松曾表示："我可不愿落得个约翰逊那样的下场，躲在白宫里，怕到街上去见人。我要结束这场战争，赶快结束。我说的是真话！"① 这样，美国开始有步骤地退出越南战场，并最终以1973年1月27日巴黎协定的签订，初步结束了历时达12年之久的越南战争。正如昂格尔所指出的那样，"美国从越南的撤军对'新左派'来说，是一次代价昂贵的胜利。反战情绪左右着学生运动的支持者"。② 随着美国在越南的战争行动的结束，"新左派"在反越战问题上的确取得了他们的胜利，但他们从此也失去了其继续斗争的某些理由。此外，美中关系的缓和也对美国的"新左派"构成了一次沉重的打击。在整个20世纪60年代，"新左派"一直把"红色中国"看作自己的偶像。在他们的心目中，中国是"病态"美国不共

① ［美］H. R. 霍尔德曼：《权力的尽头》，唐笙、李森等译，商务印书馆1979年版，第94页。

② Irwin Unger, with the Assistance of Debi Unger, *The Movement: A History of the American New Left*, 1959—1972, New York: Dodd, Mead & Company, 1974, p. 207.

戴天的死敌，是一个可以阻止革命向官僚化转变的一个国家。中美关系的缓和及其后的建交惊呆了那些继续存在的美国左派，他们认为作为所有被压迫人民的代表的中国已经出卖了世界革命。昂格尔认为，这的确打击了激进派的士气，"红色中国"的"出卖"行为标志着其乌托邦梦想的最终破灭。①

其次，尼克松政府上台以后采取了两手政策来应对激荡如洪水般的"新左派"运动。它首先开始进行了一系列自由主义的改革，如将选举年龄降至 18 岁（这后来成为 1971 年批准的宪法第 26 条修正案），增加了社会保障开支和食品券的财政补贴等。尼克松政府还实行了以"分享岁入"为主要措施的"新联邦主义"，并建议在福利制度上作根本的改变，提出了家庭援助计划，保证所有直接受福利援助的人有最低收入。此外，尼克松执政期间，美国在种族关系方面也有所改进，如最高法院在 1971 年 4 月的"斯旺诉夏洛特—梅克伦伯格案"（Swann v. Charlotte-Mecklenberg）中，主张取消学校的种族隔离计划，要求北卡罗莱纳的学校系统用车接送学生，以实行黑白孩子合校；1972 年国会将《平等权利修正案》提请各州批准。② 在这些改革

---

① Irwin Unger, with the Assistance of Debi Unger, *The Movement*: *A History of the American New Left*, 1959—1972, New York: Dodd, Mead & Company, 1974, pp. 197—198. 昂格尔指出，在整个 20 世纪 60 年代，美国"新左派"一直把一个或更多的社会主义国家当作自己的偶像。正如托德·吉特林所解释的那样，"对几代美国左派来说，它有着自己明确的价值标准：我们必须把我们的命运与那些掌握改变人类社会命运的人联系起来"。尽管他们常常把古巴、北越，甚至北朝鲜和几乎所有的第三世界看作这样的国家，并且在整个 60 年代许多美国人不顾国务院的禁令，为了和平的使命纷纷赶往北越和古巴，但是首先是毛泽东的中国成为了美国"新左派"心目中的英雄国家。中国是美国不共戴天的死敌，但在"新左派"看来却似乎是一个可以阻止革命向官僚化转变的一个国家。当一个为作家詹姆斯·米歇纳关于肯特郡起义研究工作的人员问一个校园左派哪个国家最值得激进学生尊敬时，回答是斩钉截铁的，那就是"红色中国"。因此，中美关系的缓和，可以说对当时的美国"新左派"构成了一次不小的冲击，它使所有激进主义者从对中国革命的幻想中清醒过来。他们在对苏联的社会主义失望之后，再一次迷失了方向。在他们看来，作为所有被压迫人民的代表的中国已经出卖了世界革命。参见 Irwin Unger, with the Assistance of Debi Unger, *The Movement*: *A History of the American New Left*, 1959—1972, New York: Dodd, Mead & Company, 1974, pp. 196—198。

② 杨生茂、陆镜生：《美国史新编》，中国人民大学出版社 1990 年版，第 505—506 页。

措施中,尽管有一些因各种原因并未能真正实施,但至少在心理上给人们以进步的慰藉,在某种程度上削弱了"新左派"的斗争激情。与此同时,尼克松政府开始动用司法部、中央情报局、国会和地方法院等国家强力部门对"新左派"激进主义者展开打击,以实现其在国内"恢复""法律与秩序"的竞选诺言。这无疑对"新左派"构成了一定的打击,促进了它的最终消亡。

如前所述,"新左派"史学可以说是60年代"新左派"青年政治运动的孪生物,它以后者的滔滔洪流为自己不断前进的动力,同时亦推动了后者的发展壮大,二者密不可分。随着进入70年代后美国社会状况的剧烈变迁,"新左派"青年政治运动渐渐退出了历史舞台,"新左派"史学便失去了自己前进的动力和赖以生存的土壤,其衰落便是不可避免的了。

二 "新左派"史学自身的缺陷

除了外部的社会变迁对"新左派"史学构成了巨大的冲击之外,"新左派"史学自身所存在的一些缺陷才是其在70年代以后逐渐步出美国史坛的主要原因。

如我们在本书第一章中所指出的,"新左派"史学是以攻击40—50年代的"和谐一致论"史学起家的,带有明显的"论战"色彩,因此又常常被人们称为"抗议史学"或"否定史学"。正是在它们对"和谐史学"及其所颂扬的美国资本主义主流社会的"抗议"与"否定"中,激进的"新左派"史学家们存在着一些明显的缺陷。

首先,这表现在他们在进行学术研究与论战时,往往带有强烈的先入为主的激进主义意识形态色彩。在他们那里,历史研究变成了他们"抗议"与"批驳",以及试图对美国社会进行变革的工具。这显然是与前述"新左派"史学的产生缘由与背景分不开的。正如我们在第一章中所分析的,"新左派"史学从一开始便是以批判和"修正"新保守主义史学、促进社会变革为主要目的的,这就决定了他们的历史研究工作并不是完全建立在"为历史而历史"的基础之上的。在具体的论战中,他们"常常把学术上的分歧与几代人的斗争混淆起来,常常不能按照最起码的论战道德来进行学术性争论",因此,常常表现得"怒气冲冲","有时把罢工纠察线上和传单上使用的言辞带到他们的专业著作中"。正如昂格尔教授所指出的,"我认为,对于'新左派'来说,仅仅情感冲动地表示姿态是不够的","史学'体制'不是华盛顿的政治体制,左派的年轻人不应把学术研究当成进行政治说教的机会"。①

张广勇先生认为,无论是新保守派史学家,还是激进主义史学家,他们都认为美国代表着某种价值,而史学的任务就是发现、记录和歌颂这些价值,因而他们对历史的解释都是"一种工具主义史观"。② 诚如斯言,从根本上看,"新左派"史学与它要反对和替代的新保守派史学一样,在历史的客观性上都存在着一定的问题。从某种意义上看,对"新左派"史学来说,过于明显、张扬的激进主义无疑是一把双刃剑,既刺中对手,也伤及自身;既是推动其不断向前的动力,又在某种程度上损害了它的史学成就。

其次,在历史研究中,"新左派"史学家们在对材料的筛选和使用上不够严谨,论证有时不够充分。如上所论,在激烈的论战和社会变革需求的推动下,"新左派"学者在进行他们的历史研究时,往往在过度强烈的主观意识的指导下失去了历史的客观性这个根本。为了达到自己的目的,他们常常随心所欲地引证历史资料,并加以错误的阐述,有时甚至还存在着一些断章取义的情况。③ 这也正是许多史学家对他们进行猛烈批评的原因所在。对于"新左派"史学所存在的这种缺陷,美国史学界长期以来就不乏批判的声音。理查德·W.利奥波德(Richard W. Leopold)和罗伯特·费雷尔(Robert H. Ferell)在

---

① Irwin Unger, "The 'New Left' and American History: Some Recent Trends in United States Historiography", in *The American Historical Review*, Vol. 72, No. 4, July 1967, pp. 1237—1263.

② 参见张广勇《当代美国史学理论的基本特征》,《史林》1992年第3期。

③ 威廉斯本人曾承认自己在历史研究中有时有使用论据不当之处,但他否认自己有故意歪曲史料的主观意图。参见 William A. Williams, "The Open Door Interpretation", in Thomas G. Paterson, ed., *Major Problems in American Foreign Policy: Documents and Essays*, Volume I: To 1914, D. C. Heath and Company, 1984, pp. 16—22。

评价"新左派"外交史学时都指出，由于急于在学术界建立自己的理论，提出所谓的"新"观点，写出所谓的"新的"作品，"新左派"史学家们往往轻率地引用史料或档案，而未加以深入的分析。在历史研究过程中，他们常常把自己对现实中所发生的问题（尤其是越南战争）的某种情绪带入其中，投射到他们对美国过去历史的解释当中。这决定了他们无法以客观的态度来占有和使用材料。他们只是为了他们自己的某种先入为主的观念，而匆匆忙忙地跑到档案馆去寻找一些对他们有用的东西来支持他们的观点的成立。① 赫伯特·费斯（Hebert Feis）认为，"新左派"史学家们所使用的证据和所作出的解释基本上都是错误的。他从根本上怀疑"新左派"作品的学术性，认为他们的著作看起来更像是政论性的小册子，而不是论述详尽的历史研究。② 此外，著名的外交史学家汉斯·摩根索也直言批评有些"新左派"史学家们在历史研究的过程中确实不够客观，不能正确地使用和反映史料，重建史实。他同样认为这部分"新左派"史学家用先入为主的观念干扰了其对史料的分析和占有。③ 罗伯特·麦得克斯是对"新左派"史学进行批判与抨击的最激烈的代表。在他的眼中，"新左派"史学一无是处，根本不值得在学术上受到尊敬。在其于1973年出版的《新左派与冷战的起源》一书中，麦得克斯对"新左派"外交史学进行了全面的批判。他认为，"新左派"史学进行历史研究的态度不够客观，他们善于歪曲史料，当寻求他们所谓的"真相"时，往往又忽略了真正的事实真相；有时为了达到其某种政治目的，"新左派"史学家们甚至不惜窜改史料。因此，在麦得克斯看来，"'新左派'外交史学家历史研究的最大特色就是破坏史料"。④

正如昂格尔所指出的，一般说来，年轻的激进派史学家的活动不

① John A. Garraty, *Interpreting American History：Conversations with Historians*, 2 vols., New York：Macmillan Co., 1970, Ⅱ, pp. 224, 226.

② Joseph M. Siracusa, *New Left Diplomatic History and Historians：The American Revisionists*, National University Publications, Kennikat Press, 1973, pp. 111—112.

③ Ibid., p. 116.

④ Robert J. Maddox, *The New Left and the Origins of the Cold War*, Princeton University Press, 1973, p. 164.

是按照本学科的那种自然而然的对话形式进行的，而是服从于外部文化界和政治界所关心的问题。这是不利于他们的学术研究的，也有损于他们的史学成就。① 社会学家丹尼尔·贝尔曾批评“新左派”运动的激进分子说：“好了说，‘新左派’是热情的；坏了说，‘新左派’是没有脑子的。”② 许多美国史学家在对“新左派”史学进行批评时，可能也正是这样看许多“新左派”史学家的。

再次，从学派的组织上看，史学“新左派”并不能算是一个完整、统一的史学派别。他们除了在对“和谐史学”与美国社会现实的批评等方面表现出明显的一致性外，在具体的历史研究中，往往表现出非常强烈的相异性，有时甚至还相互攻讦。恰如昂格尔所说，年轻的激进派知道他们抵制的是什么，但对于什么是他们所能接受的东西，却并不是那么清楚的。在“新左派”史学界，意见分歧普遍而激烈，就像组成“新左派”运动的各种人物——社会主义者、无政府主义者、和平主义者、存在主义者和新平民党——之间意见互不相同一样。他们否定了战后的新史学（即新保守主义史学），但并不知道到底用什么来代替它。③ 昂格尔指出，人们有时往往很难判断某一位学者是不是“新左派”史学家，“‘新左派’的成员没有党证，他们也不总是承认他们是‘新左派’”。在选择“新左派”历史学家时，只能根据个人所知、他们本人自己承认、内部有人证明和从历史来推测等相结合的办法。④ “新左派”史学家之间这种认同性的严重缺失不能不说是这一学派脆弱性的一个极端表现，它无疑损害了整个“新左派”史学事业的发展。如此，再加上他们过于注重否定与批判，使他

_____

① Irwin Unger, "The 'New Left' and American History: Some Recent Trends in United States Historiography", in *The American Historical Review*, Vol. 72, No. 4, July 1967, pp. 1237—1263.

② Joseph Newman, *Communism and the New Left: What they're Up to Now*, Macmillan Company, 1969, p. 39.

③ Irwin Unger, "The 'New Left' and American History: Some Recent Trends in United States Historiography", in *The American Historical Review*, Vol. 72, No. 4, July 1967, pp. 1237—1263.

④ Ibid.

们在美国这样一个传统力量往往占主流地位的国家里，根本无法取得长期稳固的地位。由此可见，在"新左派"青年政治运动归于沉寂的情况下，其衰落也就是必然的了。

三 美国史学多样化的冲击

在"新左派"史学于美国史坛崛起之时，整个美国史学便开始出现了明显的多元化趋势。在此过程中，"新左派"史学一方面用自己的力量在客观上促进了"多元化"的发展，但另一方面也受到了它的冲击与危害，并最终使自己淹没在这种"多元化"的浪潮之中。20世纪五六十年代，美国行为科学和社会科学无论是在学科建设和研究技术上，还是在理论和方法论上，都取得了空前的发展，从而使美国进入了一个"社会科学的时代"。① 正是在这种走向"社会科学化"的过程中，美国史学的面貌发生了深刻的变化，在理论和方法上以及在史学观点和研究领域上，都呈现出一种多元化的面貌。② 在这股不可阻挡的浪潮中，各种新的研究方法迭出不穷，新的研究视角和领域不断拓展，出现了新政治史学、新经济史学和新社会史学等诸多流派。它们强调历史的多因素性和复杂性，运用多种研究方法，促进了美国历史研究的深入发展。然而，身处如此驳杂激荡的史学洪流中，以"阶级冲突"与"否定批判"为特色的"新左派"史学家们并没有因时而变，而是依然固守着他们的阵地。虽然他们的某些史学观念和成果在这一多元化的过程中，也逐渐被其他新兴学派所借重（如他们的"自下而上"的历史观就促进了美国的新社会史学的兴起与发展），但其过于激进的史学意识形态和老化的史学研究方法已经开始制约他们的史学发展，并最终被这一史学多元化的潮流抛在了后面。正如昂格尔所指出的，"年轻的激进派对1945年以来的史学思潮抱拒绝态度，以致使他们不但否定'利益一致论'的一些结论，而且否定

---

① ［美］丹尼尔·贝尔：《当代西方社会科学》，范岱年等译，社会科学文献出版社1988年版，第14页。

② 何兆武、陈启能主编：《当代西方史学理论》，上海社会科学院出版社2003年版，第479页。

社会科学和新兴的统计方法，尽管这两种方法都会被滥用，但年轻的激进派历史学家拒绝使用这些分析手段，实际上等于解除了他们自己的武装，也许最后会使他们的一切努力毫无收获"。①

　　史学多元化趋势的发展使美国史学出现了"碎化"的现象。② 史学的"碎化"趋势使学术界满足于对琐碎问题进行计量等方面的考证，而不是进行意识形态等一些大的方面的探索。这方面对"新左派"史学的冲击是明显的。另外，多元化带来的史学"碎化"的发展，虽然在研究方法和研究视野等方面促进了美国史学的深入发展，但也给美国史学界带来了一些失落和困惑。在美国这样一个有着强烈保守主义传统的社会里，史学的"碎化"研究，尤其是60年代的"新左派"运动及其学术的冲击，开始使美国社会在新的社会背景下出现一种向传统回归的思潮。伴随着70年代末80年代初，新的保守主义思潮在美国社会的重新抬头，史学界也开始出现向传统价值回归的呼唤。在目睹了60—70年代美国史学的"碎化"与多元化趋势给史学界所带来的纷纷扰扰之后，甚至是曾对"和谐一致论"史学倍加批判的约翰·海厄姆也在80年代初提出："美国历史学家的当务之急是重新发现美国的民族统一感和民族特性。"③ 由此看来，20世纪中期以来的美国史学多元化和碎化现象不仅在其早期对"新左派"史学构成了冲击，而且后来因其重新引起了人们对传统史学的呼唤，而在

---

　　① Irwin Unger, "The 'New Left' and American History: Some Recent Trends in United States Historiography", in *The American Historical Review*, Vol. 72, No. 4, July 1967, pp. 1237—1263.

　　② 李剑鸣曾在其于《美国研究》1999年第1期上发表的《关于二十世纪美国史学的思考》一文中指出，所谓的美国史学的"零碎化"主要是指两种倾向：第一，专题研究变得过度专门化，走上为专题而专题的小路，没有将专题在整个领域定位，未能将专题置于宏大的背景之中，无法看出专题和整体的美国历史的联系，因而变得日益狭窄和支离。第二，未能通过宏观的框架来对日益细致的专题研究成果进行综合，从而构建整体性的历史叙事，展现一般性的历史趋势。

　　③ John Higham, "Beyond Pluralism: The Historian as American Prophet", unpublished paper delivered to the Organization of American Historians, April 1983, quoted in Lawrence W. Levine, "The Unpredictable Past: Reflections on Recent American Historiography", *The American Historical Review*, Vol. 94, No. 3, June 1989, p. 672.

客观上加速了"新左派"史学的衰落。

需要指出的是，曾于20世纪60年代盛极一时的"新左派"史学在各种因素的作用下到70年代后虽然衰落了，但其历史生命并没有彻底完结，其激进主义史学的光辉仍不时照射在依然"多元化"的美国史坛上。它给20世纪的美国史学，甚至是美国社会，都留下了宝贵的遗产。

第二节 "新左派"史学的遗产

作为20世纪美国史坛的一支重要力量，"新左派"史学在20世纪70年代以后衰落了。此后，其激进主义的史学抗议与那个喧嚣年代里激进社会青年的呐喊声一样，似乎被尘封在随风而逝的历史往事之中了，美国史坛与社会也似乎因此恢复了往昔的许多平静。但是，当我们立足于今昔，抛弃心中的偏见，轻轻地拂去历史的尘土，再次仔细地检视那段历史时，便会发现"新左派"史学的影响并未随着60年代的过往而消逝无踪。相反地，在走过60年代那段峥嵘岁月之后，"新左派"史学与那场宏大的左派青年政治运动一起，给美国史学及社会留下了一笔宝贵的遗产。

首先，"新左派"史学对以"新保守主义"史学为代表的传统史学的批判，打破了当时美国史学界沉闷压抑的气氛，有力地促进了美国史学的发展。

如前所述，虽然他们在进行历史研究时，往往带有强烈的政治和现实斗争的色彩，并因此被其他史学家批评为"主观性太强"，但是，在20世纪40—50年代保守主义学派在美国史坛"一统天下"的情况下，他们以新的材料和"另类"的视角所撰述的激进主义史学作品，无疑如一缕春风一样给人耳目一新之感。在几乎每天都要经历越战炮火惊吓和"冷战"迷雾困扰的社会背景下，人们听腻了新保守派史学家和虚伪的政客们为美国历史与现实所唱的喋喋不休的赞歌，他们需要新的东西来引领他们的生活，开阔他们的视野，而"新左派"史学家们做到了这一点。他们以自己独特的史学眼光和犀利的社会洞察力，无情地剖析着美国的历史与现实，促进了美国史学的发展。

昂格尔指出："没有一门学科不需要交流意见，特别是要在困难而问题很多的情况下把人文科学和社会科学结合起来的历史学最需要这样。在科学上，意见一致是好事；而如果在人类历史的性质问题上意见一致的话，那就要么意味着一种官方的看法，要么意味着想象力的贫乏到了令人费解的程度！"① 尽管"新左派"史学存在着这样或那样的问题，"在技巧上，他们同他们所要反对的那些人也是不能相比的"，但它至少以其新的史学思想与观点打破了保守派史学"一统天下"的局面，这对于史学的发展不能不说是一件好事。因此，昂格尔坚定地认为："即使没有别的理由，仅仅从他们对学术界起推动作用这一点，他们老一辈的同行也不能不重视他们。而为了历史这一门学问的健康发展，也必须听取他们的意见。"② 即使是前述那些对"新左派"史学持批评意见的正统派学者，也不得不承认这些激进的"新左派"学者在某些方面的确推动了美国史学的发展。美国外交史学"现实主义学派"的大师汉斯·摩根索在批评部分"新左派"史学在历史研究中不够客观的同时，也坦率地承认"新左派"史学的最大贡献在于它在史学界激起了争论，把史学研究从长期以来的官方和正统观点的桎梏中解放了出来。他指出："从一个不同的、同样是合理和公正的角度看历史是大有益处的。"③ 丹尼尔·史密斯（Daniel M. Smith）和诺曼·格拉伯纳（Norman A. Graebner）两人在对"新左派"史学进行批评的同时，也认为"新左派"史学家中有一些非常有能力的、非常诚实而又辛苦工作的学者，他们勇于发现新的证据，从新的角度来诠释历史，其研究成果与观念为其他史学家们提供了一个新的思考方向，确实对美国史学做出了贡献。④ 罗伯特·迪文

---

① Irwin Unger, "The 'New Left' and American History: Some Recent Trends in United States Historiography", *The American Historical Review*, Vol. 72, No. 4, July 1967, pp. 1237—1263.

② Ibid.

③ Joseph M. Siracusa, *New Left Diplomatic History and Historians: The American Revisionists*, National University Publications, Kennikat Press, 1973, p. 116.

④ Ibid., pp. 106, 116—117.

（Robert A. Divine）和 J. A. 汤普森（J. A. Thompson）亦认为"新左派"史学家重评某些历史问题是有其积极意义的。他们的努力将使其他人能够从其他不同的角度来诠释美国历史。① 而劳伦斯·W. 莱文（Lawrence W. Levine）则更是直接明了地指出，尽管那些试图使我们注意到新的民众团体和新的文化领域的大多数修正主义者常常夸大其词，但他们所做的工作却扩展了我们的知识面、丰富了我们的（史学）方法，而不是竖起了新的围栏，甚至是关闭了更多的门。②

由上可以看出，尽管"新左派"史学家们遭到了诸如约翰·海厄姆等人所谓"除了对美国历史极尽批评之能事外，并未替过去的历史提供一个有价值的诠释"的尖锐批评，但正如劳伦斯·魏西（Laurence Veysey）所指出的那样，他们"为把美国史学从它先前的过分自我庆幸和偏狭的模式中解脱出来作出了很大的贡献。"③ 他们在其历史研究中所提出的某些观点和思想的确引起了史学界的关注，为缺乏生机与活力的美国史学界注入了新的激情，推动了美国史学的发展。④ 毫无疑问，在美国史学（甚至世界史学）的百花园中，"新左派"史学当是一枝风中的花朵，它有着一片属于自己的天空。它的一些重要代表人物至今仍活跃于美国史坛（甚至世界史坛），并得到学术界的普遍尊重即是最好的证明。⑤ 从他们的身上，我们看到了"新

---

① Joseph M. Siracusa, *New Left Diplomatic History and Historians：The American Revisionists*, National University Publications, Kennikat Press, 1973, p. 114. ; J. A. Thompson, "William Appleman Williams and the 'American Empire'," *Journal of American Studies*, Vol. 7, No. 1, April 1973, p. 104.

② Lawrence W. Levine, "The Unpredictable Past：Reflections on Recent American Historiography", *The American Historical Review*, Vol. 94, No. 3, June 1989, pp. 671—679.

③ ［美］伊格尔斯主编：《历史研究国际手册——当代史学研究与理论》，陈海宏等译，华夏出版社 1989 年版，第 205 页。

④ 正如格罗布和贝拉斯所指出的，随着美国从越南撤军和 70 年代经济衰退的到来，尽管"新左派"史学并没有像人们预期的那样表现出发展的潜力，但它的某些观点及其所关注的问题却被其他历史学家们所借用，以寻求打破 20 世纪 50 年代新保守主义史学的范式和限制。参见 Gerald N. Grob & George Athan Billias, eds. , *Interpretations of American History：Patterns and Perspectives* (Volume I：To 1877), 6th edition, New York：The Free Press, 1992, Introduction, p. 19。

⑤ 如前述拉菲伯、津恩（注：津恩长期活跃于美国史坛，于 2010 年去世。）和塞恩斯特鲁姆等人。

左派"史学传统的延续。

其次,"新左派"史学推动了美国史学新领域的发展。

"新左派"史学对美国史学的推动并不仅仅表现在其给沉闷的美国史坛注入了新的激情与活力,更体现在其对美国史学新领域发展的推动上。这首先主要体现在美国"下层社会史"(即"新社会史")①和"新政治史"的发展壮大上。

作为一个激进学派,"新左派"的史学家们舍弃了保守派史学家所重视的社会上层阶级,而是更多地关注社会弱势群体和下层阶级,关注美国社会中存在的一些不平等现象,这也构成了他们史学的一个主要特色。在他们的影响下,史学界开始普遍关注美国社会状况,注意对那些贫困与被剥夺者的考察。"在史学界,甚至连那些平时极少关注社会事态、与社会史截然相悖的领域,也开始动用社会学观点了。"② 在这种情况下,20 世纪 60 年代以后,社会史的研究取向开始转变,"新社会史"在美国史学界逐渐盛行并渐趋重要起来。正如埃里克·方纳教授(Eric Foner)在一次访谈中所指出的,"美国史研究在过去 30 年里的确发生了许多重要的变化……最引人注目的变化便是社会史学(有时也称为'新社会史学')的全面崛起,并取代传统的政治和外交史学而成为了美国史研究中的内容。史学界的这场转变是美国新一代历史学家多年奋斗的结果"③。他指出,新一代历史学家一直主张美国历史研究的主体应是普通美国人的经历,而不只是那

———————————————

① 20 世纪 60 年代以后的社会史研究取向和方法与前有所不同,所以被称为"新社会史"(New Social History)。其研究取向开始由"自上而下"转向"自下而上",阶级、种族和性别则成为其三大研究方向;研究方法则开始运用计算机来处理大量杂乱的史料,并进行统计与分析工作。参见黄耀董《二战后美国历史学会会长演讲之研究(1945—2000)》,硕士学位论文,(台湾)辅仁大学历史研究所,2001 年,第 35—36 页。

② 〔美〕迈克尔·坎曼:《展现在我们面前的历史:美国当代史学著作》,纽约康奈尔大学出版社 1980 年版,第 34—35 页;格拉德·戈罗伯和乔治·贝拉斯合编:《美国历史简编》(两卷本)卷一,纽约自由出版社 1982 年第 4 版,卷一,第 19—22 页。转引自〔美〕罗·雷·拉兹《美国新左派运动的特征及其影响》,《史学集刊》1984 年第 3 期(韩兴华译),第 53—58 页。

③ 王希:《近三十年美国史学的新变化——方纳教授访谈录》,《史学理论研究》2000年第 3 期,第 61—75 页。

些政治精英和领袖。他们无疑经历了 20 世纪 60 年代社会运动的熏陶，深受那个时代社会改革精神的感染，从而确定了社会史研究的"下层"取向。社会史学的兴起和发展，不仅丰富了美国史本身的内容，也极大地拓展了美国史的研究范围。它的一个重要贡献就是扩大了在美国历史上扮演过重要角色的"演员队伍"，换句话说，就是对那些被传统美国史学无视或忽视的美国群体的历史给予了高度重视。在方纳教授所言的这个"引人注目的变化"过程中，我们可以明显看到"新左派"史学家们的背影，因为"'下层社会史'的概念是支持'新左派'运动的史学家们于 60 年代首创出来的"。① 罗·雷·拉兹指出，这些史学家们使用这个措辞的目的，不但要指出应把历史研究的重心转移到生活在社会底层、被剥夺了基本权利的人们身上，而且指出这样的历史应该是一部重点披露这些集团不幸遭遇的、"大逆不道"的讨伐史。它应该向人们表明改革的必要性。② 我们由文中的相关部分，特别是对津恩、塞恩斯特鲁姆以及巴顿·伯恩斯坦等人的相关作品的分析中，可以明显地感受到"新左派"史学家们对下层社会的关注，对社会改革的呼唤。可以说，正是"新左派"的激进史学家们最早在美国史坛确立了"自下而上"的理论取向，唤起了人们对美国社会内部始终存在的鸿沟和多样性的注意。③ 他们的史学思想与观念中强烈的"下层意识"无疑影响了美国"新社会史学"在 20 世纪 60 年代后的重要转向，扩大了其研究范围，促进了它的进一步发展与兴盛。尽管有的社会史学家批评"新左派"在对社会底层的考察中加入了太多阶级斗争和意识形态的因素，认为"为了充分表现生活在

---

① ［美］格拉德·戈罗伯和乔治·贝拉斯合编：《美国历史简编》（两卷本）卷一，纽约自由出版社 1982 年第 4 版，卷一，第 18 页。转引自［美］罗·雷·拉兹《美国新左派运动的特征及其影响》，《史学集刊》1984 年第 3 期，第 53—58 页。

② ［美］罗·雷·拉兹：《美国新左派运动的特征及其影响》，《史学集刊》1984 年第 3 期，第 53—58 页。

③ 何兆武、陈启能主编：《当代西方史学理论》，中国社会科学出版社 1996 年版，第 629 页。

社会底层的人们的遭遇，史学家们没有必要非采取阶级斗争的观点不可"①，但这似乎并不影响他们吸收"新左派"史学中的某些精华。除以上所言"新左派"史学对新社会史的间接影响之外，某些"新左派"史学家更直接参与了新社会史的建设，上文中曾提及的塞恩斯特鲁姆所进行的"社会流动模式"的研究即是一例。其重要著作《贫穷与进步：一个 19 世纪城市的社会流动情况》一书就被学者认为"既是新社会史的奠基之作，也是新城市史的代表作"。② "新左派"史学对新社会史及其他史学新领域的影响可见一斑。

　　"新左派"史学同样推动了美国"新政治史"的发展。正如人们所看到的那样，传统的美国政治史学一直是以"组织、控制、管理严谨的历史"而著称的，即它是一部集中反映控制党政机器的政治要员史。在"新左派"及新的社会思潮的影响下，政治史学家们开始注意考察"基层"或"底层"政治，并研究分析各种族集团的选举态度。"他们不再发出诸如'伟人们如何操纵百姓'之类的老生常谈，而是提出了各不同种族集团的'经济、文化和宗教利益如何对自身的选举态度发生作用'的问题。"③ 美国政治史学家们研究方向的这种转变，不能不说是受到了"新左派"史学家们"自下而上"看历史的观念的影响，从而促使他们以极大的热情去挖掘以前不曾注意到的史料，从新的角度深化了本领域的研究。虽然在美国新社会史和新政治史等史学新领域的发展过程中，欧洲史学（尤其是法国的年鉴学派和英国马克思主义史学派）亦有其相当的泽被，但从本土因素上看，"新左派"史学对其的影响是不容忽视的。

　　最后，"新左派"史学与"新左派"青年运动一起，对美国的国家和社会生活也产生了重要的影响。60 年代波澜壮阔的"新左派"青年运动打破了美国社会长期以来的宁静，而"新左派"史学家们则

---

① ［美］罗·雷·拉兹：《美国新左派运动的特征及其影响》，《史学集刊》1984 年第 3 期，第 53—58 页。

② 张广智：《西方史学史》，复旦大学出版社 2002 年版，第 325 页。

③ ［美］罗·雷·拉兹：《美国新左派运动的特征及其影响》，《史学集刊》1984 年第 3 期，第 53—58 页。

用他们手中的笔作为武器，对美国社会中存在的贫富差距、种族歧视等许多不公平现象进行了猛烈的抨击。尽管这种青年政治运动和激进史学最后都在内外因素的作用下衰落了，但他们对美国社会的指责与批判却给人们留下了许多思考的空间。可以说，他们成功地扩展了社会中对美国社会的批评，提高了人们的反思与自省的能力，有时甚至还渗透并影响了许多自由派的态度，极大地改变了成千上万美国人的观点。① 昂格尔就曾指出："尽管美国军队在北越的失败也是美国退出越南的一个不可缺少的因素，但我想是它（'新左派'运动）迫使美国退出了越南。……尽管许多保守的美国人被那些和平抗议弄得很恼火，但他们也发现激进主义者所说的那些关于冲突的残酷和邪恶是不容忽视的。反战左派通常使一般的美国人很反感，但是它也刺痛了他们的良知。到1969年或1970年，有理性的人们事实上不得不承认越战是一次无耻的、毫无意义的大失败。"② 虽然昂格尔在此说的是"新左派"青年运动，但"新左派"史学家的反战意识和批判性的作品，无疑在此过程中也起了相当的作用。除此以外，"新左派"史学和整个"新左派"运动对许多国内问题的关注与批判，如贫困、种族歧视等，同样引起了许多美国人的注意。他们开始从传统学派和政治家们的虚假宣传中找回自我，认真端详美国社会中仍然存在的弊端。正如昂格尔最后指出的那样，"60年代激进主义最直观的遗产就是改变了60年代以后成熟起来的许多成年人的生活方式和文化观"。③

---

① Irwin Unger, with the Assistance of Debi Unger, *The Movement： A History of the American New Left, 1959—1972*, New York： Dodd, Mead & Company, 1974, p. 201.

② Ibid. , p. 207.

③ Ibid. , p. 208.

结　　语

　　受时代变迁和不同社会环境的影响，20 世纪的美国史学展现在人们面前的是一幅流派林立、更替，姿态万千的多彩画卷。从世纪之初的进步主义史学到世纪中期的新保守主义史学，再到 60 年代前后的激进主义史学和当代纷扰繁杂的社会科学史学诸派，美国史学走过了一段不平静的岁月。在此过程中，传统与叛逆相伴，颂歌与批判共鸣。作为 20 世纪 60 年代在美国史坛异军突起的一支史学劲旅，"新左派"史学代表了当时美国激进主义史学的主流，奏出了美国史坛最强劲的批判主义的音符。

　　"新左派"史学的兴起既是 20 世纪中期美国社会变迁的产物，亦是美国史学自身流变的结果。从社会背景上看，20 世纪 60 年代的美国社会发生了一系列重要的变化：肯尼迪总统上台后，认识到美国力量的局限性，开始寻求与苏联缓和关系；与此同时，他在国内主张改革，鼓励年轻人打破美国社会在 50 年代形成的思想上和政治上的陈旧意识，积极探索，创造美国美好的未来。在他的言论和政策的影响下，50 年代曾经成为"沉默"的代名词的美国年轻人的社会责任感被再度唤醒。他们开始关注国内外的各种问题，对种族歧视、贫富分化和社会压抑及越南战争等提出了猛烈的批评，从而在社会上形成了一股强劲的社会批判思潮。在这种情况下，一向深受时代和社会发展影响的美国史学也开始出现了新的转向，"抗议"与"批判"的声音开始在 50 年代保守主义史学主导下形成的僵化的史学界出现。像此前的新保守主义史学以批判进步主义史学而起家一样，"新左派"史学也是以"反叛"与"修正"其前辈史学，即新保守主义史学的史学观点和史学方法而登上美国史坛的。换句话说，正是对以新保守主义史学为代表的传统史学的不满，催生了"新左派"史学的种子。

由于"新左派"运动本身的理论来源多样而复杂，所以导致了"新左派"史学在研究主题、具体史观等方面亦存在着不尽相同的地方。尽管如此，从总体上来看，"新左派"史学在某些方面还是表现出了一定的共性，具有自己明显而独特的史学特征。具体而言，"新左派"史学家们在从事历史研究时，多从当时的时代环境出发，按照现实的需要，以"自下而上"的思维取向来考察美国社会与历史，表现出了与传统保守主义史学截然不同的激进主义的史学特征。这显然是与他们对此前出现的马尔库塞、米尔斯及威廉斯等人的社会批判理论的接受分不开的。

"新左派"学者在对美国历史的研究中，对传统的保守主义史学进行了激烈的指责和批判。他们不满那些持保守传统主义的"官方史家"把美国历史描绘成总统、将军等精英人物的英雄谱的做法，呼吁人们要由历史中开拓思维、积聚智慧，培养"自我"和"自决"的意识，从而结成一种团结的力量，去改变这个社会和国家中长期存在的弊病，创建一个真正"自由"、"平等"的理想社会。①

在对美国国内问题的考察中，他们真正贯彻了"自下而上"的历史研究理念，以道义的标准和浓烈的人文主义情怀，给社会下层的普通民众的生活以更多的关注。② 在对"内战"的重新解读和对奴隶制的再思考中，"新左派"史学家对传统史学为"内战"大唱赞歌的做法表示异议。他们认为，"内战"虽然在促进美国社会进步和资本主

---

① 参见 William A. Williams, *America Confronts A Revolutionary World: 1776—1976*, New York: William Morrow and Company, Inc., 1976。

② 在劳伦斯·魏西看来，正是这些左派学者在历史研究中第一次恢复了历史应阐述全体民众这个目标，从而使"人民"这个词到 20 世纪 60 年代时才开始自然而然地用来表示所有的人（黑人、白人、男人、女人）。参见［美］伊格尔斯《历史研究国际手册——当代史学研究与理论》，陈海宏等译，华夏出版社 1989 年版，第 206 页。另参看劳伦斯·魏西本人在这里所作的注释说明⑧。

义发展方面有一定的积极意义，但并不能以此就认定其具有存在的充分合理性。他们从"内战"发生 100 年后美国社会依然存在明显的种族歧视和严重的贫富不均等现象中得出结论，认为"内战"的"胜利"并没有像传统史学家和政治家们所宣称的那样真正解放了黑人奴隶，也没有使这个社会变得真正平等而自由。我们可以这样认为，他们的这种批判言论并不是要否定"内战"发生的必要性，而是认为作为美国历史上的激进主义传统的代表性事件，这场战争本来可以为美国社会和民众带来更好、更合理的结果。他们这种对美国传统主流社会的不满还表现在对下层劳工运动和常常为保守主义史家所津津乐道的罗斯福"新政"的考察中。他们认为，美国并不是一个普遍繁荣富裕的"理想社会"，自建国以来，美国成长的历程中就经常伴有下层民众的抗议与斗争，上层社会是注意不到他们悲惨的生活实景的。即使是在重大的改革过程中，统治者也并没有真正顾及下层民众的利益，社会财富也没有实现真正的重新分配，而是依然为既得利益集团所拥有。

国内有学者认为，美国"新左派"史学的出现是 20 世纪初进步主义史学的延续，他们继承了进步主义的传统。① 从某种意义上说，我们也接受这种看法，因为"新左派"史学家们在对美国国内问题进行考察与分析时，其所应用的主要理论武器就是西方马克思主义及比尔德等人关于阶级斗争、经济冲突的"二元理论"，其史学目的就是为了变革不平等、不自由的美国传统社会。这充分地体现在他们对"内战"、下层劳工运动和"新政"的相关论述中。但这里有必要指出的是，美国"新左派"史学家们虽然在某种程度上接受了进步主义的某些成分，但他们又不完全等同于比尔德等人的进步主义。从总体上来看，他们的史学思想表现得更加激进，可以说已经超越了比尔德等人的进步主义。这从一些诸如加布里埃尔·科尔科等"新左派"史学家对进步主义的批评中即可看出。在他们看来，20 世纪 20 年代

---

① 参见杨生茂《试论威廉·阿普曼·威廉斯的美国外交史学》，《世界历史》1980 年第 1—2 期；罗荣渠《当前美国历史学的状况和动向》，《世界历史》1982 年第 5 期。

前后的进步主义在本质上是保守的，"是以保守的方式解决工业社会中普遍存在的问题，以达到稳定资本家在社会上的地位"的目的，它所代表的仍然是上层团体的利益。① 而"新左派"史学家们关注的焦点则是下层民众，他们所要求的是对美国社会进行比较彻底的变革，以消除各种不和谐现象。

在对美国外交的考察中，"新左派"史学家们着力于对美国传统外交政策和行为的扩张主义与帝国主义本质的批评，这是传统史学家很少能够做到的。在他们看来，保守主义史学家所宣扬的美国对外扩张是为了保护弱小国家的利益、解放被压迫民族、美国并没有建立自己的帝国等言论都是骗人的说教。他们从经济的角度详细分析了美国从建国之初就具有的扩张主义外交传统，认为美国受其母国大英帝国扩张主义的影响，从一开始就有向外扩张的倾向。内战之前，其扩张主要表现为在北美大陆的领土扩张；而内战以后，由于工业革命的进行，经济取得了突飞猛进的发展，导致了多次严重的经济危机。为了避免危机所带来的经济萧条和社会动乱的危险，美国上下逐渐形成了一种"只有向海外扩张，建立一个'门户开放'的世界，才能使美国保有繁荣与幸福"的观念。这样，美国的扩张便由对领土的追求转向对海外市场的追求。"新左派"史学家们敏锐地发现，美国的这一传统的扩张主义外交政策在给美国带来一定的繁荣与发展的同时，也破坏了美国"自由"、"民主"的国际形象，不仅由此导致了与大国的争霸斗争，而且还引起了许多弱小国家的反感，在世界各地引发了连绵不断的革命和动乱。② 所有这些，都不能不说是美国外交的悲剧。

外交史是"新左派"史学的重要组成部分，也是国内外学者普遍关注的重点。从"新左派"史学家对美国外交政策及行为的分析中，我们可以明显感受到他们的史学观点所具有的前瞻性和预见性。尽管

① Gabriel Kolko, "The Triumph of Conservatism", in David M. Kennedy, *Progressivism*: *The Critical Issues*, Boston, 1971, pp. 130—145.

② 参见 Wliiam A. Williams, *The Tragedy of American Diplomacy*, New York: Dell Pub. Co. Inc., 1962；沃尔特·拉菲伯《美国人对机会的寻求（1865—1913）》（见［美］孔华润《剑桥美国对外关系史》（上卷），新华出版社 2004 年版）等。

时代已经过去半个多世纪了，可环视当今国际形势，我们仍能从眼下美国在全球各地所奉行的单边主义扩张外交政策和遍及全球各个角落的恐怖主义所带来的混乱局面中，清晰地感受到"新左派"史学家们的睿智。只有在这种由恐怖主义所带来的严重威胁面前，美国上下才能更深切地认识到"新左派"史学家们于半个世纪前所发出的忠告和预言的力量。我们以为，当今那些依然奉行传统扩张主义外交政策的政治家们，理应对"新左派"外交史学家们的思想予以足够的重视。

我们以为，在对美国外交的考察中，"新左派"史学家们并没有如有些学者所认为的那样脱离了"自下而上"的研究取向。中国台湾淡江大学美国研究所的卢令北先生在其于90年代撰写的题为《威廉斯学派及其对美国外交史之解释》的硕士学位论文中指出，"威廉斯学派"明显是将焦点放在社会上层的，其"自上而下"的研究方式及对美国外交政策制定过程中的"一致性"的强调等观点，倒是与20世纪50年代的"新保守主义"史学是极其相似的。① 笔者不能认同他的这种观点。其实，就美国外交本身而言，它一直是由政府和社会上层所把持的，普通民众的力量根本得不到重视或反映，社会大众舆论只是政治家们和既得利益集团制定和推行外交政策时应用的一个工具而已。"新左派"学者在对美国外交的分析中，理所当然地要从那些制定这些外交政策的社会上层入手，可他们并不止步于此。他们的目标正是为了通过批判美国外交中这种只有上层声音而无下层踪影的状况，来揭示那些"新保守主义"史学家们以前所犯下的错误。在

---

① 卢令北在其论文中把"威廉斯学派"与"新左派"史学截然分开，认为二者在运用经济利益的观点来作为立论的根据方面是相同，但在史观和研究焦点上却存在着差别。他认为"威廉斯学派"强调美国外交政策制定过程中的"一致性"，研究的焦点是社会上层；而"新左派"史学则是强调"冲突"与"对立"，研究焦点放在社会底层。对于他的这种划分，笔者不敢苟同。在本书的写作中，笔者仍接受传统观点，把所谓"威廉斯学派"看作整个"新左派"史学的一部分。如本书第四章所述，其实，所谓"威廉斯学派"只是对在威廉斯的影响下，主要关注于美国外交史研究的一批青年学者（多数是威廉斯在威斯康星大学任教时的学生，故又有人把他们称为"威斯康星学派"）的称谓。从他们对以"新保守主义"为代表的传统史学的反叛及其史学研究目的上看，这些激进的外交史学者都是整个"新左派"史学团体的重要组成部分，只是他们的研究重点相对于其他"新左派"学者而言要更为集中而已（即主要集中于对美国扩张主义外交政策及行为的研究上）。

他们看来，"新保守主义"史学家们的著作之所以是虚假的、错误的，就是因为他们只注意了对精英阶层的考察，而忽视了广大的社会下层民众的意愿和力量。我们以为，"新左派"外交史学家们看似"自上而下"的历史研究，其实隐含着对"自上而下"的传统历史学的批判。他们正是有感于美国国内所存在的各种严重问题往往被政治精英和其他社会上层所忽视，而希望通过自己的史学批判唤醒人们对美国国内诸多问题的重视，并进而重建美国社会。正如威廉斯所呼吁的那样，对于美国而言，重要的不是对外进行大规模的海外扩张，而是应该先把目光转向国内，收拾好自己的房间。美国人必须认识到这样一点：美国最后的边疆不是在亚洲、非洲或外层空间，而是在国内。他们的任务就是沿着民主社会主义的路线，重建他们的资本主义政治经济，以创造一个真正自由和自给自足的社会。由此可以看出，"新左派"外交史学家们对美国外交的批判看似一种"自上而下"的研究取向，实则是以另一种方式贯彻了整个学派"自下而上"的史学信条。可以说，对社会下层所遭受的诸多不公平待遇和其他许多社会问题的关注，才是他们进行这种"自上而下"的历史研究的真正出发点。

　　张广智教授和国内其他一些学者在论述现代美国史学特征时，都指出了其所具有的现代性和实用性的特征，并认为它们既促进了美国史学的发展，又在很大程度上损害了历史的科学性。[①] 这无疑是正确的。就"新左派"史学本身而言，与 20 世纪 50 年代的"新保守主义"史学一样，它同样具有"实用主义"或"工具主义"的倾向，其史学目的无疑是为了进行广泛的社会变革。这导致了"新左派"史学家们在进行历史研究时，往往带有强烈的先入为主的意识形态观念，有时在对材料的筛选和使用上也存在着不够严谨，论证不够充分的问题。尽管如此，"新左派"史学还是以其强烈的批判精神，打破

---

　　① 参见前述相关论著。国外史学家对美国"新左派"史学的批判也多集中于此。另可以参考中国美国史研究会编《现代史学的挑战——美国历史协会主席演说集（1961—1988）》，王建华等译，上海人民出版社 1990 年版。其中，伍德沃德（C. Vann Woodward，1908—1999）在其 1969 年发表的主席演说中就痛陈"工具主义"对美国史学的危害。

了长期以来为保守主义史学所垄断的美国史学界沉闷压抑的气氛，开阔了人们的视野，促进了史学研究新领域的发展，为美国史学注入了新的激情与活力。其所倡导和践行的"自下而上"的历史研究，不仅引起了许多美国人对国内诸多社会问题（如贫困、种族歧视等）的关注与批判，而且也成为美国史学不断发展壮大的新的增长点。从国际范围来看，美国"新左派"史学与法国的年鉴学派和英国的马克思主义史学派一起，共同构成了国际史学界中三支倡导"自下而上的历史学"（history from below）的重要力量，共同促进了世界史学的发展。这一点理应引起我们的注意。

　　综上所述，我们以为，在承认"新左派"史学存在着这样或那样的缺陷的同时，其史学成就并不能彻底否定，"实用主义"或"工具主义"的指责并不能完全掩盖其所具有的史学光辉。如果我们把 20世纪的美国史学比作一曲雄浑的交响乐的话，那么，"新左派"史学无疑是其中最激情嘹亮的一个乐段，它与传统主义史学"柔美"的和声交相辉映，共同演绎了 20 世纪美国史学的华彩乐章。

参考文献

一　中文部分

（一）著作（含词典类）

1. 陈明、李庆余、陈华：《相信进步——罗斯福与新政》，南京大学出版社 2001 年版。

2. 《大美百科全书》，外文出版社光复书局 1994 年版。

3. 郭圣铭：《西方史学史概要》，上海人民出版社 1983 年版。

4. 何兆武、陈启能：《当代西方史学理论》，上海社会科学院出版社 2003 年版。

5. 贾春增：《外国社会学史》，中国人民大学出版社 2000 年版。

6. 李勇：《鲁滨逊新史学派研究》，安徽人民出版社 2004 年版。

7. 刘绪贻：《20 世纪 30 年代以来美国史论丛》，中国社会科学出版社 2001 年版。

8. 刘绪贻、李世洞：《美国研究词典》，中国社会科学出版社 2002 年版。

9. 刘绪贻、杨生茂：《战后美国史：1945—1986》，人民出版社 1989 年版。

10. 刘绪贻、杨生茂：《美国通史》第 6 卷，人民出版社 2002 年版。

11. 刘祚昌：《美国内战史》，人民出版社 1978 年版。

12. 刘文涛：《美国历届国务卿传》，世界知识出版社 1993 年版。

13. 南开大学历史研究所美国史研究室：《美国历史问题新探——杨

生茂教授八十寿辰纪念论文集》，中国社会科学出版社 1996
年版。

14. 沈汉、黄凤祝：《反叛的一代——20 世纪 60 年代西方学生运动》，
甘肃人民出版社 2002 年版。

15. 宋瑞芝：《西方史学史纲》，河南大学出版社 1989 年版。

16. 王森洋、张华金：《当代西方思潮词典》，华东师范大学出版社
1995 年版。

17. 徐崇温：《西方马克思主义》，天津人民出版社 1982 年版。

18. 杨生茂、陆镜生：《美国史新编》，中国人民大学出版社 1990
年版。

19. 杨生茂：《美国外交政策史：1775—1989》，人民出版社 1991
年版。

20. 张广智：《西方史学史》，复旦大学出版社 2002 年版。

21. 张广智、张广勇：《现代西方史学》，复旦大学出版社 1996 年版。

22. 张涛：《美国战后"和谐"思潮研究》，人民出版社 2002 年版。

23. 庄锡昌：《二十世纪的美国文化》，浙江人民出版社 1996 年版。

24. 俞吾金、陈学明：《国外马克思主义哲学流派》，复旦大学出版社
1990 年版。

25. 中国留美历史学会编：《当代欧美史学评析》，人民出版社 1990
年版。

26. 中国社会科学院哲学研究所现代外国哲学组：《当代美国资产阶
级哲学资料》第 4 集，商务印书馆 1980 年版。

（二）论文（含学位论文类）

1. 陈海宏：《马克思论美国内战》，《军事历史》1997 年第 1 期。

2. 程群：《〈美国历史评论〉：第一份科学的美国历史杂志》，《史学
月刊》2004 年第 4 期。

3. 戴超武：《"新冷战史"与当代美国外交史学思潮》，《美国研究》
1999 年第 1 期。

4. 黄颂康：《关于美国"新左派史学"和"一致性理论"的讨论》，
《世界史动态与资料》1978 年第 9 期。

5. 黄绍湘:《评美国"新左派"史学》,《世界史研究动态》1980 年第 2 期。

6. 李国麟:《德刊谈美国"史学新左派"》,《世界史动态与资料》1978 年第 1 期。

7. 李剑鸣:《关于二十世纪美国史学的思考》,《美国研究》1999 年第 1 期。

8. 李庆余:《美国外交史学述评》,《世界史研究动态》1991 年第 10 期。

9. 李厚银:《林肯与美国内战》,《岱宗学刊》1999 年第 2 期。

10. 刘祚昌:《林肯解放奴隶的历史真相》,《史学月刊》1965 年第 8 期。

11. 吕庆广:《美国奴隶制史学家尤金·吉诺维斯》,《世界史研究动态》1989 年第 6 期。

12. 卢明华:《美国外交史与外交史学家》,《南京大学学报》(哲学社会科学版)1984 年第 1 期。

13. 罗荣渠:《当前美国历史学的状况和动向》,《世界历史》1982 年第 5 期。

14. [美]罗·雷·拉兹:《美国新左派运动的特征及其影响》,《史学集刊》1984 年第 3 期。

15. 孙同勋:《二十世纪的美国史学》,《美国研究》(台湾)1971 年第 3 期。

16. 王建华:《美国史学发展趋势评说》,《世界史研究动态》1991 年第 6 期。

17. 王希:《近 30 年美国史学的新变化——埃里克·方纳教授访谈录》,《史学理论研究》2000 年第 3 期。

18. 杨生茂:《林肯与黑人奴隶的解放——一个评价》,《南开大学学报》1978 年第 4—5 期。

19. 杨生茂:《试论威廉·阿普曼·威廉斯的美国外交史学》,《世界历史》1980 年第 1—2 期。

20. 余志森:《流派林立:美国史学的重要特点》,《世界史研究动态》1987 年第 4 期。

21. 余志森、王晴佳:《略论当代美国史学研究之演变》,《世界史研究动态》1986 年第 1—2 期。

22. [美] 约翰·海厄姆:《对"美国利益一致论"的崇拜——使我们的历史单一化》,《世界历史译丛》1980 年第 1 期。

23. [美] 约翰·L. 加迪斯:《萌芽中的关于冷战起源的后修正主义学派综合论》,《美国历史研究参考资料》1984 年第 1 期。

24. 张广智:《实用·多元·国际化——略论现代美国史学的特点》,《江汉论坛》1991 年第 6 期。

25. 张广智:《现代美国史学在中国》,《美国研究》1993 年第 4 期。

26. 张广勇:《当代美国史学理论的基本特征》,《史林》1992 年第 3 期。

27. 张广勇:《论美国史学理论取向》,《史林》1996 年第 4 期。

28. 张友伦:《丰纳教授谈美国现代史学》,《山东大学学报》1982 年第 5 期。

29. 钟文范:《战后初期美国的保守主义思想运动》,《美国研究》1996 年第 1 期。

30. [日] 芝井敬司:《现代历史学和数量方法》,《国外社会科学》1982 年第 5 期。

31. 黄耀董:《二战后美国历史学会会长演讲之研究 (1945—2000)》,硕士学位论文,(台湾) 辅仁大学,2001 年。

32. 林华立:《美国新左派学者在新左派运动中所扮演的角色之探讨》,硕士学位论文,(台湾) 中国文化大学,1990 年。

二　译著部分

1. [美] 贝茨:《1933—1973 年美国史》(下册),南京大学历史系英美对外关系研究室译,人民出版社 1984 年版。

2. [美] C. 赖特·米尔斯:《白领——美国的中产阶级》,杨小东等译,浙江人民出版社 1987 年版。

3. [美] 丹尼尔·贝尔:《后工业社会的来临——对社会预测的一项

探索》，高铦等译，商务印书馆 1984 年版。

4. ［美］丹尼尔·贝尔：《当代西方社会科学》，范岱年等译，社会科学文献出版社 1988 年版。

5. ［美］戴安娜·拉维奇编：《美国读本——感动过一个国家的文字》（上、下），林本椿等译，生活·读书·新知三联书店 1995 年版。

6. ［苏］德门齐也夫等：《近现代美国史学概论》，黄巨兴等译，生活·读书·新知三联书店 1962 年版。

7. ［苏］加尔金主编：《欧美近代现代史学史》（上、下），董进泉译，安徽教育出版社 1986 年版。

8. ［美］赫伯特·马尔库塞：《爱欲与文明》，黄勇、薛民译，上海译文出版社 1987 年版。

9. ［美］赫伯特·马尔库塞：《单向度的人——发达工业社会意识形态研究》，刘继译，上海译文出版社 1989 年版。

10. ［美］赫伯特·马尔库塞：《工业社会和新左派》，任立译，商务印书馆 1982 年版。

11. ［美］赫伯特·马尔库塞：《现代文明与人的困境——马尔库塞文集》，李小兵译，上海三联书店 1989 年版。

12. ［美］H. R. 霍尔德曼：《权力的尽头》，唐笙、李淼等译，商务印书馆 1979 年版。

13. ［美］霍华德·津恩：《美国人民的历史》，许先春等译，上海人民出版社 2000 年版。

14. ［美］J. 布卢姆：《美国的历程（下册)》，戴瑞辉译，商务印书馆 1988 年版。

15. ［美］拉菲伯：《美国人对机会的寻求：1865—1913》，载［美］孔华润（沃沦·I. 科恩）《剑桥美国对外关系史》，新华出版社 2004 年版。

16. ［美］兰登·琼斯：《美国坎坷的一代——生育高潮后的美国社会》，贾蔼美等译，社会科学文献出版社 1989 年版。

17. ［美］迈克尔·哈林顿：《另一个美国：美国的贫困》，卜君等译，世界知识出版社 1963 年版。

18. ［美］纳尔逊·曼弗雷德·布莱克：《美国社会生活与思想史（下）》，许季鸿等译，商务印书馆 1997 年版。

19. ［美］史蒂文·塞德曼：《有争议的知识——后现代时代的社会理论》，刘北成译，中国人民大学出版社 2002 年版。

20. ［美］S. F. 比米斯：《美国外交史》（第二分册），叶笃义译，商务印书馆 1987 年版。

21. ［美］西摩·马丁·李普塞特：《政治人：政治的社会基础》，张绍宗译，上海人民出版社 1998 年版。

22. ［美］西摩·马丁·李普塞特：《一致与冲突》，张华青译，上海人民出版社 1995 年版。

23. ［美］威廉·曼彻斯特：《光荣与梦想：1932—1972 年美国实录》（第三册），张华青译，商务印书馆 1979 年版。

24. ［美］伊格尔斯：《历史研究国际手册——当代史学研究与理论》，陈海宏译，华夏出版社 1989 年版。

25. ［美］詹姆斯·哈维·鲁滨逊：《新史学》，齐思和译，商务印书馆 1964 年版。

26. 中国美国史研究会编：《现代史学的挑战——美国历史协会主席演说集（1961—1988）》，王建华译，上海人民出版社 1990 年版。

三　英文部分

1. Alonzo L. Hamby, *The New Deal：Analysis and Interpretation*, New York, 1969.

2. Barton J. Bernstein, *Toward a New Past：Dissenting Essays in American History*, New York：Vintage Books Edition, 1969.

3. Charles A. Beard, *An Economic Interpretation of the Constutition of the U-nited States*, New York：The Free Press, 1986.

4. Christopher Brookeman, *American Culture and Society Since the 1930*, London：Macmillan, 1984.

5. Christopher Lasch, *The New Radicalism in American*, *1889—1963*,

New York, 1965.

6. David Horowitz, *The Free World Colossus*, New York: Hill and Wang, 1971.

7. David M. Kennedy, *Progressivism: The Critical Issues*, Boston, 1971.

8. Edward J. Bacciocco, Jr. , *The New Left in America: Reform to Revolution, 1956 to 1970*, California: Stanfrod University, Hoover Institution Press, 1974.

9. Ernst Breisach, *Historiography: Ancient, Medieval & Modern* (Second Edition), Chicago & London: The University of Chicago Press, 1994.

10. Eugene D. Genovese, *The Political Economy of Slavery: Studies in the Economy and Society of the Slave South*, New York: Pantheon Books, 1965.

11. Eugene D. Genovese, *In Red and Black: Marxian Explorations in Southern and Afro-American History*, The Penguin Press, 1971.

12. Eugene D. Genovese, *Roll, Jordan; Roll, the World the Slaves Made*, New York: Vintage Books, 1976.

13. Gabriel Kolko, *Main Currents in Modern American History*, New York: Harper & Row, Publishers, Inc. , 1976.

14. George F. Kennan, *American Diplomacy, 1900—1950*, Chicago: University of Chicago Press, 1951.

15. Gerald W. Grob and George A. Billias, *Interpretations of American History: Patterns and Perspectives*, New York: The Free Press, 1972.

16. Hanna H. Meissner, *Poverty in Affluent Society*, New York: Harper & Row, 1966.

17. Howard Zinn, *New Deal Thought*, New York, 1966.

18. Irwin Unger, with the Assistance of Debi Unger, *The Movement: A History of the American New Left, 1959—1972*, New York: Dodd, Mead & Company, 1974.

19. Irwin Unger, ed. , *Beyond Liberalism: The New Left Views American*

History, Waltham, Wassachusetts: Xerox College Pubilshing, 1971.

20. Jerald A. Combs, *American Diplomatic History: Two Centuries of Changing Interpretations*, University of California Press, 1983.

21. Jefferson B. Kellogg & Robert H. Walker, eds. , *Sources for American Studies*, Westport, Conn. : Greenwood Press, 1983.

22. John A. Garraty, *Interpreting American History: Conversations with Historian*, Macmillan Company, 1970.

23. John Breaman, et al. eds. , *Twentieth Century American Foreign Policy*, Columbus: Ohio State University Press, 1971.

24. John Higham, *History: Professional Scholarship in America*, Baltimore: The John Hopkins University Press, 1983.

25. Joseph M. Siracusa, *New Left Diplomatic History and Historians: The American Revisionists*, Natuional University Publications, Kennikat Press, 1973.

26. Joseph Newman, *Communism and the New Left: What They're Up to Now*, Washington: U. S. News & World Report, 1969.

27. Judith Clavir Albert & Stewart Edward Albert, eds. , *The Sixties Papers: Documents of a Rebellious Decede*, New York: Praeger Publishers, 1984.

28. Julius W. Pratt, *Expansionists of 1898: the Acquisition of Hawaii and the Spanish Islands*, Chicago: Quadrangle Books, 1964.

29. Otis L. Graham, Jr. , ed. , *The New Deal: The Critical Issues*, Boston, 1971.

30. Phil Slater, *Origin and Significance of the Frankfurt School: A Marxist Perspective*, London, Boston: Routledge & K. Paul, 1977.

31. Richard Hofstadter, *The Progressive Movement*, New Jersey, 1963.

32. Robert Allen Skotheim, ed. , *The Historian and The Climate of Opinion*, Massachusetts, 1969.

33. Robert D. Marcus & David Burner, eds. , *American Since 1945*, New York, 1981.

34. Robert J. Maddox, *The New Left and the Origins of the Cold War*, New Jersey: Princeton University Press, 1973.

35. Stephen Goode, *Affluent Revolutionaries: A Portrait of the New Left*, New York, 1974.

36. Thomas A. Bailey, *A Diplomatic History of The American People*, New Jersey: Prentice-Hall, Inc. , Englewood Cliffs, 1974.

37. Thomas G. Paterson, ed. , *Major Problems in American Foreign Policy: Documents and Essays*, Volume I: To 1914, D. C. Heath and Company, 1984.

38. Walter LaFeber, *America, Russia, and the Cold War: 1945—1975*, New York: John Wiley & Sons, Inc. , 1976.

39. William Appleman Williams, *The Contours of American History*, Chicago: Quadrangle Books, 1961.

40. William Appleman Williams, *The Tragedy of American Diplomacy*, New York: Dell Pub. Co. , Inc. , 1962.

41. William Appleman Williams, *The Roots of Modern American Empire: a study of the growth and shaping of social consciousness in a marketplace society*, New York: Random House, 1969.

42. William Appleman Williams, ed. , *From Colony to Empire: Essays in the History of American Foreign Relations*, John Wiley & Sons, Inc. , 1972.

43. William Appleman Williams, *America Confronts a Revolutionary World: 1776—1976*, New York: William Morrow and Company, Inc. , 1976.

44. A. A. Berle, Jr. , "Book review of Williams's book", *New York Times Book Review*, 1959.

45. Allen Solganick, "The Robber Baron Concept and Its Revisionists", *Science and Society*, Vol. 29, No. 3, Summer 1965.

46. Barton J. Bernstein, "Book Review of White Over Black: American Attitudes Toward the Negro, 1550—1812", By Winthrop D. Jordon ,

The Journal of Negro History, Vol. 53, No. 4, Oct. 1968.

47. David Donald, "Book Review of Toward a New Past: Dissenting Essays in American History" (New York: Pantheon Books, 1968), Ed., By Barton J. Bernstein, *The American Historical Review*, Vol. LXXIV, No. 2, December 1968.

48. Dennis Smith, "Book Review of Marcuse: From the New Left to the Next Left", Ed. By John Bokina and Timothy J. Lukes, *The Journal of American History*, Vol. 82, No. 2, Sep. 1995.

49. Irwin Unger, "The 'New Left' and American History: Some Recent Trends in United States Historiography", *The American Historical Review*, Vol. 72, No. 4, July 1967.

50. John Rosenberg, "Toward a New Civil War Revisionism", *American Scholar*, Vol. 38, No. 2, Spring 1969.

51. Lawrence W. Levine, "The Unpredictable Past: Reflections on Recent American Historiography", *The American Historical Review*, Vol. 94, No. 3, June 1989.

后　　记

　　作为西方史学大家庭中起步较晚的美国史学，在欧洲史学的影响和本土学者的共同努力下，于 19 世纪末基本上完成了其自身的职业化进程。进入 20 世纪以后，在美国多元社会变迁的带动下，美国史学迎来了其快速发展的黄金时期，表现出流派林立更替、史家辈出、史学思想不断更新的特征。作为 20 世纪美国激进主义史学的代表，长期以来，"新左派"史学在美国史坛的诸多流派中并没有引起人们太多的关注和重视，而这也成为了本书最初选题的原因。

　　我对美国史学的兴趣，源自于恩师张广智教授。坦率地说，在进入复旦大学追随先生攻读史学理论与史学史专业的博士学位之前，我对美国史学知之甚少。由于自己在攻读硕士学位期间，兴趣点主要在美国外交史方面，所以在后来与先生的多次交流中，他鼓励我多关注美国的外交史学。随着阅读的逐步深入，我越来越感到，仅仅从外交史学的角度去研究被人们贴上"修正主义史学"标签的"新左派"史学是远远不够的，还应该关注其对美国内政问题的研究（这一想法后来也得到了台湾辅仁大学的林立树老师的肯定）。我的这个想法后来得到了先生的大力支持，于是我的学术兴趣也慢慢地由最初的"新左派"外交史学开始转向整个"新左派"史学。在此后的三年中，先生对我谆谆教诲，悉心点拨，使我这样一个先前在西方史学方面知之甚少的"门外汉"，在史学这个学术的殿堂里常常有"美景无限、别开洞天"之感。遗憾的是，作为学生，我天性愚钝，在专业上始终无法达到先生的要求，拙作的完成不仅没有让我有如释重负的快感，反而更有了一份对学术的敬畏与惶恐。

正如前言中所述，美国史学中的"新左派"是一个非常松散的学派，这些激进主义史学家们没有明确、统一的组织形式，研究课题也多不相同，具体史学观点也时有分歧，他们只是在历史研究的方法论原则和总体史观上有所一致。这就给研究者在实际的研究工作中带来了一些棘手的问题，如：哪些人才是"新左派"史学的主要代表人物？如何从这些观点存在分歧的激进主义史学家中找出他们带有共性的史学思想？面对这些问题，想要从整体上对这一学派的史学进行综合研究本身就是一件非常困难的事。由于个人精力、学识能力等方面的欠缺，在写作中，本人只能选取自认为这一学派最有代表性的人物进行有针对性的考察。无法穷尽这一学派所有重要人物的史学思想，无疑是本书的一个遗憾，只能留待以后做进一步的研究了。

在拙稿的写作过程中，我还得到了复旦大学历史系的美国史专家庄锡昌教授、顾云深教授，以及我的师兄兼老师陈新教授的指点和帮助。他们在本书的选题、资料收集和框架的拟订等方面给了我极其重要的指导，让我感怀至深，谢意盈心。同时，我也非常感谢华东师范大学的王斯德教授、余志森教授和朱政惠教授，他们在我的博士毕业论文答辩会上对拙稿提出的宝贵意见，让我至今心存感激。

此外，美国哥伦比亚大学的 Eric Foner 教授、纽约州立大学的 Thomas Bender 教授、台湾辅仁大学历史系的林立树教授、美国罗文大学的王晴佳教授、台湾淡江大学美国研究所的陈仲志博士，以及安徽淮北师范大学的李勇教授等人在资料收集等方面也给了我很多帮助和支持，在此深表感谢。与他们的交流让我受益匪浅。

饮水思源，我还要感谢引领我走上学术之路的汪祖德教授、黄世湘教授和黄今言教授等江西师范大学历史系的诸位老师们。尤其是汪祖德教授，不仅在我攻读硕士学位期间在专业上和生活上给了我许多关怀与帮助，而且在我复旦求学的三年中，汪先生也始终关注着我的成长。如果说我今天在学术上有所进步的话，其中也凝聚着他的心血。同时，自博士毕业重新回到母校江西师范大学历史文化与旅游学院工作以来，黄加文副校长、张艳国副校长，以及方志远教授、万振凡教授、彭小云教授、梁民愫教授、陈晓鸣教授等各位历史文化与旅游学院的领导们，也给予了我极大的关怀与帮助，在此一并表示感谢。

最后，我要特别感谢我的父母、姐姐和弟弟，他们在物质和精神上的无私支持和帮助，让我能够在攻读博士学位期间顺利完成拙稿的写作任务。而在我趁赴美国约翰·霍普金斯大学公派访学期间对拙稿进行后续修改的过程中，妻子邱天珍陪伴左右，承担了照顾儿子和家庭的大部分责任，让我能够有更多的时间和精力去修改拙稿。儿子徐子轩聪明乖巧，常常让我在身心俱疲的时刻感受到家庭的别样温暖，给了我巨大的动力。本书的出版献给他们。

本书的出版，得到了江西师范大学专项出版基金的资助，江西师范大学研究生院的孙桂珍老师和责任编辑宫京蕾女士为本书的出版做了大量专业而细致的工作，特致谢忱。

徐 良

2013 年 12 月 31 日 于

万科四季花城文竹苑陋室